Hacedor de Círculos

El Hacedor de Círculos

de

Cómo rodear de oración nuestros
principales anhelos y desafíos

Mark Batterson

La misión de Editorial Vida es ser la compañía líder en satisfacer las necesidades de las personas con recursos cuyo contenido glorifique al Señor Jesucristo y promueva principio bíblicos.

EL HACEDOR DE CÍRCULOS
Edición en español publicada por
Editorial Vida – 2012
Miami, Florida

©2012 por Mark Batterson

Originally published in the USA under the title:
   The Circle Maker
   ©2011 by Mark Batterson
Published by permission of Zondervan, Grand Rapids, Michigan 49530

Traducción: *Andrés Carrodeguas*
Edición: *Editorial Vida*
Diseño interior: *Cathy Spee*

ISBN: 978-0-8297-6213-6

CATEGORÍA: Vida cristiana/Oración

IMPRESO EN ESTADOS UNIDOS DE AMÉRICA
PRINTED IN THE UNITED STATES OF AMERICA

24 25 26 27 28 LBC 50 49 48 47 46

A mi suegro, Bob Schmidgall.
El recuerdo de haberte visto arrodillado orando vive para
siempre, como viven también tus oraciones.

Contenido

Capítulo 1

La leyenda del hacedor de círculos

Los niños pequeños danzaban bajo el fuerte aguacero como si fuera la primera vez que vieran llover. Y lo era. Sus padres levantaban la cabeza, abrían la boca y sorbían las gotas de lluvia como si se tratara de libaciones. Y lo eran. Cuando no ha llovido en más de un año, las gotas de lluvia son como diamantes que cayeran del cielo.

Lo recordarían para siempre como *el día*. El día en que los relámpagos aplaudieron al Todopoderoso. El día en que saltar por los charcos se convirtió en un acto de alabanza. El día en que nació la leyenda del hacedor de círculos.

Corría el siglo primero a.C., y una devastadora sequía amenazaba con destruir a toda una generación... la generación anterior a la de Jesús. El último de los profetas judíos había muerto cerca de cuatrocientos años antes. Los milagros eran unos recuerdos tan distantes, que parecían falsos. Y no se oía a Dios por ninguna parte. Pero había un hombre, un excéntrico sabio que vivía fuera de los muros de Jerusalén, que se atrevió a orar de todas maneras. Se llamaba Honi. Y aunque el pueblo ya no podía escuchar a Dios, él sí creía que Dios aún lo podía escuchar a él.

Cuando llueve con frecuencia, la lluvia no es un pensamiento principal. Pero durante una sequía, es en lo único en que se piensa. Y Honi era la única esperanza del pueblo. Famoso por su capacidad para orar pidiendo lluvia, sería en aquel día, *el día*, cuando Honi se ganaría su apodo.

Con un cayado de un metro ochenta en la mano, Honi comenzó a girar como si fuera un compás de matemáticas. Su movimiento circular era rítmico y metódico. Noventa grados. Ciento ochenta grados. Doscientos setenta grados. Trescientos sesenta grados. Nunca alzó la mirada mientras la multitud lo observaba. Después de lo que parecían horas, pero solo habían sido unos pocos segundos, Honi se paró dentro del círculo que había trazado. Entonces cayó de rodillas y levantó las manos al cielo. Con la autoridad del profeta Elías, que había hecho que cayera fuego del cielo, Honi llamó a la lluvia para que cayera.

«Señor del universo, juro ante tu gran nombre que no me voy a mover de este círculo hasta que les hayas mostrado tu misericordia a estos tus hijos».

Aquellas palabras hicieron que un escalofrío recorriera la espina dorsal de todos los que lo pudieron oír aquel día. No era solamente el volumen de su voz; era su tono de autoridad. Sin señal alguna de duda. Aquella oración no se había originado en sus cuerdas vocales. Como el agua que brota de un pozo artesiano, las palabras fluyeron desde lo más profundo de su alma. Su oración era decidida pero humilde, confiada pero mansa, expectante sin ser arrogante.

Y entonces sucedió.

Al mismo tiempo que su oración ascendía a los cielos, las gotas de lluvia comenzaron a descender a la tierra. Una exclamación entrecortada recorrió a los miles de personas que se habían congregado rodeando en círculo a Honi. Todos los rostros se alzaron hacia el cielo mientras las primeras gotas de agua descendían de lo alto, pero Honi permanecía con la cabeza inclinada. La gente se regocijaba con cada gota que caía, pero Honi no estaba satisfecho con una simple llovizna. Arrodillado aún dentro del círculo, Honi levantó la voz por encima de las exclamaciones de celebración:

«No he orado para pedirte una lluvia así, sino una lluvia que llene las cisternas, los pozos y las cavernas».

La llovizna se convirtió en una lluvia tan torrencial, que los testigos presenciales decían que no había ninguna gota de agua que fuera menor que el tamaño de un huevo. Llovía con tanta fuerza y tan continuamente, que la gente huyó al monte del Templo para escapar a las inundaciones repentinas. Honi se quedó orando dentro de su gran círculo. Una vez más, precisó su osada petición:

«No he orado para pedirte una lluvia así, sino por la lluvia de tu favor, tu bendición y tu misericordia».

Entonces, como una de esas lluvias bajo el sol, bien proporcionadas en medio de una tarde caliente y húmeda de agosto, comenzó a llover mansa y pacíficamente. Cada gota de lluvia era una señal de la gracia de Dios. Y no solo empapaban la piel, sino que empapaban de fe el espíritu. El día antes *del día*, había sido difícil creer. El día después *del día*, era imposible *no* creer.

Por fin, la tierra se convirtió en lodo y después en tierra otra vez. Una vez saciada su sed, la multitud se dispersó. Y el hacedor de lluvia regresó a su humilde casucha en las afueras de Jerusalén. La vida volvió a la normalidad, pero había nacido la leyenda del hacedor de círculos.

Honi fue celebrado como héroe local por el pueblo cuya vida él había salvado. Pero en el Sanedrín hubo quienes pusieron en duda al hacedor de círculos. Una facción creía que trazar un círculo y exigir que lloviera era deshonrar a Dios. Tal vez fueran esos mismos miembros del Sanedrín los que criticarían a Jesús por sanarle a un hombre su mano seca en sábado una generación más tarde. Amenazaron a Honi con excomulgarlo, pero como no había manera de repudiar el milagro, Honi terminó siendo honrado por su acto de valentía en la oración.

La oración que salvó a una generación fue considerada como una de las oraciones más significativas en la historia de Israel. El círculo que él trazó en la arena se convirtió en un símbolo sagrado. Y la leyenda de Honi, el hacedor de círculos, permanece para siempre como un testamento a favor del poder que tiene una sola oración para cambiar el curso de la historia.

Capítulo 2

Los hacedores de círculos

La tierra ha girado alrededor del sol más de dos mil veces desde el día en que Honi trazó su círculo en la arena, pero Dios sigue buscando aún hacedores de círculos. Y la eterna verdad secreta que se halla dentro de esta antigua leyenda es tan cierta ahora como lo fue en aquellos momentos: *Las oraciones audaces honran a Dios*, y *Dios honra las oraciones audaces*. A Dios no le ofenden nuestros mayores sueños, ni nuestras oraciones más osadas. Lo que le ofende es todo lo que sea inferior a ellos. Si tus oraciones tienen que ver con cosas que no son imposibles para ti, son insultantes para Dios. ¿Por qué? Porque no necesitan de una intervención divina. Pero pídele a Dios que abra el mar Rojo, que haga que el sol se detenga o que haga flotar un hacha de hierro, y lo estarás moviendo a poner en acción su omnipotencia.

No hay nada que le agrade más a Dios que cumplir sus promesas, responder nuestras oraciones, realizar milagros y cumplir sueños. Así *es* él. Eso *es* lo que él hace. Y mientras más grande sea el círculo que tracemos, mejor, porque Dios recibe una gloria mayor. Los momentos más grandiosos de la vida son esos momentos milagrosos en los cuales se cruzan la impotencia humana y la omnipotencia divina… y se cruzan cada vez que hacemos un círculo alrededor de las situaciones imposibles de nuestra vida e invitamos a Dios a intervenir en ellas.

Te lo puedo asegurar: Dios está listo y esperando. Por eso, aunque no tengo la menor idea de las circunstancias en las que te encuentras, estoy seguro de que solo estás a una oración de distancia de un sueño convertido en realidad, una promesa cumplida o un milagro realizado.

Es absolutamente imprescindible desde el principio que te pongas de acuerdo con esta verdad, sencilla, pero capaz de transformarte la vida: *Dios está de nuestra parte*. Si no crees esto, entonces harás unas pequeñas oraciones tímidas; pero si lo crees, entonces harás oraciones grandes y audaces. Y de una u otra forma, tus oraciones pequeñas y tímidas, o tus oraciones grandes y audaces, cambiarán la trayectoria de tu vida y te convertirán dos personas totalmente distintas. Las oraciones son profecías. Son las mejores maneras de predecir tu futuro espiritual. En *quién te convertirás* es algo que depende de *la forma en que ores*. En última instancia, el expediente de tus oraciones se convierte en el guión de tu vida.

En las páginas que siguen encontrarás hacedores modernos de círculos que te inspirarán a soñar en grande, orar con fervor y pensar detenidamente. El profesional del golf que oró alrededor de la cancha de golf de la cual ahora es dueño te inspirará a soñar sueños más grandes. El empleado del gobierno que les ganó a mil doscientos más que buscaban la plaza de empleo, haciendo realidad el trabajo en el que había soñado durante doce años seguidos, te retará a mantenerte firme en la promesa que Dios te ha puesto en el corazón. Los padres que oraron por su hijo, y por la futura esposa de su hijo, durante veintidós años y dos semanas, te inspirarán a orar más allá de ti mismo. Y la respuesta a la oración de un evangelista en 1960 por un cine en Capitol Hill, y que desafió los embates del tiempo, te inspirarán a pensar detenidamente y orar con fervor.

El hacedor de círculos te mostrará cómo le debes reclamar a Dios las promesas que te haya hecho, perseguir unos sueños que sean del tamaño de Dios y aprovechar las oportunidades que Dios te haya puesto delante. Aprenderás a trazar círculos alrededor de tu familia, tu trabajo, tus problemas y tus metas. Pero antes de que te muestre *cómo* se trazan los círculos de oración, es importante que comprendas *por qué* esto es tan importante. Hacer círculos de oración no es ningún truco de magia para obtener de Dios lo que quieras. Dios no es el genio de la lámpara, y tu deseo no es una orden para él. Más te vale que su orden sea la que se convierta en tu deseo. Si esto no sucede, no estarás trazando círculos de oración, y vas a terminar caminando en círculos.

Para hacer círculos de oración se comienza por discernir lo que Dios quiere; lo que es la voluntad de Dios. Y mientras su soberana voluntad no se convierta en tu deseo santificado, tu vida de oración estará desconectada de su fuente de energía. Por supuesto, puedes aplicar a la práctica algunos de los principios que aprendas en *El hacedor de círculos*, y hasta es posible que te ayuden a conseguir lo que quieres, pero la meta no es que consigas lo que tú quieras; la meta consiste en glorificar a Dios haciendo círculos alrededor de las promesas, los milagros y los sueños que él quiere para ti.

Mi primer círculo

A lo largo de los años he trazado círculos alrededor de las promesas que están en las Escrituras y de las promesas que el Espíritu Santo ha concebido en mi espíritu. He trazado círculos de oración alrededor de situaciones imposibles y de gente imposible. He trazado círculos de oración alrededor de todo, desde metas para mi vida, hasta propiedades. Pero permíteme que empiece por el principio y vuelva sobre mis pasos hasta el primer círculo de oración de todos los que he trazado.

A los veintidós años, siendo estudiante del seminario, traté de fundar una iglesia en la costa norte de Chicago, pero nunca lo logré. Seis meses más tarde, con un fracaso en la fundación de una iglesia en mi expediente, Lora y yo nos mudamos de Chicago a Washington, DC. Allí se nos presentó la oportunidad de intentar la fundación de otra iglesia, y mi reacción inmediata fue negarme, pero Dios me dio el valor necesario para enfrentarme a mis temores, tragarme mi orgullo e intentarlo de nuevo.

El primer año en la iglesia que fundamos no tuvo nada de fácil. En total, nuestros ingresos en la iglesia eran de dos mil dólares mensuales, de los cuales mil seiscientos eran para pagar la renta de la cafetería de la escuela pública del DC donde teníamos los cultos de los domingos. En un buen domingo asistían unas veinticinco personas. Fue entonces que aprendí a cerrar los ojos en adoración, porque era demasiado deprimente mantenerlos abiertos. Aunque contaba con los estudios que había hecho en el seminario, en realidad no tenía ni idea de cómo llevar las cosas. Eso es todo un reto cuando uno es el líder. Me sentía incompetente y abrumado, pero en esas circunstancias es precisamente donde Dios lo quiere tener a uno. Así es como se aprende a vivir en una abierta dependencia, y ese tipo de dependencia es la materia prima con la que Dios realiza sus mayores milagros.

Un día, mientras soñaba acerca de la iglesia que Dios quería establecer en Capitol Hill, me sentí movido por el Espíritu Santo a hacer una caminata de oración. Con frecuencia yo caminaba y oraba en el cuarto que tenía libre en mi casa, y que hacía las veces de oficina de la iglesia, pero este impulso del Espíritu era diferente. En aquellos momentos estaba leyendo el libro de Josué, y una de las promesas que había en él saltó de la página para penetrarme hasta el espíritu.

*«Tal como le prometí a Moisés, yo les entregaré a ustedes
todo lugar que toquen sus pies».*

Cuando leí aquella promesa que Dios le había hecho a Josué,
sentí que él quería que reclamara la tierra a la que nos había llamado
y marcara en oración un perímetro que rodeara Capitol Hill por completo. Yo sentía una seguridad, como la de Honi, de que así como Dios
le había transferido a Josué esta promesa hecha a Moisés, ahora me la
transferiría a mí, si tenía fe suficiente para hacer un círculo a su alrededor. Así que una mañana caliente y húmeda de agosto, tracé el que
sería mi primer círculo de oración. Todavía sigue siendo la caminata
de oración más larga que haya hecho jamás, y el círculo de oración
más grande de todos los que he trazado.

Comenzando desde la puerta del frente de nuestra casa en Capitol Hill, caminé en dirección este por la calle F y tomé rumbo sur por
la calle 8. Crucé East Capitol, la calle que divide a los cuadrantes del
nordeste y el sureste de la ciudad, y giré hacia el oeste en la calle M
del sureste. Entonces cerré el círculo, que en realidad tenía más el aspecto de un cuadrado, al tomar rumbo norte en la calle South Capitol.
Me detuve durante unos minutos para orar frente al Capitolio. Después completé aquel circuito de siete kilómetros y medio doblando a
la derecha en Union Station y tomando rumbo a casa.

Me es difícil describir lo que sentí cuando terminé de trazar aquel
círculo. Los pies me dolían, pero mi espíritu andaba por las alturas.
Sentí la misma clase de seguridad santa que deben haber sentido los
israelitas cuando cruzaron el río Jordán por tierra seca y pusieron el
pie en la Tierra Prometida por vez primera. Me sentía ansioso por ver
de qué forma Dios honraría aquella oración. Me había tomado cerca
de tres horas terminar aquel círculo de oración, porque cuando camino
orando, lo hago más despacio que cuando voy a paso normal, pero
Dios ha estado respondiendo aquella oración de tres horas durante los
últimos quince años.

Desde *el día* en que tracé aquel círculo de oración alrededor de
Capitol Hill, National Community Church ha crecido hasta convertirse en una iglesia con siete locales en distintas partes de la zona
metropolitana del Distrito de Columbia. Estamos a punto de inagurar
nuestro primer local internacional en Berlín, Alemania. Y Dios nos ha
dado el privilegio de influir sobre miles de personas durante la última
década y media.

La situación cambia de manera drástica

Cuando echo una mirada al pasado, me siento agradecido por los milagros que Dios ha hecho, y estoy profundamente consciente del hecho de que todo milagro tiene su genealogía. Si seguimos el recorrido de esos milagros de vuelta hasta su origen, encontraremos un círculo de oración. Los milagros son el producto secundario de oraciones que fueron hechas *por ti* o *para ti*. Y esa debería ser toda la motivación que necesitarías para orar.

Dios ha decidido que solo va a ejercitar ciertas expresiones de su poder como respuesta a la oración. Dicho de manera simple, Dios no va a hacer esas cosas, a menos que se las pidas en oración. No tenemos porque no pedimos, o tal vez debería decir que no tenemos porque no trazamos círculos. La mayor tragedia que puede haber en la vida son las oraciones que quedan sin respuesta porque no las hacemos.

Ahora bien, aquí está la buena noticia. Si oras, todo cambia. Entonces podrás vivir con santas expectativas porque nunca sabes cómo, cuándo ni dónde Dios te va a responder, pero esto sí te lo prometo: Él te va a responder. Y sus respuestas no están limitadas por tus peticiones. Nosotros oramos a partir de nuestra ignorancia, pero Dios responde a partir de su omnisciencia. Nosotros oramos a partir de nuestra impotencia, pero Dios responde a partir de su omnipotencia. Dios puede responder hasta las oraciones que nosotros habríamos debido hacer, pero nos ha faltado el conocimiento o la capacidad que necesitábamos hasta para pedir en oración.

Durante mi caminata de oración alrededor de Capitol Hill, tracé círculos alrededor de cosas que ni siquiera sabía cómo pedirlas. Sin siquiera saberlo, tracé círculos de oración alrededor de personas que un día llegarían a la fe en Jesucristo en nuestra cafetería de Capitol Hill, que todavía no era ni siquiera una idea. Sin saberlo siquiera, pasé caminando junto a una propiedad situada en la calle 8 y la avenida Virginia del sureste, que compraríamos trece años más tarde, como resultado de una ofrenda de tres millones de dólares que ni siquiera era aún una oración. Sin saberlo siquiera, pasé caminando por debajo de la marquesina de un teatro situado en Barracks Row, la calle principal de Capitol Hill, que nosotros renovaríamos y volveríamos a abrir como nuestro séptimo local quince años más tarde.

Esas respuestas son testimonio del poder de Dios, y nos recuerdan que si trazamos círculos de oración, Dios responderá esas oraciones por alguna razón, de alguna manera y en algún momento. Dios ha estado respondiendo esa oración durante quince años, y la seguirá respondiendo para siempre. Como las oraciones de Honi, tus oraciones tienen el potencial de cambiar el curso de la historia. Ya es hora de que comiences a trazar tu círculo.

Capítulo 3

El milagro de Jericó

Todos los libros tienen su trasfondo histórico. Hay un instante en el cual es concebida una idea en la imaginación de un autor, y esta idea está destinada a convertirse en un libro. Y porque creo que el trasfondo histórico te ayudará a valorar el relato, permíteme que comparta contigo la génesis de *El Hacedor de Círculos*.

Durante mi último año en el colegio universitario desarrollé un apetito voraz por la lectura. Empleaba todo el dinero que me sobraba y todo el tiempo libre en los libros. Desde entonces he leído miles de libros cuyos temas van desde la espiritualidad hasta la neurología, la biografía y la astronomía. Mis estantes no solo están llenos al máximo de su capacidad, sino que tengo libros apilados encima de ellos, tan alto como puedo alcanzar, y libros apilados en el piso en inseguras columnas que se parecen a la inclinada Torre de Pisa. Hace algunos años me quedé sin espacio en los estantes, lo cual significa que no todos los libros «llegan a un estante». Sin embargo, sí tengo un estante que contiene solamente mis libros favoritos; unas pocas docenas. Uno de ellos se llama *The Book of Legends* [El libro de las leyendas].

The Book of Legends, una colección de relatos tomados del Talmud y el Midrash, contiene las enseñanzas que los rabinos judíos se han ido transmitiendo de generación en generación. Puesto que contiene la sabiduría de más de un milenio, al leerlo se siente uno como si estuviera haciendo una excavación arqueológica. Yo había excavado ya doscientas dos páginas cuando me tropecé con una historia que muy bien habría podido pasar por un tesoro enterrado. Era la leyenda de Honi, el hacedor de círculos. Y esa leyenda cambió para siempre mi manera de orar.

Yo siempre he creído en el poder de la oración. De hecho, la oración es la herencia espiritual que recibí de mis abuelos. Tenía un abuelo que se arrodillaba junto a su cama por la noche, se quitaba su aparato de oír, y oraba por su familia. Sin tener puesto el aparato de oír, no se podía escuchar a sí mismo, pero todos los demás que estábamos en la casa sí lo escuchábamos. Son pocas las cosas que dejan una impresión tan duradera como escuchar que alguien intercede genuinamente por uno. Y aunque falleció cuando yo tenía seis años, sus oraciones no murieron con él. Nuestras oraciones nunca mueren. En mi vida he tenido momentos en los cuales el Espíritu de Dios le ha susurrado a mi espíritu: *Mark, las oraciones de tu abuelo son respondidas en tu vida en este mismo momento.* Esos momentos se encuentran entre los más aleccionadores de mi vida. Y después de descubrir la leyenda de Honi, el hacedor de círculos, me di cuenta de que mi abuelo había estado trazando círculos de oración alrededor de mí aun antes de que yo naciera.

La leyenda de Honi, el hacedor de círculos, fue como una revelación del poder que tiene la oración. Me dio un nuevo vocabulario, unas nuevas imágenes, una nueva metodología. No solo me inspiró a orar con osadía, sino que también me ayudó a orar con más perseverancia. Comencé a trazar círculos de oración alrededor de todos y de todo. Me inspiraba de una manera particular la marcha alrededor de Jericó, durante la cual Dios cumplió una promesa que había hecho cuatrocientos años antes, al darle a su pueblo la primera victoria en la Tierra Prometida. Aunque la historia no menciona de manera explícita que el pueblo adoptara posiciones de oración, no me cabe duda de que los israelitas estaban orando mientras trazaban su círculo alrededor de la ciudad. ¿Acaso no es eso lo que haces instintivamente cuando te enfrentas con un reto que se encuentra muy por encima de tu capacidad? La imagen de los israelitas dando vueltas alrededor de Jericó durante siete días es una conmovedora imagen del aspecto que tiene el trazado de los círculos de oración. También es el telón de fondo de este libro.

La marcha de Jericó

A primera vista, Jericó inspiraba asombro y miedo a la vez. Después de deambular por el desierto durante cuarenta años, los israelitas nunca habían visto nada que se le aproximara al perfil de Jericó sobre el horizonte. Mientras más se acercaban, más pequeños se sentían. Finalmente comprendieron por qué la generación anterior a la suya se sentía como un montón de langostas y no se había atrevido a entrar a la Tierra Prometida por miedo.

Aquella antigua metrópoli estaba rodeada por una muralla más baja, de dos metros de ancho, y una más alta, de quince metros de altura. Las paredes hechas de ladrillos de adobe eran tan gruesas y tan altas que la ciudad de cinco hectáreas de superficie parecía una fortaleza inexpugnable. Era como si Dios les hubiera prometido algo imposible, y su plan de batalla pareciera carecer de toda lógica: «Tú y tus soldados marcharán una vez alrededor de la ciudad; así lo harán durante seis días [...] El séptimo día ustedes marcharán siete veces alrededor de la ciudad».

Todos los soldados de aquel ejército se deben haber preguntado por qué. ¿Por qué no usar un ariete? ¿Por qué no escalar las murallas? ¿Por qué no cortarles el abastecimiento de agua o lanzar flechas encendidas por encima de los muros? En lugar de hacer estas cosas, Dios le dijo al ejército israelita que rodeara en silencio la ciudad. Y les prometió que, después de haberle dado trece vueltas a lo largo de siete días, los muros se derrumbarían.

En la primera vuelta que dieron, los soldados se han de haber sentido un poco ridículos. Pero con cada vuelta que daban su paso se hacía más firme y más largo. Con cada círculo que cerraban, una santa seguridad iba aumentando la presión dentro de sus almas. Al llegar el séptimo día, su fe estaba lista para estallar. Se levantaron antes del amanecer y comenzaron a darle vueltas a la ciudad a las seis de la mañana. A una velocidad de cinco kilómetros por hora, cada vuelta a la ciudad, que significaba dos kilómetros y medio, les tomaba media hora. Al llegar las nueve de la mañana comenzaron su última vuelta. De acuerdo con lo que Dios les había ordenado, no habían dicho una sola palabra en seis días. Solo se habían limitado a hacer un círculo alrededor de su promesa en total silencio. Entonces los sacerdotes tocaron sus bocinas de cuernos de carnero, y al toque de las bocinas le siguió un grito simultáneo de todo el pueblo. Seiscientos mil israelitas alzaron un rugido santo que se registró tan alto en la escala de Richter, que las murallas se vinieron abajo.

Después de siete días de darle vueltas a Jericó, Dios les estaba cumpliendo una promesa hecha cuatrocientos años antes. Una vez más estaba demostrando que sus promesas no tienen fecha de expiración. Y Jericó permanece, y cae, como testimonio de esta sencilla verdad: Si te mantienes trazando un círculo alrededor de la promesa, Dios terminará por hacerla realidad.

¿Cuál es tu Jericó?

Este milagro es un microcosmos.

No solo revela la forma en que Dios realizó este milagro en particular, sino que también establece un modelo a seguir. Nos reta a dar vueltas llenos de seguridad alrededor de las promesas que Dios nos ha hecho. Y ha llegado la hora de que te haga una pregunta: ¿Cuál es tu Jericó?

Para los israelitas, Jericó simbolizaba la realización de un sueño que se había originado con Abraham. Era el primer paso en la reclamación de la Tierra Prometida. Era el milagro en el que tenían puesta su esperanza; era el milagro que habían estado aguardando durante toda su vida.

¿Cuál es tu Jericó?

¿Alrededor de cuál promesa estás orando? ¿Alrededor de qué milagro has estado dando vueltas? ¿Alrededor de qué sueño gira tu vida?

Para trazar los círculos de oración, lo primero que necesitas hacer es identificar tu Jericó. Tienes que definir cuáles son las promesas que Dios quiere que reclames, los milagros en los que Dios quiere que pongas tu fe, y los sueños que Dios quiere que persigas. Después, necesitas mantenerte dando vueltas hasta que Dios te dé lo que él quiere, y es su voluntad. Esa es la meta. Ahora bien, este es el problema: La mayoría de nosotros no obtenemos lo que queremos, sencillamente porque no sabemos lo que queremos. Nunca hemos trazado círculo alguno alrededor de ninguna de las promesas de Dios. Nunca hemos escrito una lista de metas para nuestra vida. Nunca hemos definido cuál es el éxito para nosotros. Y nuestros sueños son tan nebulosos, como las nubes de lluvia.

En lugar de trazar círculos, dejamos espacios en blanco.

Dar vueltas alrededor de Jericó

Más de mil años después del milagro de Jericó, se produjo otro milagro más, exactamente en el mismo lugar. Jesús va saliendo de Jericó cuando dos hombres ciegos lo llaman como quien llama a un taxi: «¡Señor, Hijo de David, ten compasión de nosotros!». Los discípulos ven aquello como una interrupción humana. Jesús lo ve como una cita divina. De manera que se detiene, y les responde con una mordaz pregunta: «¿Qué quieren que haga por ustedes?».

¿En serio? ¿Es necesaria una pregunta así? ¿Acaso no es obvio lo que quieren? Son ciegos. Sin embargo, Jesús los obligó a definir con precisión lo que querían de él. Les hizo expresar con palabras su anhelo. Les hizo decirlo, pero no era porque no supiera lo que querían;

era porque se quería asegurar de que *ellos supieran* lo que ellos mismos querían. Y aquí es donde comienza el trazado de los círculos de oración: al conocer alrededor de qué debemos trazarlos.

¿Qué crees que pasaría si Jesús te hiciera a ti la misma pregunta?: *¿Qué quieres que haga por ti?* ¿Serías capaz de expresar con tus palabras las promesas, los milagros y los sueños que Dios te ha puesto en el corazón? Me temo que muchos de nosotros nos quedaríamos boquiabiertos. No tenemos ni idea de lo que queremos que Dios haga por nosotros. Y la gran ironía de todo esto, por supuesto, es que si no podemos responder a esta pregunta, entonces estamos tan espiritualmente ciegos como lo estaban físicamente aquellos dos hombres.

De manera que, aunque Dios esté de nuestra parte, la mayoría de nosotros no tenemos idea de lo que queremos que él haga por nosotros. Y por eso nuestras oraciones no nos resultan solamente aburridas a nosotros, sino que no inspiran a Dios a nada. Si la fe consiste en estar seguros de aquello que esperamos, entonces estar inseguros de lo que esperamos es la antítesis de la fe, ¿no es así? Una fe bien desarrollada produce unas oraciones bien definidas, y las oraciones bien definidas tienen por resultado una vida bien vivida.

Si lees este libro sin responder esta pregunta, no lo habrás entendido. Como los dos hombres ciegos que estaban en las afueras de Jericó, necesitas un encuentro con el Hijo de Dios. Necesitas una respuesta a la pregunta que él te sigue haciendo: ¿Qué quieres que haga por ti?

Como es obvio, la respuesta a esta pregunta va cambiando con el tiempo. Necesitamos diferentes milagros durante las diferentes temporadas de nuestra vida. Perseguimos diferentes sueños durante las diferentes etapas de la vida. Reclamamos diferentes promesas en diferentes situaciones. Es un blanco móvil, pero tienes que comenzar en algún punto. ¿Por qué no hacerlo aquí mismo, en este mismo momento?

No te limites a leer la Biblia. Comienza a trazar círculos alrededor de las promesas.

No te limites a pedir un deseo. Escribe una lista de metas para tu vida que glorifique a Dios.

No te limites a orar. Ve escribiendo un diario de oración.

Define tu sueño.
Reclama tu promesa.
Expresa con palabras tu milagro.

Exprésalo con palabras

Jericó se expresa con palabras de muchas maneras distintas. Si tienes un cáncer, se expresa como *sanidad*. Si tu hijo está apartado de Dios, se expresa como *salvación*. Si tu matrimonio se está destruyendo, se expresa como *reconciliación*. Si tienes una visión que va más allá de tus recursos, se expresa como *provisión*. Pero cualquiera que sea, la tienes que expresar con palabras. Algunas veces se expresa a Jericó sin letras. Es un código postal al que estás llamado, o una cifra en dólares que te va a sacar de tus deudas. Y algunas veces Jericó también se expresa igual que el nombre de alguien. Para mí, Jericó tiene tres maneras distintas de expresarse: Parker, Summer y Josiah.

Cuando mi amigo Wayne y su esposa Diane estaban esperando su primer hijo, comenzaron a orar por su bebé. Consideraban que la oración era su principal responsabilidad como padres, así que, ¿por qué esperar a que naciera el bebé? Todas las noches, Wayne le imponía las manos a Diane sobre el vientre y oraba las promesas de las Escrituras que ellos habían rodeado con un círculo para su bebé. Durante los primeros tiempos del embarazo, se encontraron un libro que decía que nunca era demasiado temprano para comenzar a orar por el futuro cónyuge de su bebé. Al principio, les parecía extraño orar por un cónyuge, aun antes de saber el sexo de su bebé, pero ellos estuvieron orando por su bebé y por su cónyuge un día tras otro, hasta la fecha en que debía nacer.

Wayne y Diane habían decidido esperar hasta el nacimiento de su bebé para descubrir cuál era su sexo, pero oraron para que Dios les revelara cuál debía ser el nombre del bebé. En octubre de 1983, el Señor les dio un nombre femenino: Jessica. Después, en diciembre, el Señor les dio un nombre de varón, y comenzaron a orar por Timothy. No estaban seguros de la razón por la que Dios les había dado dos nombres distintos, pero trazaron círculos de oración, tanto alrededor de Jessica como alrededor de Timothy, hasta que Diane dio a luz.

El 5 de mayo de 1984, Dios respondió sus oraciones, y la respuesta se llamaba Timothy. Wayne y Diane siguieron trazando un círculo de oración alrededor de su hijo, pero también siguieron orando por la joven con la que un día él se casaría. Veintidós años y dos semanas de oraciones acumuladas culminaron el 19 de mayo de 2006, el día en que la novia de Timothy recorrió el pasillo central de la iglesia. ¿Que cómo se llamaba? Jessica.

He aquí el resto de la historia.

Su futura nuera nació el 19 de octubre de 1983, el mismo mes en que Dios les dio el nombre de Jessica. A más de mil quinientos kilómetros de distancia, Wayne y Diane estaban orando por ella, con nombre y todo. Pensaban que Jessica iba a ser su hija, no su nuera, pero Dios siempre se guarda alguna sorpresa en su soberana manga. Para Wayne y Diane, Jericó se escribe de dos maneras —Timothy y Jessica—, pero ambas tienen un mismo apellido.

En caso de que te lo estés preguntando, ¡a Timothy le permitieron salir con otras chicas que no se llamaban Jessica! Wayne y Diane ni siquiera le dijeron a Timothy que Dios les había dado el nombre de su futura esposa antes de que él naciera, hasta después que se hubieron comprometido.

Yo tengo el gozo de ser el pastor de Timothy y Jessica. De manera que, aunque Timothy y Jessica son los principales beneficiarios de las oraciones de sus padres, yo soy un beneficiario secundario. Ellos han sido una inmensa bendición para la National Community Church como líderes de grupos pequeños, y como toda bendición, todo se remonta a un círculo de oración.

Las oraciones imprecisas

Hace algunos años leí una frase que cambió mi manera de orar. El autor, que es pastor de una de las iglesias más grandes de Seúl, en Corea del Sur, escribió: «Dios no responde las oraciones imprecisas». Cuando leí esa afirmación, sentí una convicción de inmediato por lo imprecisas que eran mis oraciones. Algunas de ellas lo eran tanto, que no había manera de saber si Dios las había respondido o no.

Durante esta temporada espiritual, cuando Dios me estaba retando a expresar mis oraciones de una manera más concreta, fue cuando me embarqué en un ayuno de diez días para recibir el día de Pentecostés. Así como los ciento veinte creyentes habían orado en un aposento alto durante diez días, yo me sentí movido a ayunar y orar durante diez días hasta la llegada del día de Pentecostés. Mi razonamiento era muy sencillo: Si nosotros hacemos lo que ellos hicieron en la Biblia, podríamos llegar a experimentar lo que ellos experimentaron. No es posible fabricar un milagro como el de Pentecostés, pero si uno ora durante diez días, cabe la posibilidad de que se produzca un milagro como el que se produjo en Pentecostés.

Durante ese ayuno de diez días hasta Pentecostés, yo estaba dando en nuestra iglesia una serie de enseñanzas sobre los milagros, y acabábamos de experimentar uno. Habíamos comprado milagrosamente un terreno de Tierra Prometida alrededor del cual habíamos trazado un círculo de oración durante más de cinco años. Tomamos piedras que habían estado puestas en los cimientos y le dimos una a cada persona como señal palpable del milagro colectivo que Dios había realizado para la National Community Church. Aprovechando esa fe colectiva, retamos a la gente a personalizar la pregunta que Jesús les hizo a los dos ciegos en las afueras de Jericó: ¿Qué quieren que haga por ustedes? Luego, escribimos nuestros deseos santos en esas piedras. Yo describí siete milagros y comencé a rodearlos con un círculo de oración.

En un espíritu de franqueza total, debo decirte que no todos los siete milagros que pedí se han producido. De hecho, uno de ellos hasta pareció salirme al revés. Le pedí a Dios que nos diera los cines de la Union Station donde nuestra iglesia se había estado reuniendo durante más de una década, pero en lugar de darnos los teatros, nos los quitó. Los cerraron de manera inesperada, y nos avisaron con menos de una semana de tiempo para marcharnos de allí. En el momento fue sumamente desalentador y desorientador, pero tengo que admitir que este aparente «antimilagro» sirvió de catalizador para algunos milagros más grandes y mejores que han sucedido después de él. Lo que parecía una mala respuesta, resultó ser la mejor respuesta. Así que no todas las respuestas nos serán respondidas de la manera que nosotros las escribimos, pero estoy convencido de esto: Los milagros que han sucedido, no habrían sucedido si yo no hubiera comenzado por trazar un círculo alrededor de ellos.

Mientras más fe tengas, más específicas serán tus oraciones. Y mientras más específicas sean tus oraciones, más gloria recibirá Dios. Como Honi, que oró para pedir una clase específica de lluvia, las oraciones detalladas le dan a Dios una oportunidad para revelar más aspectos de su soberanía. En cambio, si nuestras oraciones no son específicas, le estamos robando a Dios la gloria que él se merece, porque tenemos que analizar si es cierto o no que nos ha respondido. Nunca sabremos si las respuestas han sido resultado de una oración determinada, o coincidencias generales que se habrían producido de todas formas.

Esa piedra con los siete milagros escritos se encuentra en un estante de mi oficina. De vez en cuando la tomo y la sostengo en la mano mientras oro. Esto no tiene nada de mágico, pero actúa como una especie de seguro de oración. Asegura que yo no olvide sobre qué estoy orando. También asegura que sea Dios quien reciba la gloria cuando se produzcan los milagros. Cuando detallamos de manera concreta nuestras oraciones, terminarán hablando de la gloria de Dios.

La escalera del éxito

Nos es fácil estar tan ocupados subiendo la escalera del éxito, que no nos demos cuenta de que esa escalera no está apoyada en la muralla de Jericó. Perdemos de vista las metas que Dios ha dispuesto para nosotros. Nuestras prioridades eternas quedan sometidas a nuestras responsabilidades temporales. Y empeñamos el sueño que Dios nos ha dado para perseguir el «sueño americano». Así que, en lugar de trazar un círculo alrededor de Jericó, terminamos deambulando por el desierto durante cuarenta años.

Hace algunos años estaba disfrutando uno de esos pocos días en que uno no tiene agenda. Acababa de dejar a mi familia en el aeropuerto de Los Ángeles después de unos maravillosos días de vacaciones de primavera en el sur de California. Yo me quedé para hablar en una conferencia de líderes, pero en el medio disponía de un día en que no tenía que ir a ninguna parte, y no tenía nada que hacer, así que encontré una cafetería Starbucks en Third Street Promenade, en Santa Mónica, y me pasé el día trazando círculos alrededor de Jericó.

Ese margen de tranquilidad, junto con un poco del sol de California, le abrieron espacio a una epifanía. Mientras tomaba mi moca de chocolate blanco se me ocurrió que en realidad nunca había definido lo que era el éxito para mí mismo. Había escrito un par de libros y comenzado a viajar en el circuito de los conferencistas, pero ninguna de esas metas era tan satisfactoria como yo había pensado que serían. Me sentía entusiasmado con frecuencia, pero el entusiasmo iba mezclado con una profunda tristeza mientras pasaba por la seguridad del aeropuerto, rumbo a mi siguiente punto de destino para dar una conferencia, dondequiera que fuese. Mi vida me recordaba un chiste que yo mismo contaba a veces sobre el piloto de avión que tomó el intercomunicador y les dijo a los pasajeros: «Tengo para ustedes una buena noticia y otra mala. La mala noticia es que estamos perdidos; la buena es que vamos muy puntuales». Así era como sentía mi vida, pero aquello sí que no tenía nada de chistoso.

Nunca he conocido a nadie que no quiera triunfar, pero son muy pocas las personas que han detallado realmente en qué consiste para ellas ese triunfo. Heredamos una definición de familia o adoptamos una definición cultural. Pero si uno no lo detalla para sí mismo, no tiene manera de saber si lo ha logrado. Es posible que uno logre sus metas, solo para darse cuenta de que nunca habrían debido ser sus metas. Trazas un círculo alrededor de la ciudad que no es. O subes por la escalera equivocada.

Las variantes

Mientras la gente iba mirando los escaparates de las tiendas arriba y abajo en aquel paseo, yo me dediqué a escribir en una servilleta de papel una definición personal del éxito. Aquella servilleta habría podido ser una placa de piedra escrita por el dedo de Dios en el monte Sinaí. Dios redefinió el éxito y lo redactó para mí en esa servilleta. Como las definiciones del diccionario, que captan diferentes dimensiones de una misma palabra, yo escribí tres variantes.

La primera definición podrá parecer genérica, pero es específica para todas las situaciones posibles:

1. Hacer las cosas lo mejor que pueda con lo que tenga donde esté. El éxito no es circunstancial. Por lo general nos enfocamos en lo que estamos haciendo, o hacia dónde vamos, pero el interés primario de Dios es en *quién nos estamos convirtiendo* durante el proceso. Hablamos acerca de «hacer» la voluntad de Dios, pero la voluntad de Dios tiene mucho más que ver con «ser» que con «hacer». No se trata de estar en el lugar correcto y en el momento oportuno; se trata de ser la persona correcta, aunque nos encontremos en las circunstancias más incorrectas. El éxito no tiene nada que ver con lo bien dotado o lo hábil que seas; tiene todo que ver con glorificar a Dios en todas las situaciones, sacando de ellas el mejor partido posible. El éxito es la mayordomía, y la mayordomía es el verdadero éxito.

La segunda definición que escribí capta mi llamado. Ya sea que esté escribiendo, predicando o educando a mis hijos, esta es la pasión que impulsa mi vida:

2. Ayudar a las personas a emplear al máximo el potencial que Dios les ha dado. El potencial es el regalo que Dios nos hace; lo que nosotros hacemos con él es el regalo que le devolvemos a Dios. Ayudar a las personas a emplear al máximo el potencial que Dios les ha dado es la razón por la que Dios me puso en este planeta. Eso es lo que hace que me levante temprano y me acueste tarde. Para mí, no hay nada que me cause más júbilo que ver a la gente crecer en el uso de los dones que Dios le ha dado.

La tercera definición revela el anhelo más profundo de mi corazón:

3. Mi anhelo es que la gente que mejor me conozca sea la que más me respete. El éxito no se mide por la cantidad de gente que pastoree, o por la cantidad de libros que venda. El éxito consiste en vivir con una integridad tan auténtica, que aquellos que mejor me conozcan sean realmente los que más me respeten. No me importan nada ni la fama ni la fortuna. Quiero ser famoso en mi hogar. Esa es la mayor de las fortunas.

Si no tienes una definición personal del éxito, lo más probable es que triunfes en algo equivocado. Llegarás al final de tu vida y te darás cuenta de que habías tenido una idea errada de lo que es el éxito. Y si tienes la idea equivocada, lo que logres va a ser también un error.

Necesitas trazar círculos alrededor de las metas que Dios quiere que busques, las promesas que Dios quiere que reclames y los sueños que Dios quiere que persigas. Y una vez que definas tu Jericó, necesitas trazar alrededor de ella un círculo en oración. Entonces necesitarás seguir marcando el círculo hasta que las murallas se vengan abajo.

Sal fuera de las murallas

Las vueltas alrededor de Jericó les dieron a los israelitas una perspectiva de trescientos sesenta grados con respecto a aquella promesa amurallada. Los ayudó a envolver su espíritu alrededor de aquel milagro hecho con ladrillos de adobe. Le dio una definición a aquel sueño de quince metros de altura. Precisamente eso es lo que hace la oración. Te ayuda a situarte fuera del problema. Te ayuda a dar vueltas alrededor del milagro. Te ayuda a ver por completo cuál es la verdadera situación.

No leas este libro sin hallar un tiempo y un lugar para trazar un círculo alrededor de tu Jericó. Haz un retiro de oración. Búscate un diario de oración. Y despega. Vete a solas con Dios, o si eres de los que prefieren el procesamiento interpersonal sobre procesamiento personal, llévate a unos cuantos amigos contigo. Ellos podrán trazar un círculo de oración alrededor de ti.

Si puedes, vete a algún lugar que te inspire. Un cambio de escenario se convierte muchas veces en un cambio de perspectiva. Un cambio en la rutina suele tener por consecuencia una revelación. Convirtiéndolo en una fórmula, diríamos que cambio de ritmo + cambio de lugar = cambio de perspectiva.

Yo siempre he estado de acuerdo con el método que tiene Arthur McKinsey para resolver problemas. Lo considero una *resolución por medio de la oración.*

Si piensas en un problema como si fuera una ciudad medieval amurallada, entonces verás que hay una gran cantidad de personas que lo atacan de frente, como si fueran arietes. Irrumpen en las puertas de la ciudad y tratan de destrozar las defensas solo con su poder y su brillantez intelectual. Yo simplemente me limito a acampar en las afueras de la ciudad. Espero. Y pienso. Hasta un día —tal vez después de que me haya dedicado a un problema totalmente distinto— que el puente levadizo desciende y los defensores de la ciudad dicen: «Nos rendimos». La respuesta al problema aparece completa en el mismo momento.

Los israelitas no conquistaron Jericó gracias a una brillante estrategia militar de fuerza bruta. Aprendieron a dejar que fuera el Señor quien peleara sus batallas. Trazar círculos de oración es mucho más poderoso que usar cualquier ariete. No solo echa abajo las puertas, sino que hace que se derrumben las murallas de quince metros de altura.

Cuando recuerdo el historial de los milagros que se han producido en mi propia vida, me asombro de que muchos de ellos se produjeran fuera de las murallas de la ciudad. No tuvieron lugar durante una reunión de planificación; se produjeron durante una reunión de oración. No fue la resolución de problemas la que ganó el día; fue la resolución por medio de la oración. Yo había salido de las murallas de la ciudad y marchado alrededor de la promesa, alrededor del problema, alrededor de la situación. Y cuando uno hace eso, no va a ser solo el puente levadizo el que se abra. Son las murallas las que se van a derrumbar.

Capítulo 4

Orar sin desmayar

Antes de que existiera la Madre Teresa, existió la Madre Dabney. En 1925, Elizabeth J. Dabney y su esposo fueron a trabajar para una misión en la Ciudad del Amor Fraterno, pero no había mucho amor en su vecindario. Era un infierno. Su esposo había sido llamado a predicar. El oficio de ella era orar, pero no se limitaba a orar; *oraba sin desmayar*.

Una tarde, mientras pensaba en una mala situación que existía en su vecindario del norte de Filadelfia, le preguntó a Dios si él les daría una victoria espiritual, si ella pactaba con él que iba a orar. Él le prometió que lo haría, y ella sintió que el Señor le indicaba que se encontrara con él a la mañana siguiente en el río Schuylkill a las siete y media en punto. La Madre Dabney estaba tan nerviosa pensando que se fuera a perder su cita de oración, que se pasó toda la noche despierta, tejiendo.

A la mañana siguiente descendió al río, que se hallaba fuera de las murallas de la ciudad, y el Señor le dijo: «Este es el lugar». La presencia de Dios la cubrió. Y ella trazó un círculo en la arena:

> Señor, si bendices a mi esposo en el lugar donde lo enviaste para establecer tu nombre; si rompes las ataduras y destruyes el muro de separación; si le das una iglesia y una congregación —un crédito para tu pueblo y para toda la cristiandad—, yo voy a caminar contigo durante tres años en oración, día y noche. Me encontraré contigo cada mañana a las nueve en punto; nunca me tendrás que esperar; allí estaré para recibirte. Allí permaneceré todo el día; te consagraré todo mi tiempo a ti.
>
> Además, si escuchas la voz de mi súplica y te abres paso en ese vecindario tan lleno de maldad, y bendices a mi esposo, yo voy a ayunar setenta y dos horas cada semana durante dos años. Mientras esté ayunando, no iré a casa a

dormir en mi cama. Me quedaré en la iglesia, y si siento sueño, descansaré sobre periódicos en la alfombra.

Tan pronto como ella hizo aquel pacto de oración, empezó un aguacero. La gloria de Dios cayó del cielo como las gotas de lluvia que empaparon a Honi en el día en que trazó su círculo en la arena. Cada mañana, a las nueve en punto, la Madre Dabney saludaba al Señor con un caluroso «Buenos días, Jesús». Ella perdió la piel de sus entumecidas rodillas, pero Dios extendió su poderosa diestra. Ella ayunó setenta y dos horas por semana, pero el Espíritu Santo era quien le proveía directamente.

Pronto, la misión era demasiado pequeña para la cantidad de gente que asistía. Su esposo le pidió que orara para que encontraran otro lugar de reunión cerca de allí. Ella oró, y un hombre que había tenido un negocio durante veinticinco años cerró su tienda, de manera que ellos pudieron alquilar el edificio. La Madre Dabney no aceptaba un no por respuesta. Era una hacedora de círculos, y los hacedores de círculos tienen una veta santificada de tozudez.

La Madre Dabney se sentía más cómoda en la presencia de Dios que en la presencia de la gente. Como le había sucedido a Honi, algunos llegaron incluso a criticar la forma en que ella oraba. Unos amigos bien intencionados le suplicaban que se tomara un descanso, o que comiera algo, pero ella seguía aferrada a los cuernos del altar. Y mientras más ella oraba con todo fervor, más actuaba Dios.

El legado de oración de la Madre Dabney sería una simple nota olvidada hace mucho tiempo, de no haber sido por un titular. El *Pentecostal Evangel* publicó su testimonio bajo el título de «Lo que significa orar sin desmayar». Ese artículo bastó para iniciar un movimiento de oración en el mundo entero. La Madre Dabney recibió más de tres millones de cartas de personas que querían saber cómo orar sin desmayar.

El método científico de conjetura

Los hacedores de círculos son hacedores de historia.

En el gran plan de la historia de Dios hay una nota debajo de cada titular. La nota es la oración. Y si tú te centras en las notas, Dios escribirá los titulares. Son tus oraciones las que cambian la línea de la trama divina. Así como la oración de Honi salvó a una generación, tus oraciones pueden cambiar el curso de su historia.

Me encanta la historia, y en especial una rama de la historia llamada «método científico de conjetura». Los teóricos de este método son los que hacen las preguntas que comienzan diciendo: ¿Y si...? Por ejemplo, ¿y si la Revolución Americana hubiera fracasado? O bien, ¿y si Hitler hubiera triunfado en la Segunda Guerra Mundial? ¿Cómo se habría desarrollado la historia? ¿Qué aspecto tendría esa realidad alterna? Y, ¿cuáles son las notas clave que habrían cambiado, o habrían podido cambiar los titulares de la historia?

Es un interesante ejercicio leer la historia bíblica como un teórico de este método científico de conjetura. Y el milagro de Jericó es un gran ejemplo. ¿Y si los israelitas hubieran dejado de marchar alrededor de los muros de la ciudad al sexto día? La respuesta es obvia. Se habrían perdido el milagro jsuto antes de que sucediera. Si hubieran dejado de rodear la ciudad después de haberle dado doce vueltas, habrían dado grandes caminatas para nada. Como la generación anterior a la suya, se habrían perdido la promesa por omisión. Y lo mismo sucede con nosotros.

Ya presenté cuál es nuestro principal problema: La mayoría de nosotros no obtenemos lo que queremos porque no sabemos qué es lo que queremos. Y aquí está ahora nuestro problema secundario: La mayoría de nosotros no obtenemos lo que queremos, porque dejamos de trazar círculos.

Nos damos por vencidos con demasiada facilidad. Nos damos por vencidos demasiado pronto. Dejamos de orar precisamente antes de que se produzca el milagro.

Orar por algo, u orar sin desmayar

Nuestra generación necesita urgentemente redescubrir la diferencia que existe entre *orar por algo* y *orar sin desmayar*. Ciertamente hay circunstancias en las cuales orar por algo bastará para que la obra quede realizada. Yo creo en las oraciones cortas antes de las comidas porque, sinceramente, pienso que se debe comer cuando todo está caliente todavía. Pero también hay situaciones en las que necesitamos aferrarnos a los cuernos del altar y negarnos a marcharnos hasta que Dios nos responda. Al igual que Honi, nos negamos a movernos de dentro del círculo mientras Dios no se haya movido. Intercedemos hasta que Dios intervenga.

Orar sin desmayar es una cuestión de constancia. Es darle vueltas a Jericó hasta que nos sintamos mareados. Como la historia que contó Jesús sobre la viuda insistente, que traía loco al juez con sus incesantes peticiones, los que oran sin desmayar no aceptan un no por respuesta. Los hacedores de círculos saben que siempre es demasiado pronto para dejar de orar, porque uno nunca sabe cuándo el muro se encuentra a punto de caer. Siempre estamos a una oración de distancia de un milagro.

Orar sin desmayar es también una cuestión de intensidad. No es algo cuantitativo, sino cualitativo. Trazar círculos de oración exige algo más que palabras; exige gemidos que salen de lo más íntimo de nuestro ser y lágrimas derramadas desde el corazón. El que ora sin desmayar, no solo hace que Dios incline su oído, sino que toca el corazón mismo de nuestro Padre celestial.

Hace poco asistí al desayuno de oración de Pascua que celebra el presidente en la Casa Blanca, junto con unos doscientos líderes religiosos de todo el país. Antes del desayuno, un predicador afroamericano de setenta y seis años de edad que trabajó junto con Martin Luther King Jr. en los movimientos pro derechos civiles, hizo una oración. Yo apenas pude escuchar sus palabras, pero su fe se manifestó con toda claridad. Oró con tanta familiaridad con el Padre, que me hizo sentir convicción en mi espíritu. Era como si sus palabras ardieran con la fidelidad de Dios. Después que dijo amén, yo me volví a los pastores amigos que estaban junto a mí, Andy Stanley y Louie Giglio, y les dije: «Me siento como si nunca antes hubiera orado». Sentí que él conocía a Dios de una forma que yo desconocía, y esto me desafió a acercarme más a él. Me pregunto si así es como se sentían los discípulos cuando le pidieron a Jesús que les enseñara a orar. Sus oraciones eran de una calidad tan diferente, que lo hacían sentir a uno como si nunca antes hubiera orado.

¿Cuándo fue la última vez que te encontraste de bruces en el suelo ante el Todopoderoso? ¿Cuándo fue la última vez que se te cortó la circulación de tanto estar arrodillado ante el Señor? ¿Cuándo fue la última vez que te pasaste toda una noche en oración?

En la oración hay alturas más altas y profundidades más profundas, y Dios te quiere llevar allí. Él te quiere llevar a lugares donde nunca antes has estado. Hay nuevos dialectos. Hay nuevas dimensiones. Pero si quieres que Dios haga algo nuevo en tu vida, no puedes seguir haciendo lo mismo de siempre. Esto implicará más sacrificio, pero si en verdad estás dispuesto a ir allí, comprenderás que no has sacrificado absolutamente nada. Significará un riesgo mayor, pero si estás dispuesto a llegar allí, comprenderás que no has arriesgado absolutamente nada.

Haz el sacrificio.
Corre el riesgo.
Traza el círculo.

La última propiedad de Capitol Hill

Después del aparente antimilagro de los cines con el cierre de Union Station, nuestra iglesia comenzó a buscar una propiedad en Capitol Hill para edificar un centro urbano que incluyera una cafetería, un teatro de actuación y unas oficinas centralizadas para nuestro personal de los diversos lugares en que estábamos. Con un precio entonces de catorce millones de dólares por acre y la relativa escasez de propiedades donde se pudiera construir en Capitol Hill, yo me preguntaba si no estaríamos buscando algo que no existía. Después de una búsqueda exhaustiva, solo encontramos una propiedad que cumpliera nuestros requisitos, así que la llamamos «la última propiedad de Capitol Hill». Situada en un lugar estratégico donde se cruzan las comunidades de Capitol Hill, Navy Yard y Riverfront, su ubicación era absolutamente perfecta. Y el frente de la propiedad daba a la autopista I-295/395, que es la arteria principal que recorre el corazón mismo del Distrito de Columbia, lo cual le daba una visibilidad y una accesibilidad insuperables.

La primera vez que puse un pie en aquella propiedad situada en la esquina de la calle 8 y la avenida Virgina SE, me sentí como si estuviera parado en la Tierra Prometida. Durante varias semanas, rodeé orando en silencio aquella manzana de la ciudad, como los soldados que marcharon alrededor de Jericó. Entonces, justo antes de que hiciéramos una oferta oficial, nuestro equipo de liderazgo ejecutivo se reunió en la propiedad con nuestro corredor de bienes raíces para echarle una última mirada. Estábamos llenos de emoción soñando en las posibilidades, pero nuestros sueños quedaron hechos trizas menos de veinte minutos más tarde cuando nuestro corredor de bienes raíces me llamó para informarme que una inmobiliaria había puesto un contrato sobre la propiedad en el mismo momento en que *nosotros estábamos parados en ella.*

Me sentí profundamente desanimado porque ya había soñado con nuestro nuevo recinto en aquel lugar. Estaba muy confuso pues sentía que era allí donde Dios nos quería. No obstante, debemos alabar a Dios por las desilusiones ya que ellas nos ponen de rodillas. La desilusión es como la desfibrilación de los sueños. Si reaccionamos ante ella de la manera correcta, la desilusión puede en realidad restaurar el ritmo de nuestras oraciones y resucitar nuestros sueños.

Aquella misma noche nuestra familia se arrodilló a orar. Uno de nuestros hijos hizo una sencilla oración: «Dios mío, te pido que esa propiedad sea usada para tu gloria». En aquel momento mi fe se movió en mi corazón. Sentí en mi espíritu que Dios nos iba a dar aquella propiedad. Creí que nos pertenecería a nosotros, porque sabía que le pertenecía a Dios. De manera que durante tres meses estuvimos haciendo círculos de oración alrededor de la propiedad. Yo marchaba alrededor de aquella manzana como los israelitas marcharon alrededor de Jericó. Me arrodillaba en la propiedad. Le imponía mis manos a la vieja compañía de vidrios que había ocupado aquel lote desde 1963. Hasta me quitaba los zapatos, como hizo Josué antes de la batalla de Jericó, porque lo creía suelo santo.

Sin suerte

Al final de los sesenta días del período de viabilidad, la inmobiliaria que tenía el contrato primario sobre la propiedad pidió diez días adicionales para asegurarse el financiamiento. Aquello parecía ser nuestra ventana de oportunidad, así que ofrecimos un depósito sin derecho a devolución, y el dueño nos dijo que nos daría el contrato. Pensamos que Dios había respondido a nuestras oraciones, pero aún no se habían acabado los círculos de oración. Veinticuatro horas más tarde, el dueño cambió de idea, y perdimos el contrato por segunda vez.

Finalmente, al terminar la extensión de diez días, yo esperaba ansioso que nuestro corredor de bienes raíces me dijera qué había sucedido. Tenía la esperanza de que a la tercera fuera la vencida; que no fuera lo del béisbol, tres strikes y eres out. Recibí su mensaje de texto un viernes por la noche mientras nuestra familia estaba en el cine viendo *The Karate Kid*. Yo estaba disfrutando de la nueva versión de la película original, pero su mensaje de texto me lo echó a perder todo. Me enviaba una mala noticia: «No hemos tenido suerte». Entonces atravesó a toda velocidad las sinapsis de mi cerebro este pensamiento inspirado por el Espíritu Santo: Tal vez no hayamos tenido suerte, pero seguimos teniendo capacidad para orar.

A pesar de haber perdido el contrato por tercera vez, por alguna razón seguía creyendo que Dios iba a desafiar las probabilidades, y darnos nuestra Tierra Prometida. Algunas veces la fe parece una negación de la realidad, pero esto se debe a que nos estamos aferrando a una realidad que es más real que la realidad que podemos percibir con nuestros cinco sentidos. Nosotros no tendríamos un contrato físico sobre aquella propiedad, pero sí teníamos un contrato espiritual por la vía de la oración. Y un contrato espiritual obliga más que un contrato escrito.

Pocos días después de nuestro tercer strike, volé al Perú para recorrer los Caminos del Inca hasta Machu Picchu con mi hijo Parker. Durante cuatro días estuvimos fuera de toda comunicación con el mundo civilizado. Cuando llegamos a Aguas Calientes, un pueblecito situado al pie de la Cordillera Andina, llamé a Lora desde la cabina de un teléfono público. Estoy seguro de que los que me observaban se preguntarían por qué había un estadounidense inmenso dando saltos dentro de aquella pequeña cabina telefónica, pero estaba desbordado de emoción ante la noticia que Lora me acababa de dar: *¡Nos concedieron el contrato!* No lo podía creer; sin embargo, sí lo podía creer. Habíamos orado sin desmayar, y Dios había intervenido a nuestro favor.

No pude evitar reírme ante las circunstancias. Era como si Dios hubiera dicho: *Vamos a quitar del medio a Mark para poder cerrar este trato.* Al recordarlo, pienso siempre que Dios quiso que yo estuviera fuera del país y sin posibilidades de comunicarme, para que no hubiera equivocaciones en cuanto a lo que aquello era: un milagro al estilo del de Jericó.

Alabar sin desmayar

Permíteme dar un poco de marcha atrás. Voy a mirar el proceso de este milagro en reversa. Voy a trazar de nuevo el círculo de oración.

Durante el período de viabilidad, cuando la inmobiliaria tenía el contrato primario sobre la propiedad, yo estaba leyendo de nuevo el relato sobre el milagro de Jericó, y noté algo que nunca antes había visto. Un día, durante mi tiempo devocional, hubo unas palabras que saltaron de la página para meterse en mi espíritu:

> *Las puertas de Jericó estaban bien aseguradas por temor a los israelitas; nadie podía salir o entrar. Pero el SEÑOR le dijo a Josué: «¡He entregado en tus manos a Jericó, y a su rey con sus guerreros!».*

¿Captaste el tiempo verbal aquí? Dios habla en *pasado*, no en *futuro*. No le dice: «Te entregaré». La importancia de esto es la siguiente: La batalla ya estaba ganada aun antes de haber comenzado. Dios ya les había entregado la ciudad. Todo lo que les tocaba hacer a ellos era caminar alrededor de ella.

Cuando leí este relato, sentí que el Espíritu de Dios le decía a mi espíritu: «Deja de orar por ese asunto y comienza a alabarme por él». La fe auténtica no se limita a celebrar *ex post facto*, esto es, después que el milagro ya ha sucedido; la fe auténtica celebra antes que suceda el milagro, como si el milagro ya hubiera sucedido, porque uno sabe con toda certeza que Dios le va a cumplir lo que le ha prometido.

Esto tal vez te suene sacrílego, pero algunas veces necesitamos dejar de orar. Después de orar sin desmayar, necesitamos *alabar sin desmayar.* Necesitamos dejar de pedirle a Dios que haga algo y comenzar a alabarlo por lo que él ya ha hecho. Tanto la oración como la alabanza son expresiones de la fe, pero la alabanza es una dimensión de fe más alta. La oración consiste en pedirle a Dios que haga algo, tiempo futuro; la alabanza consiste en creer que Dios ya lo ha hecho, tiempo pasado.

Antes que deseches esto como uno de esos ardides de «nómbralo y reclámalo», permíteme recordarte que a Dios no se le puede sobornar ni chantajear. Dios no hace milagros para satisfacer nuestros caprichos egoístas. Dios hace milagros por una razón, y solo por esa razón: porque quiere dar a conocer su gloria. Nosotros solo tenemos la suerte de ser sus beneficiarios.

Sigue trazando círculos alrededor de Jericó

Poco después de haber hecho este descubrimiento en mi tiempo devocional, compartí con nuestra iglesia este principio del tiempo pasado. Literalmente dejamos de orar para que Dios nos diera la propiedad. Lo comenzamos a alabar por ella, ya que sentíamos que él nos la había prometido. A la semana siguiente, recibí un correo electrónico que me envió un matrimonio que había tenido la misma revelación. Durante muchos años habían orado para que ella quedara encinta. Entonces dejaron de orar y comenzaron a alabar, porque sentían en su espíritu que Dios les había prometido darles hijos. Y cuando Dios le hace a uno una promesa, lo que necesitas es alabarlo por ella.

Eso es precisamente lo que Dios nos guió a hacer: dejar de orar y comenzar a alabarlo por lo que estaba a punto de hacer. Habíamos sido estériles durante cinco años, pero Dios ya me había dicho que un día sería madre. En el tercer año de mi esterilidad, comencé a alabarlo por los hijos que nos iba a dar, en lugar de suplicarle que nos los diera. Hoy en día tenemos ocho preciosos niños con los que Dios nos ha bendecido, tanto por medio de la concepción como de la adopción. No tengo duda alguna de que esto se debe a que comencé a alabarle. Aquello para él era una señal auténtica de que yo creía que nos daría hijos… y así lo hizo.

En la vida hay momentos en los que uno necesita dejar de suplicar y comenzar a alabar. Si Dios te ha puesto una promesa en el corazón, alábalo por ella. Necesitas celebrarla como si ya hubiera sucedido. Necesitas dejar de pedir, porque Dios ya te ha respondido. Y que conste que, aunque Dios no te responda de la manera que tú quieres, sigues teniendo necesidad de alabarlo sin desmayar. Entonces es cuando resulta más difícil alabar a Dios, pero también es entonces cuando nuestra alabanza es más pura y más agradable ante él.

Inmediatamente después que Dios me dio esta revelación, me fui a la propiedad por la que estábamos orando, me arrodillé y comencé a alabarlo por la promesa que él me había puesto en el corazón. Perdimos aquel contrato tres veces distintas, pero seguimos alabando a Dios. El trato fracasó tres veces, pero la resurrección es la doctrina principal de la fe cristiana. Y no es algo que celebremos solamente el domingo de Pascua. La resurrección es algo que celebramos todos los días y de todas las maneras. La oración tiene el poder de resucitar sueños muertos para darles una vida nueva; una vida eterna.

No estoy seguro de cuál sea la promesa que Dios te ha puesto en el corazón. No sé cuál es el sueño al que estás aferrado, o cuál es el milagro que estás esperando, pero te voy a hacer una exhortación: Sigue haciendo círculos alrededor de Jericó.

Y no te limites a orar sin desmayar; ve más allá y alaba sin desmayar.

Primera parte

El primer círculo: Sueña en grande

Hasta el día de su muerte, Honi el hacedor de círculos se sintió fuertemente impresionado por una frase que había en un versículo de las Escrituras, el Salmo 126:1: «Cuando Jehová hiciere volver la cautividad de Sion, seremos como los que sueñan» (RVR 1960). Esas palabras, «seremos como los que sueñan», provocaban un interrogante con el que batalló Honi durante toda su vida:

¿Es posible que un hombre sueñe continuamente durante setenta años?

La técnica de las neuroimágenes ha demostrado que a medida que vamos envejeciendo, el centro de gravedad cognoscitiva tiende a pasar del cerebro derecho, el imaginativo, al cerebro izquierdo, el lógico. Y esta tendencia neurológica presenta un grave peligro espiritual. En algún momento, la mayoría de nosotros dejamos de vivir de nuestra imaginación para comenzar a vivir de nuestra memoria. En lugar de crear el futuro, comenzamos a repetir el pasado. En lugar de vivir por fe, vivimos por lógica. En lugar de perseguir nuestros sueños, dejamos de trazar círculos alrededor de Jericó.

Pero las cosas no tienen por qué ser de esa manera.

Harriet Doerr soñaba con asistir al colegio universitario en unos días y una época en los cuales el estudiantado de las universidades era mayormente masculino. La falta de dinero primero, y después los hijos, le impidieron ir, pero el sueño nunca murió. Medio siglo más tarde, Harriet ganó su licenciatura en la Universidad de Stanford, a los sesenta y siete años de edad. Mientras la mayoría de sus contemporáneos se estaban retirando, Harriet solo estaba comenzando. También soñaba con escribir un libro. Su primera novela, *Stones for Ibarra* [Piedras para Ibarra], fue publicada cuando Harriet era una joven de setenta y cuatro años.

¿Es posible soñar continuamente durante setenta años?

En palabras de Harriet Doerr, «una de las mejores cosas que tiene envejecer es poder observar cómo la imaginación se apodera de la memoria».

Entonces, ¿quién está en lo cierto? ¿Los neurólogos o Harriet? La respuesta es que ambas partes están en lo cierto.

A medida que envejecemos, o bien la imaginación controla a la memoria, o la memoria controla a la imaginación. La imaginación es el camino menos transitado, pero es la senda de la oración. La oración y la imaginación son directamente proporcionales entre sí; mientras más ores, más crece tu imaginación, porque el Espíritu Santo aumenta su tamaño con sueños que son del tamaño de Dios. Una prueba segura de la madurez espiritual es ver si tus sueños se están volviendo mayores, o menores. Mientras más edad tengas, más fe deberías tener, porque has experimentado más la fidelidad de Dios. Y es su fidelidad la que aumenta nuestra fe y ensancha nuestros sueños.

Ciertamente, no tiene nada de malo que camines de vez en cuando por la senda de la memoria, pero Dios quiere que sigas soñando hasta el día en que mueras. Nunca somos demasiado viejos para perseguir los sueños que Dios nos pone en el corazón. Y para que quede constancia, nunca somos demasiado jóvenes tampoco. La edad nunca es una excusa válida.

¿Es posible que un hombre sueñe continuamente durante setenta años?

Lo irónico de esto es que Honi respondió a su propia pregunta con su vida. Nunca dejó de soñar, porque nunca dejó de orar. ¿Y cómo habría podido, después que Dios había respondido a su imposible oración para pedirle lluvia? Una vez que hayas experimentado un milagro como ese, sigues creyendo que Dios te va a conceder milagros más grandes y mejores aún.

Si sigues orando, seguirás soñando, y viceversa, si sigues soñando, seguirás orando. Soñar es una forma de orar, y orar es una forma de soñar. Mientras más ores, más grandes se volverán tus sueños. Y mientras más grandes se vuelvan tus sueños, más tendrás que orar. En ese proceso de trazar unos círculos de oración cada vez mayores, se amplía la esfera de la gloria de Dios.

La fecha de nuestra muerte no es la fecha que escriben en la lápida de nuestro sepulcro. El día en que dejemos de soñar, es el día en que comenzaremos a morir. Cuando sacrificamos la imaginación en el altar de la lógica, le robamos a Dios la gloria que le pertenece a él con todo derecho. De hecho, la muerte de un sueño es con frecuencia una forma sutil de idolatría. Perdemos fe en el Dios que nos dio el gran sueño y nos conformamos con un pequeño sueño que nosotros podemos convertir en realidad sin su ayuda. Perseguimos sueños que no exigen una intervención divina. Perseguimos sueños que no exigen oración. Y el Dios que es capaz de hacer incalculablemente más de lo que puede hacer nuestro cerebro derecho, es suplantado por un dios —dios con minúscula— que cabe dentro de las limitaciones lógicas de nuestro cerebro derecho.

Nada honra más a Dios que un gran sueño que se encuentra muy por encima de nuestra capacidad para realizar algo. ¿Por qué? Porque así no hay manera de que nos podamos atribuir mérito alguno a nosotros mismos. Y no hay nada mejor para nuestro desarrollo espiritual que un gran sueño, porque nos mantiene sobre nuestras rodillas en una abierta dependencia de Dios. Trazar círculos alrededor de nuestros sueños no es solamente un mecanismo por medio del cual nosotros hacemos grandes cosas para Dios; es un mecanismo por medio del cual Dios hace grandes cosas en nosotros.

¿Es posible que un hombre sueñe continuamente durante setenta años?

Si sigues trazando círculos de oración, la respuesta es un rotundo «sí».

Te deseo que sigas soñando hasta el día en que mueras. Que tu imaginación tome el control de tu memoria. Que mueras joven después de muchos años de vida.

Capítulo 5

Nublado con posibilidad de lluvia de codornices

Antes que cayera la primera gota de lluvia, Honi se debe haber sentido algo tonto. Mantenerse de pie en el centro de un círculo, y exigiendo que lloviera, es algo arriesgado. Jurar que no vas a salir del círculo mientras no llueva, es más arriesgado aún. Honi no trazó un semicírculo; trazó un círculo entero. No había cláusula que le permitiera escapar; no había fecha de expiración. Él se había metido en un círculo, y la única manera de salir era un milagro.

Trazar círculos de oración parece muchas veces una actividad absurda. Pero es fe. La fe consiste en estar dispuestos a parecer unos tontos. Noé parecía un tonto mientras estaba construyendo un barco en medio de un desierto. El ejército israelita parecía tonto mientras marchaba alrededor de Jericó tocando las trompetas. Un niño pastor de nombre David pareció un tonto cuando se enfrentó a un gigante con una honda. Los Magos parecieron tontos cuando se pusieron a seguir una estrella, aunque los llevara hasta Timbuktú. Pedro parecía tonto cuando se salió de la barca en medio del mar de Galilea. Y Jesús pareció un tonto mientras llevaba puesta una corona de espinas. No obstante, los resultados hablan solos. Noé se salvó del diluvio; las murallas se desplomaron; David venció a Goliat; los Magos descubrieron al Mesías; Pedro caminó sobre el agua, y Jesús fue coronado Rey de reyes.

La insensatez es una sensación con la que Moisés estaba familiarizado también. Se tuvo que sentir como un tonto cuando se presentó delante del faraón y le exigió que dejara ir a su pueblo. Se sintió tonto cuando levantaba su vara sobre el mar Rojo. Y ciertamente, se sintió muy tonto cuando le prometió a toda la nación de Israel en medio del desierto que comerían carne todos. Pero el hecho de que él estuviera dispuesto a ser visto como un tonto tuvo por resultado milagros realmente épicos: el éxodo de Israel de Egipto, la apertura de un camino por el fondo seco del mar Rojo y el milagro de las codornices.

Muchas veces, trazar círculos parece una verdadera tontería. Y mientras más grande sea el círculo que traces, más tonto te vas a sentir. Pero si no estás dispuesto a dar un paso fuera de la barca, nunca caminarás sobre el agua. Si no estás dispuesto a trazar un círculo alrededor de la ciudad, las murallas nunca se derrumbarán. Y si no estás dispuesto a seguir a la estrella, te perderás la mayor aventura de tu vida.

Para experimentar un milagro, te tienes que arriesgar. Y uno de los tipos más difíciles de riesgo se produce cuando arriesgamos nuestra reputación. Honi tenía ya la reputación de que hacía caer la lluvia, pero estuvo dispuesto a arriesgar su reputación orando una vez más para que lloviera. Honi corrió el riesgo, y lo demás es historia.

Los capítulos más grandiosos de la historia siempre comienzan con un riesgo, y lo mismo es cierto con respecto a los capítulos de tu propia vida. Si no estás dispuesto a arriesgar tu reputación, nunca construirás el arca como Noé, ni saldrás de la barca como Pedro. No puedes edificar la reputación de Dios si no estás dispuesto a arriesgar la tuya. Llega un momento en el cual necesitas decidirte o moverte. Los hacedores de círculos son gente arriesgada.

Moisés había aprendido bien su lección: Si no te arriesgas, no hay milagro.

Los milagros con comida

Me encantan los milagros, y me gusta comer, así que *realmente* me encantan los milagros que tienen que ver con comida. Y aunque hay una gran cantidad de milagros en las Escrituras que tienen que ver con la comida, el día que Dios le proporcionó al pueblo codornices en medio del desierto podría clasificarse como el más asombroso de todos. Cuando los israelitas salieron de Egipto, decididamente en el parte del tiempo no se preveía una lluvia de codornices.

Y también los israelitas volvieron a llorar, y dijeron: «¡Quién nos diera carne! ¡Cómo echamos de menos el pescado que comíamos gratis en Egipto! ¡También comíamos pepinos y melones, y puerros, cebollas y ajos! Pero ahora, tenemos reseca la garganta; ¡y no vemos nada que no sea este maná!».

Los israelitas se estaban quejando. Ya, ya lo sé. Es sorprendente. En lugar del maná, querían comer carne. Y por ser carnívoro de corazón, yo los entiendo. Si no has comido en un restaurante brasileño de carne de res en el que puedes comer todo lo que quieras, todavía no te puedes morir. Pero eso sí que es una memoria selectiva. Los israelitas recordaban y añoraban el pescado que comían de balde en Egipto, y se olvidaban del pequeño hecho de que aquella comida era gratuita porque ellos no eran libres. Los israelitas no habían sido solamente esclavos; habían sido víctimas de un genocidio. Y sin embargo, ¿echaban de menos la carne en su menú? ¿Y no es también un poco irónico que se estuvieran quejando de un milagro al mismo tiempo que pedían otro? Su capacidad de queja era sencillamente asombrosa, y nosotros nos mofamos de los israelitas por haberse quejado de una comida de maná que se les entregaba en su propia puerta todos los días, pero ¿acaso no hacemos nosotros lo mismo?

Todo el tiempo estamos rodeados de milagros, sin embargo, nos es muy fácil encontrar algo de qué quejarnos en medio de esos milagros. El simple hecho de leer involucra a millones de impulsos que viajan a toda velocidad a través de miles de millones de sinapsis. Mientas tú estás leyendo, tu corazón se dedica a lo suyo haciendo circular cerca de cinco litros de sangre a través de ciento sesenta mil kilómetros de venas, arterias y vasos capilares. Y es asombroso incluso el que te puedas concentrar, si tenemos en cuenta el hecho de que estás sobre un planeta que viaja a la velocidad de ciento siete mil kilómetros por hora a través del espacio, al mismo tiempo que rota alrededor de su eje a una velocidad de mil seiscientos kilómetros por hora. Pero nosotros tomamos estos milagros como el maná, los milagros que suceden un día tras otro, y los damos por sentados.

Desenfundar un Adam Taylor

A pesar de las quejas incesantes de los israelitas, Dios respondió pacientemente a su pataleta pidiendo carne con una de las promesas más imposibles de medir en las Escrituras. No solo les promete que van a comer carne una vez, sino que les promete carne para todo un mes. Y Moisés apenas lo puede creer. Literalmente:

> *«Me encuentro en medio de un ejército de seiscientos mil hombres, ¿y tú hablas de darles carne todo un mes? Aunque se les degollaran rebaños y manadas completas, ¿les*

alcanzaría? Y aunque se les pescaran todos los peces del
mar, ¿eso les bastaría?»

Moisés está haciendo los cálculos matemáticos en su cabeza, pero no le salen. ¡Ni siquiera aproximados! Está tratando de pensar en todas las formas concebibles en que Dios podía cumplir aquella promesa, y no le venía ninguna a la mente. No veía cómo Dios podría cumplir por un solo día su imposible promesa, mucho menos por todo un mes.

¿Te has visto alguna vez en esa situación?

Sabes que Dios quiere que aceptes un trabajo en el que te pagarán menos, pero no te salen las cuentas. Sabes que Dios quiere que vayas a ese viaje misionero, pero tampoco te salen las cuentas. Sabes que Dios quiere que te cases, vayas a la universidad o adoptes un niño, pero tampoco te salen las cuentas.

Hace un par de años, Adam Taylor fue a Etiopía en uno de nuestros viajes misioneros anuales. Mientras estaba allí, supo que Dios lo estaba llamando a invertir en ese lugar más que una sola semana de su vida. Dios lo estaba llamando a entrar del todo en aquella labor. El momento de definición fue cuando un muchacho de quince años llamado Lilly salió de pronto de debajo de la tapa de una entrada al alcantarillado. No tenía zapatos puestos, así que Adam le dio los suyos en un gesto de espontaneidad. Lilly llevó a Adam a un recorrido por las alcantarillas, donde halló toda una comunidad de huérfanos que vivían debajo de las calles. Así fue como Adam supo que Etiopía era su Jericó.

La perspectiva de dejar detrás un sueldo de seis cifras no le cuadraba en sus cuentas, pero a Adam no le importó. Se mudó a Adis Abeba, la capital de Etiopía, confiando en que Dios proveería, y comenzó un ministerio llamado Cambia a los Muchachos, que rescata niños de las calles y les da un hogar donde vivir. De hecho, veintidós muchachos viven con Adam en una casa que Dios les proveyó de manera milagrosa. Adam firmó el contrato de alquiler de la casa, sin saber cómo Dios le iba a proveer. Mientras tanto, nosotros distribuimos nuestro catálogo anual de Navidad, que recoge fondos para una variedad de proyectos misioneros. Adam no lo sabía, pero Cambia a los Muchachos era uno de esos proyectos. Era muy adecuado que National Community Church, la familia espiritual de Adam, cubriera el alquiler de todo un año. Cuando Adam supo la noticia, lloró. Entonces nosotros también lloramos.

La historia de Adam ha inspirado a otras personas de nuestra iglesia a dar también un paso de fe. De hecho, su nombre ha sido convertido en una especie de santo y seña: «Desenfundar un Adam Taylor» se ha convertido en sinónimo de dar un paso de fe que no nos parece que tenga sentido.

Promesas imposibles

Proveerles de carne durante todo un mes parecía una promesa imposible. Y Moisés tuvo que decidir si iba a trazar un círculo alrededor de ella, o no. La lógica le gritaba que no; la fe le susurraba que sí. Moisés tenía que escoger una de las dos.

Este aprieto de Moisés me recuerda otro milagro que se produjo en los campos de Judea unos mil quinientos años más tarde, y que también tenía que ver con comida. Una multitud de cinco mil hombres, sin contar mujeres ni niños, estaba escuchando hablar a Jesús. Él no los quería despedir hambrientos, pero en aquel lugar no había nadie que vendiera comida. Entonces, un muchacho anónimo le ofreció a Jesús el almuerzo que traía, y que consistía en cinco panes y dos peces. Fue un gesto maravilloso, pero Andrés expresó con sus palabras lo que todos los demás discípulos deben haber estado pensando: «¿Qué es esto para tanta gente?». Como Moisés, Andrés comenzó a hacer cálculos matemáticos en su cabeza, y no le salían las cuentas.

En función de una suma, $5 + 2 = 7$. Pero si se incluye a Dios en la ecuación, $5 + 2 \neq 7$. Cuando le damos a Dios lo que tenemos, él lo multiplica de tal forma que $5 + 2 = 5.000$. Y Dios no solo multiplica la comida para que alimente a cinco mil, sino que los discípulos terminan disponiendo en realidad de unas sobras mucho mayores que la comida con la que comenzaron. ¡Esto solo sucede en la economía de Dios! Las doce canastas de restos significan que la ecuación más exacta es esta: $5 + 2 = 5.000$ (Residuo $= 12$).

Si pones en la mano de Dios lo poco que tienes en tus manos, no solo saldrá bien la cuenta, sino que Dios lo va a multiplicar.

Una nota al pie de página.

¿Recuerdas lo que dijo Jesús justo antes de ese milagro? Dice el texto que Jesús «dio gracias». No esperó hasta *después* del milagro, sino que le dio gracias a Dios por el milagro *antes* de que sucediera. Puso en práctica el principio de Jericó alabando a Dios antes de que se produjera el milagro, como si ya hubiera sucedido, porque sabía que su Padre iba a cumplir lo que había prometido. No solo oró sin desmayar, sino que también alabó sin desmayar.

Esto es una locura

En estos momentos te encuentras solo a una decisión determinante de distancia de una vida totalmente diferente. Una sola decisión determinante puede cambiar tu trayectoria y ponerte en una nueva senda hacia la Tierra Prometida. Una sola decisión determinante puede cambiar por completo las predicciones sobre tu vida. Y son esas decisiones determinantes las que se convierten en los momentos que definen nuestra vida.

La promesa de las codornices fue uno de esos momentos determinantes en la vida de Moisés. Se encontraba ante una decisión determinante que tomar: trazar el círculo, o no trazarlo.

¿Qué haces cuando la voluntad de Dios parece no tener sentido? ¿Qué haces cuando un sueño no encaja dentro de las limitaciones lógicas de tu cerebro izquierdo? ¿Qué haces con una promesa que parece imposible? ¿Qué haces cuando la fe parece absurda?

Moisés fue y le comunicó al pueblo lo que el Señor le había dicho.

Moisés puso en riesgo su reputación y trazó un círculo alrededor de la promesa. Empujó todas las fichas de su credibilidad hacia el centro de la mesa y les dijo a los israelitas que Dios les iba a dar carne para que comieran. Esta decisión debe haber sido una de las más difíciles de todas las que hizo en su vida; uno de los sermones más aterradores que predicó jamás; una de las visiones más locas que proyectó jamás. Las cuentas no salían, pero la voluntad de Dios nunca hace sus sumas a base de los cálculos humanos. Moisés no tenía idea terrenal alguna sobre la forma en que Dios iba a cumplir su promesa, pero al fin y al cabo, eso ya no era asunto suyo. Era asunto de Dios. Con demasiada frecuencia permitimos que el *cómo* interfiera en el camino del *qué* Dios quiere que hagamos. No nos podemos imaginar cómo hacer lo que Dios nos ha llamado a hacer, así que no hacemos nada.

Esto es lo que yo he dado en llamar un momento de «esto es una locura». Si tuviéramos por escrito lo que Moisés estaba pensando en esos momentos, me pregunto si no diría: *¡Esto es una locura; esto es una locura; esto es una locura!*

Yo tuve uno de esos momentos de «esto es una locura» el verano pasado mientras viajaba por el Perú. Después de recorrer a pie los Caminos del Inca hasta Machu Picchu, Parker y yo tuvimos una oportunidad de lograr una de las metas que teníamos en nuestra lista de metas para la vida cuando hicimos parapente sobre el Valle Sagrado.

Hacer parapente es una de esas experiencias que nos parecen maravillosas cuando tenemos los pies firmemente plantados sobre tierra firme, pero mientras más nos acercamos al borde del precipicio, más nos preguntamos si no deberíamos estar huyendo de él. Yo les tengo un poco de miedo a las alturas, y ese miedo no fue aliviado por la orientación de sesenta segundos que me dio en un inglés chapurreado mi compañero de paracaídas peruano, cuya altura era la mitad de la mía. ¿Sus instrucciones? *Corre tan rápido como puedas hacia el precipicio.* Eso fue todo.

Mientras corría con todas mis fuerzas hacia aquel despeñadero de más de tres mil metros de altura, en mi mente repetía una y otra vez, como un disco rayado, un mismo pensamiento: *¡Esto es una locura; esto es una locura, esto es una locura!* Pero muy pronto fue sustituido por otro: *¡Esto es maravilloso; esto es maravilloso; esto es maravilloso!*

Corrimos hasta salir del precipicio y atrapamos una corriente ascendente de aire en nuestro paracaídas. Lo siguiente que supe fue que estábamos volando sobre el Valle Sagrado a una altura de cuatro mil doscientos metros. A pesar del hecho de que perdí mi almuerzo siete veces en veinte minutos, aquel parapente ha quedado clasificado como una de las experiencias más emocionantes de toda mi vida. Aprendí que si uno no está dispuesto a meterse en esas situaciones de «esto es una locura», nunca experimentará momentos de «esto es maravilloso». Si no estás dispuesto a correr hasta saltar del despeñadero, nunca vas a volar. También aprendí que hacer parapente es algo asombroso para la vida de oración de uno. Es imposible *no orar* cuando se está corriendo para saltar de un despeñadero. Lo mismo es cierto cuando damos un gigantesco salto de fe.

La ley de las medidas

Aunque no está en las Escrituras, te aseguro que Moisés oró. ¿Acaso no es eso lo que nosotros hacemos cuando no les podemos hallar sentido a las cosas por nosotros mismos? Cuando nos hallamos en situaciones que se encuentran fuera de nuestro control, o por encima de nuestra capacidad de comprensión, *oramos.* Moisés se debe haber sentido como si estuviera corriendo hacia el borde del precipicio, pero así es como se abre el paracaídas de las promesas de Dios. Muchas veces nos parece que trazar un círculo alrededor de las promesas de Dios es algo arriesgado, pero no es ni con mucho tan arriesgado como *no* trazar círculo alguno alrededor de sus promesas. El mayor de los riesgos consiste en no trazar un círculo alrededor de las promesas de Dios, porque estaremos renunciando a los milagros que él quiere realizar.

Uno de los momentos determinantes en la historia de la National Community Church fue el día en que tomamos la decisión determinante de comenzar a apoyar económicamente a las misiones. En aquellos momentos éramos una iglesia que ni siquiera se podía sostener a sí misma, pero yo sentí que Dios nos estaba indicando que comenzáramos a contribuir. Para ser sincero, aquella indicación de Dios provocó una pequeña discusión. ¿Te has sentido alguna vez como que Dios te ha llamado a hacer algo, pero después de unos rápidos cálculos, das por seguro que el Dios Omnisciente hizo mal los cálculos? Yo traté de razonar con él. *¿Cómo vamos a poder dar lo que no tenemos?* Pero esto es lo que aprendí acerca de las discusiones con Dios: Si eres tú el que gana la discusión, en realidad eres el que pierdes, y si pierdes la discusión, entonces en realidad ganas.

Yo perdí la discusión, y Dios ganó el día. Enviamos un cheque de cincuenta dólares a las misiones, y lo que sucedió más tarde no tiene sentido. Al mes siguiente, nuestras ofrendas del mes se triplicaron, pasando de dos mil a seis mil dólares, y nunca miramos atrás. Mi única explicación es que Lucas 6:38 es cierto. Y cuando trazamos un círculo alrededor de esa promesa al escribir el cheque, Dios multiplicó su provisión.

«Den, y se les dará: se les echará en el regazo una medida llena, apretada, sacudida y desbordante. Porque con la medida que midan a otros, se les medirá a ustedes».

Yo creo en la ley de las medidas. Si das en grande, Dios te bendecirá en grande. Por supuesto, eso no significa que puedas jugar con Dios como si fuera una máquina tragamonedas, pero si das por una razón correcta, esto y convencido de esto: *Nunca podrás superar a Dios en generosidad.* No es posible, porque Dios ha prometido esto dentro del gran esquema de la eternidad. Él siempre te devolverá más de lo que tú le entregaste.

Este año estamos proyectando un presupuesto de misiones que supera el millón de dólares, pero ese cheque de cincuenta dólares sigue siendo para nosotros la ofrenda más difícil y más grande que hemos dado jamás para las misiones. Aquello no tenía sentido, pero Dios hizo que se multiplicara. Y lo mismo hará por ti. Si respondes a sus impulsos, el «esto es una locura» se convertirá en «esto es maravilloso». Cuando uno vive en obediencia se sitúa en un lugar donde recibe bendiciones. Y nunca sabe cómo, cuándo o dónde se va a manifestar Dios. Tal vez se limite a enviar vientos procedentes del oeste de ochenta kilómetros por hora, con una probabilidad de codornices del ciento por ciento.

El Codornigedón

El Señor desató un viento que trajo codornices del mar y las dejó caer sobre el campamento. Las codornices cubrieron los alrededores del campamento, en una superficie de casi un día de camino y a una altura de casi un metro sobre la superficie del suelo. El pueblo estuvo recogiendo codornices todo ese día y toda esa noche, y todo el día siguiente. ¡Ninguno recogió menos de dos toneladas! Después las distribuyeron por todo el campamento.

Los israelitas se habían detenido en el desierto de Parán, una región situada a unos ochenta kilómetros tierra adentro desde el mar Mediterráneo y otros ochenta kilómetros al suroeste del mar Muerto. Lo que esto significa es lo siguiente: Las codornices tienden a vivir junto al agua, y no vuelan largas distancias. De no haber sido por un viento sobrenatural procedente del oeste, nunca habrían llegado tan lejos tierra adentro. De manera que se trata de un milagro meteorológico. Y no es solo un milagroso viento del oeste. Las nubes se abrieron y llovieron codornices del cielo.

Cuando las codornices se agotan, se dejan caer como si fueran bombas. No estamos hablando de patos de formas perfectas que aterrizan suavemente en el agua; las codornices estaban cayendo del cielo como si fueran inmensas bolas de granizo. Tiene que haber habido más de uno con la cabeza rota el día en que llovieron codornices. Aquel día en Israel tuvieron que tomar grandes cantidades de pastillas de Advil. Las Escrituras también nos dicen que algunas de las codornices entraron volando al campamento como a un metro de altura, así que algunos han de haber recibido golpes también debajo del cinturón.

Si nos basamos en el sistema hebreo de medidas, «un día de camino» significa alrededor de veinticinco kilómetros en todas las direcciones. De manera que si elevas al cuadrado el radio y lo multiplicas por *pi* (π), estamos hablando de una superficie de cerca de dos mil kilómetros cuadrados. Para ponerlo en perspectiva, la superficie de Washington, DC, es de 174,9 kilómetros cuadrados. Es decir, que no solo era una superficie más de diez veces mayor que la cubierta por la capital de los Estados Unidos, sino que además, las codornices estaban apiladas hasta alcanzar un metro de altura.

¿Te puedes imaginar lo que es ver volar tantas aves hasta el interior del campamento? Fue como una ventisca, pero de aves. Un verdadero Codornigedón. La nube de aves era tan gigantesca que parecía un eclipse de sol. Los testigos presenciales que estuvieron allí ese día, durante el resto de sus vidas, cada vez que cerraban los ojos por la noche, contaban codornices en vez de ovejas.

Una vez que acabaron de caer las codornices, los israelitas las comenzaron a recoger. Cada israelita recogió no menos de diez montones. El texto original dice «diez homers». Diez homers, multiplicados por seiscientos mil hombres, equivale a un mínimo de seis millones de homers. Un homer era una medida de granos secos que equivalía a unos doscientos litros, y si suponemos que las codornices eran de tamaño promedio, eso quiere decir que llovieron cerca de ciento cinco millones de codornices. Sí, leíste bien: *ciento cinco millones de codornices.* Dios no solo nos provee de manera dramática, sino que también nos provee en proporciones dramáticas.

Una de las razones por las que me encanta este milagro, es porque es un milagro en el que hay una especie de juego de palabras. Aparece registrado en el libro de Números, y la palabra griega para Números es *arizmoi*, de donde sacamos nuestra palabra *aritmética*. En el libro de aritmética aparece registrado un milagro que carece por completo de sentido.

Moisés nunca se habría podido imaginar siquiera que esta fuera la respuesta a su oración. Era algo impredecible y sin precedentes, pero él tuvo el coraje necesario para trazar de todas maneras un círculo alrededor de aquella promesa. Y cuando uno traza un círculo alrededor de una promesa, nunca sabe cómo Dios le va a proveer, pero siempre el tiempo se pone nublado con probabilidades de que lluevan codornices.

¿No te parece que tal vez necesites dejar de usar la aritmética para empezar a usar la geometría? Lo que a ti te corresponde no es hacer muchos cálculos para asegurarte de que la voluntad de Dios tiene sentido. Al fin y al cabo, la voluntad de Dios no es un juego de suma cero. Cuando Dios irrumpe en la ecuación, lo que él da siempre excede a lo que tú pones. Lo único que a ti te toca es trazar círculos en la arena. Y si tú haces esa labor de geometría, Dios multiplicará los milagros en tu vida.

Las tablas de multiplicación

Hace poco estaba ayudando a Josiah, nuestro hijo menor, con sus tablas de multiplicación. Sacamos las tarjetas mnemotécnicas, y yo le empecé a hacer preguntas sobre la tabla del cinco. Una vez que se supo la del cinco, pasamos a las del seis. Y cuando se supo las del seis, pasamos a las del siete. Así es como funcionan las cosas en el mundo de la multiplicación. Se van aprendiendo a multiplicar números cada vez más grandes. También de esta forma deberían funcionar las cosas espirituales, pero muchos de nosotros nunca pasamos más allá de la suma y la resta.

Jesús enseñó la multiplicación. Prometió que él nos multiplicaría sus bendiciones si nosotros trabajábamos como si de nosotros dependiera, y orábamos como si de Dios dependiera. Y usó el cien, el sesenta y el treinta como multiplicadores.

«Pero las otras semillas cayeron en buen terreno, en el que se dio una cosecha que rindió treinta, sesenta y hasta cien veces más de lo que se había sembrado».

Hace algunos años, Lora y yo trazamos un círculo alrededor de esta promesa que aparece dentro de la parábola del sembrador, haciendo la mayor promesa de fe de toda nuestra vida. Una promesa de fe es una cantidad de dinero que se promete dar para las misiones, más allá de los diezmos. No se basa en un presupuesto; se basa en la fe. Sinceramente, no teníamos idea de cómo íbamos a poder dar la cantidad de dinero que habíamos prometido, pero Dios nos había indicado de manera específica la cantidad que debíamos dar. Sabíamos que haría falta algún tipo de provisión sobrenatural, pero creímos que Dios iba a honrar nuestra promesa, porque era una promesa que lo honraba a él.

En el día que hicimos nuestra promesa, el 31 de julio de 2005, yo escribí en mi blog lo que creía: «Tengo una santa expectación que ni siquiera puedo expresar con palabras. Estoy ansioso por ver cómo Dios va a proveer lo que nosotros prometimos». Dos meses más tarde, el 4 de octubre de 2005, cerré mi primer contrato por los libros que he escrito. El adelanto en aquel negocio que tenía que ver con cuatro libros era treinta veces mayor que la cantidad que nosotros habíamos prometido. ¿Coincidencia? No lo creo. ¡Era como aquellas codornices que aparecieron de repente! Sentí emoción por haber conseguido el contrato para los libros, pero me emocionó más aún el poder hacer el cheque más grande que había hecho en toda mi vida para la causa del Reino. Sigo creyendo que el contrato fue resultado directo de que nosotros trazáramos un círculo sobre esta promesa.

En diciembre de 2010, firmé otro contrato sobre libros con mi nueva casa editora, y Lora y yo nos sentimos guiados a dar un porcentaje significativo del adelanto a la National Community Church. Al año siguiente, cuando llegó el momento de pagar nuestros impuestos, fue cuando me di cuenta de que aquella ofrenda era treinta veces mayor que la promesa de fe original que habíamos hecho cinco años antes. ¿Coincidencia? No lo creo.

No tengo idea de cuál es tu situación económica, pero sí sé una cosa. Si das más de lo que puedes dar, Dios te bendecirá más de lo que puedas recibir. Él te quiere bendecir treinta, sesenta, cien veces más. Y si estás dispuesto a restar lo que gastas en ti mismo, y sumarlo a lo que estás invirtiendo en el Reino, Dios se encargará de la multiplicación. Si crees esto, estarás trazando un círculo alrededor de las promesas de Dios y cosecharás la recompensa. Si no lo haces, no la cosecharás.

Si aún vives en el mundo de la suma y la resta te es difícil dar el diezmo porque sientes como que les estás restando el diez por ciento a tus ingresos. Pero una vez que te gradúes y pases a la multiplicación, te darás cuenta de que Dios puede hacer más con el noventa por ciento, que tú con el cien por ciento. ¿Por qué? Porque cuando tú introduces a Dios en la ecuación de tus finanzas, el juego cambia. Si das con generosidad, sacrificándote, es posible que llegue el día en que estarás dando más de lo que ahora estás ganando. Si crees esto, valdría la pena que trazaras un círculo alrededor de esa promesa.

La unción de la multiplicación

A Dios no le ofenden los grandes sueños; le ofende todo lo que sea inferior a ellos. Es posible que tus sueños comiencen pequeños, y Dios honrará esos humildes sueños, pero a medida que crezca tu fe también crecerán tus sueños, hasta que te atrevas a soñar sueños treinta, sesenta o cien veces mayores. Y cuando traces esos círculos del tamaño de Dios, le estarás dando espacio al Omnipresente para que actúe.

En el otoño de 2006, estaba hablando en una conferencia de hombres en Baltimore, Maryland. Era la semana anterior a la fecha en que estaba fijado el lanzamiento de mi primer libro *In a Pit with a Lion on a Snowy Day* [Con un león en medio de un foso cuando estaba nevando]. Les hablé en una sesión de mañana a unos mil doscientos hombres, y después me senté tranquilamente a escuchar a un hacedor de círculos llamado Tommy Barnett. Tommy habló de las notas al pie de página que tiene la historia de cómo él y su hijo, Matthew Barnett, comenzaron en Los Ángeles el Dream Center hace más de una década. Trazaron un círculo alrededor del Hospital Reina de los Ángeles, un hospital de quince pisos, y Dios se lo dio por sesenta mil dólares. ¡Esto solo sucede en la economía de Dios!

Después de relatar la historia de la milagrosa provisión divina, Tommy invitó a todos aquellos que quisieran una unción de multiplicación, para que se acercaran al altar. En aquellos tiempos yo no estaba seguro sobre si la idea de una unción de multiplicación estaba en la Biblia, pero si Tommy la estaba ofreciendo, yo la quería recibir. Me sentí un poco raro al ir al altar, como siempre me sucede, pero necesitaba con urgencia que Dios bendijera mi primer libro. Estaba penosamente consciente del hecho de que el noventa y cinco por ciento de los libros no venden cinco mil ejemplares, pero tracé un círculo de oración alrededor del libro y le pedí a Dios que pusiera en él una unción de multiplicación. Reuní tanta fe como pude, y le pedí a Dios que ayudara a que se vendieran veinticinco mil ejemplares. Por supuesto, añadí al final la coletilla obligatoria: «Si es tu voluntad». Aunque esa coletilla sonara muy espiritual, era menos una manifestación de sometimiento a la voluntad de Dios, que una profesión de duda. Si uno no se cuida, la voluntad de Dios se puede convertir en una excusa cuando las cosas no salen de la manera que uno quiere. Lo cierto es que el número que susurré era de cien mil ejemplares. En lo más profundo de mi corazón, ese era mi gran sueño. Sencillamente, no tenía fe suficiente para expresar con palabras ese número. Ya me sentía demasiado tonto cuando hablé de veinticinco mil ejemplares.

Como es típico de él, Dios excedió mis expectativas más altas. Él tiene su manera de hacer que nuestros sueños más desenfrenados parezcan mansos; que nuestros sueños más grandes parezcan pequeños. Creo que la bendición de Dios sobre *In a Pit with a Lion on a Snowy Day* se remonta al círculo de oración que tracé alrededor de él. No me limito a escribir los libros; también trazo alrededor de ellos un círculo de oración. Para mí, escribir es orar con un teclado. También recluté un equipo de hacedores de círculos para que oraran por mí mientras escribía el libro. Después trazamos círculos de oración alrededor de la gente que fuera a comprar el libro. Oramos específicamente para que Dios lo pusiera en las manos correctas y en el momento preciso. En un nivel, me sorprende la forma en que Dios ha usado párrafos de ese libro para salvar matrimonios, impulsar decisiones y hacer nacer visiones. En otro nivel, no estoy sorprendido en absoluto. No es coincidencia el que la gente me diga que Dios llevó el libro a su vida en el momento perfecto. Eso es providencia. Para mí, un libro vendido no es un libro vendido, sino una oración contestada.

Fui un escritor frustrado durante trece años. Soñaba con escribir un libro, pero parecía como que nunca podía terminar un borrador. Todo cambió cuando tracé un círculo alrededor del sueño durante cuarenta días de oración y ayuno. Ayuné de todas las formas de entretenimiento para mantenerme enfocado en mi meta. Después entré en un círculo de escritura con la misma determinación que Honi: no iba a salir mientras no tuviera completo el borrador original en mis manos. Cuarenta días más tarde, el sueño se convirtió en realidad. Yo no escribí ese libro, sino que lo oré.

Como autor, he aprendido a trazar círculos de oración alrededor de mis libros. Como pastor, he aprendido a trazar círculos de oración alrededor de nuestra iglesia. Como padre, he aprendido a trazar círculos de oración alrededor de nuestros hijos. Hagamos lo que hagamos, necesitamos rodearlo con un círculo de oración. Si eres maestro, haz un círculo de oración alrededor de tu clase, imponiendo las manos sobre los escritorios y pidiéndole a Dios que bendiga a los estudiantes que se sientan en ellos. Si eres médico, haz círculos de oración alrededor de tus pacientes, y pídele a Dios que te dé la misma perspicacia que si tuvieras vista de rayos X. si eres político, haz círculos de oración alrededor de los ciudadanos a los que sirves y la legislación que redactas. Si eres empresario, haz círculos de oración alrededor de tus productos.

Si te dedicas a la geometría, y trazas círculos de oración alrededor de tu Jericó, Dios se encargará de la multiplicación. Y mientras mayor sea el círculo de oración, más podrá multiplicar Dios. Si reclamas la promesa, ¿quién sabe? Tal vez Dios envíe ciento cinco millones de codornices a tu campamento.

Capítulo 6

Algunas veces nunca podrás saber siempre

E stuve a punto de negarme a dejar que se produjera un milagro.
Un matrimonio que había comenzado a asistir hacía poco tiempo
a la National Community Church me pidió que me reuniera con ellos,
y yo estuve a punto de negarles su petición porque me dijeron que
querían hablar acerca del gobierno de la iglesia. A mí *me encanta* hablar acerca de la misión y la visión de la iglesia. Pero… ¿el gobierno
de la iglesia? ¡No tanto! Además, estaba luchando con la fecha límite
de entrega de un libro, de manera que no tenía mucho margen en mi
agenda. Así que faltó poco para que dijera que no, y si lo hubiera hecho, me habría perdido un milagro.

Cuando nos sentamos en mi oficina, encima de Ebenezer's Coffeehouse, ellos comenzaron a hacerme una pregunta tras otra acerca
de los estatutos, los controles y equilibrios que teníamos para nuestras
finanzas, y los protocolos para la toma de decisiones. Y aunque me
sentí un poco a la defensiva en ese momento, me doy cuenta ahora de
que todo lo que estaban haciendo era cumplir con las diligencias que
consideraban que debían hacer. Como los inversionistas que inves-
tigan una compañía antes de comprar acciones en ella, ellos querían
asegurarse de que su inversión les daría buenas ganancias. Después
de estar respondiendo sus preguntas durante hora y media, termina-
ron preguntándome acerca de nuestra visión. Yo tenía tanta pasión
acumulada después de haber estado hablando de normas y protocolos,
que solté todo lo que llevaba dentro. Les hablé de nuestra visión de
comenzar en Dream Center en Ward 8, la parte más pobre de nuestra
ciudad y la razón primaria por la cual la capital de la nación siempre
está en el grupo de ciudades que se disputan el título de capital de los
asesinatos en el país. Les hablé acerca de convertir nuestra cafetería de Capitol Hill en una cadena de cafeterías, y reinvertir todas las
ganancias en las misiones. Les hablé también de la inaguración de

nuestro primer local internacional en Berlín, Alemania. Y compartí con ellos nuestra visión de abrir locales con varios sitios de reunión en los cines situados frente a las estaciones del ferrocarril metropolitano a lo largo de toda la gran zona Washington. Entonces la reunión llegó a un fin más bien abrupto y extraño. Me dijeron que querían invertir en la National Community Church, pero no dijeron cómo, ni cuánto. Se marcharon, y me dejaron rascándome la cabeza.

Yo no estaba seguro de que aquella reunión tuviera alguna clase de resultado, pero unas pocas semanas más tarde, ellos le pidieron a mi ayudante que concertara una cita por teléfono. En una tarde de miércoles, que por otra parte nada tuvo de especial, precisamente alrededor de las tres de la tarde, hora del este, recibí una de las llamadas telefónicas más inolvidables de mi vida.

«Pastor Mark, queríamos seguir con el tema de nuestra reunión, y hacerle saber que queremos hacer una contribución para la National Community Church».

De inmediato, mi mente se echó a correr.

Nuestra congregación es asombrosamente generosa, pero nuestra edad promedio es de veintiocho años, y cerca de las dos terceras partes de la congregación son personas solteras, lo cual significa que la mayoría de los que asisten a la iglesia no se encuentran ni cerca siquiera de su potencial más alto de obtener ganancias. Son fieles en los diezmos de sus ingresos como miembros del personal del gobierno, o maestros de escuela en el centro de la ciudad, o empleados de cafeterías, pero no tienen los ingresos ni los ahorros necesarios para hacer ofrendas de gran cuantía. Se tienen que centrar en pagar sus préstamos escolares o en ahorrar para una boda.

La ofrenda más grande que habíamos recibido hasta aquel momento era un diezmo de cuarenta y dos mil dólares por la venta de una casa, pero no pude menos que preguntarme si lo que ellos iban a dar superaría a esa ofrenda. Al fin y al cabo, uno no anuncia una ofrenda si no es una ofrenda que merezca anunciarse, ¿no es así?

«Queremos dar una ofrenda, y no ponemos condiciones de ninguna clase. Pero antes de decirle la cantidad que vamos a dar, quiero que sepa por qué lo estamos haciendo. Estamos dando esta ofrenda, porque usted tiene una visión que va más allá de sus recursos».

Nunca olvidaré aquellas palabras: «Una visión que va más allá de sus recursos».

La lógica que inspiraba aquella ofrenda significaba tanto como la ofrenda misma. Y esa lógica nos ha inspirado a seguir soñando sueños que no son razonables. Esas pocas palabras, *una visión que va más allá de sus recursos,* se han convertido en una especie de mantra para el ministerio de la National Community Church. Nos negamos a permitir que sea nuestro presupuesto el que determine nuestra visión. Ese enfoque al estilo del cerebro izquierdo es un enfoque con la parte equivocada del cerebro, porque se basa en nuestros limitados recursos en lugar de basarse en la provisión ilimitada de Dios. La fe consiste en permitir que la visión que Dios te ha dado determine tu presupuesto. Ciertamente, eso *no* significa que uno practique una mayordomía pobre con las finanzas, gaste más allá de los medios de los que dispone y acumule una gran carga de deudas. Lo que sí significa es que uno da un paso de fe cuando Dios le da una visión, porque confía en que aquel que le dio la visión le va a dar también la provisión. Y que conste que, si la visión viene de Dios, con toda seguridad va a estar por encima de nuestros medios.

Tener una visión que vaya más allá de nuestros recursos es lo mismo que soñar en grande. Y tal vez parezca como que uno se está buscando su propio fracaso, pero en realidad, lo que está haciendo es preparándole el camino a Dios para que haga un milagro. La forma en que él haga el milagro es asunto suyo. A uno lo que le corresponde es trazar un círculo alrededor del sueño que le ha dado Dios. Y si uno hace la parte que le corresponde, muy bien se podría encontrar de pronto rodeado de codornices hasta la cintura.

«Le queremos dar a la iglesia tres millones de dólares».

Me quedé sin habla. Y eso que soy predicador.

Fue uno de esos momentos santos en los cuales el tiempo se detiene. Lo oí, pero apenas lo podía creer. Me quedé estupefacto ante aquella bendición. Como el viento que llevó al campamento israelita ciento cinco millones de codornices, aquella provisión divina había salido de la nada. ¡Ni siquiera estábamos en una campaña intensiva para recaudar fondos!

No son los planes hechos por el hombre los que mueven al Todopoderoso; al Todopoderoso lo mueven los grandes sueños y las oraciones llenas de osadía. En el embarazoso silencio causado por mi pérdida del habla, escuché el susurro del Espíritu. El Espíritu Santo apretó el botón que rebobina la grabación y me recordó un círculo de oración que había trazado cuatro años antes.

Permíteme que vuelva a trazar ese círculo.

Una promesa en oración

El 15 de marzo de 2006 abrimos las puertas de nuestra cafetería de Capitol Hill. El costo total de la construcción de Ebenezer's Coffeehouse superaba los tres millones de dólares, y nuestra hipoteca era de dos millones. Un día, yo estaba orando para pedirle a Dios que nos supliera, cuando me sentí impulsado a pedir un milagro de dos millones en mi oración. Lo primero que tuve que hacer fue descifrar este impulso para saber si solo se trataba de mi deseo de estar libre de deudas, o si era el Espíritu Santo el que había dejado caer aquella promesa en mi corazón. Es difícil discernir entre los deseos naturales y los deseos santos, pero estuve seguro al noventa por ciento de que era el Espíritu Santo el que había puesto aquella promesa en mi corazón. No tenía idea sobre cómo Dios lo haría, pero sabía que necesitaba trazar un círculo de oración alrededor de esa promesa.

Les hablé del milagro de dos millones a unos pocos hacedores de círculos, y ellos comenzaron a orar conmigo para pedir la provisión de Dios. Ciertamente, hubo semanas y meses en los que hasta dejé de pensar y de orar por la promesa, pero fuimos trazando círculos de manera intermitente alrededor de esa promesa durante cuatro años.

Alrededor de un año después que Dios me diera esa promesa en oración, recibí lo que pensaba que era una idea de dos millones de dólares, procedente de una compañía de la internet llamada GodiPod. com. Lora y yo invertimos el capital para lanzar el negocio, pero aquella idea de dos millones se convirtió en una pérdida personal de quince mil dólares. Al recordar lo sucedido, pienso que yo estaba tratando de fabricarle a Dios su milagro. Eso es lo que solemos tratar de hacer, ¿no es cierto? Cuando Dios no nos responde nuestra oración inmediatamente, nosotros tratamos de responderla por él. Como el día en que Moisés tomó las cosas en sus manos y mató a un capataz egipcio, nosotros también nos adelantamos a Dios. Pero cuanto tratamos de hacer lo que le corresponde hacer a Dios, siempre nos sale el tiro por la culata. Aquel intento de adelantarse a Dios le costó cuarenta años a Moisés. Por supuesto, aun entonces, Dios redimió los cuarenta años que Moisés pasó como fugitivo cuidando ovejas, al prepararlo para cuidar de sus ovejas, el pueblo de Israel. Si nosotros nos arrepentimos, Dios siempre recicla nuestros errores.

El único aspecto positivo de aquel negocio en el que fracasamos es que yo aprendí algunas lecciones valiosas acerca de las oraciones sin respuesta que valen muchísimo más que la pérdida de quince mil dólares que tuvimos en GodiPod.com. En primer lugar, llegué a la humilde conclusión de que muchas veces nuestras oraciones van mal dirigidas, sencillamente porque no somos omniscientes. Yo soy el primero en admitir que he trazado algunos círculos alrededor de cosas equivocadas, y por razones también equivocadas, y Dios no ha respondido esas oraciones de la manera que yo quería que lo hiciera. Si fuéramos absolutamente sinceros, tendríamos que admitir que la mayor parte de nuestras oraciones tienen como objetivo principal nuestra comodidad personal, y no la gloria de Dios. Si Dios respondiera esas oraciones egoístas, en realidad causarían un cortocircuito en los propósitos que él tiene para nuestra vida. No aprenderíamos las lecciones que Dios nos está tratando de enseñar, ni cultivaríamos el carácter al que Dios le está tratando de dar forma en nosotros.

Una segunda lección que aprendí fue que «no», no siempre significa «no». Algunas veces «no» significa «todavía». Enseguida nos desilusionamos con Dios cuando él no responde nuestras oraciones cuando queremos, o como queremos. Tal vez tu fecha límite no coincida con la fecha límite de Dios. Tal vez un no solamente significa «todavía no». Tal vez sea que Dios está dejando las cosas para más tarde.

Por último, aprendí que debemos buscar más el rostro de Dios que las respuestas. Nos entran ataques de ansiedad. Tratamos de calentar con microondas nuestras propias respuestas, en lugar de confiar en los momentos dispuestos por Dios. Pero he aquí algo que es importante recordar: Si buscas las respuestas, no las vas a hallar; pero si buscas a Dios, las respuestas te encontrarán a ti. Después de haber orado, llega un momento en el que necesitas soltar la situación y dejarla en las manos de Dios. ¿Cómo? Resistiéndote a la tentación de fabricar tu propia respuesta a tu propia oración.

Habría sido fácil olvidarnos de la promesa de los dos millones después del fracaso de GodiPod.com, pero yo seguí trazando círculos alrededor de esa promesa. Seguía creyendo que Dios iba a responder aquella oración de alguna forma, en algún sentido, en algún momento. Nunca habría podido adivinar que el desenlace se produciría en una reunión acerca del gobierno de la iglesia, pero dejé de intentar fabricarme mi propia respuesta y me limité a confiar en que Dios me daría una respuesta cuando yo estuviera preparado para recibirla. Entonces, una tarde, alrededor de las tres, Dios apareció de la nada y cumplió su promesa con una sorpresa santa.

El elemento de sorpresa

Nuestra familia tiene un puñado de dichos que han sido pasados de generación en generación. Forman parte de nuestro folclore familiar. No estoy seguro dónde se originó este, pero recuerdo oírselo repetir a mi abuela más de una vez: *Algunas veces nunca podrás saber siempre.* Esa especie de trabalenguas es un tanto alucinante, así que vas a tener que leerlo por lo menos dos veces. He aquí una traducción posible: «Todo puede suceder».

Permíteme que redima ese dicho y le dé un giro relacionado con la oración. Cuando uno traza un círculo de oración alrededor de una promesa, *algunas veces nunca podrás saber siempre.* ¡Todo puede suceder! Nunca sabes cuándo, cómo o dónde Dios la va a responder. La oración le añade a tu vida un elemento de sorpresa que es más divertido que una fiesta sorpresa, un regalo sorpresa o incluso un romance sorpresa. De hecho, la oración convierte la vida en una fiesta, un regalo y un romance.

Dios me ha sorprendido tantas veces, que ya no me sorprenden sus sorpresas. Eso no significa que me hayan dejado de gustar. Me siento maravillado ante las extrañas y misteriosas formas de actuar que tiene Dios, pero he llegado a esperar lo inesperado porque Dios es prediciblemente impredecible. Dios siempre tiene una sorpresa santa escondida en su soberana manga. La única cosa que yo puedo predecir con una certeza total, es esta: mientras más ores, más sorpresas santas te dará Dios.

Hace algunos meses, Dios me sorprendió con la oportunidad de hablar en un servicio de la Liga Nacional de Fútbol. Lo he hecho en unos cuantos, pero este era único porque era para el equipo del que he sido fanático desde que era muchacho. No solo eso, sino que mi jugador favorito de todos los tiempos, cuya camiseta uso en los días en que hay juego, estaba allí. Te seré sincero: me sentía un poco nervioso. Hay algo especial en eso de hablarles a unos hombrones inmensos que se pintan la cara, se ponen un casco y van a darse golpes, que resulta un tanto intimidante, y el líder de placaje del equipo se hallaba sentado en la primera fila.

Aquella noche prediqué con todo el corazón porque, para serte franco, ¡quería que ganaran al día siguiente! Pero también sabía que se trataba de una cita divina, y sentí una unción única. Había una razón para que Dios escogiera a un fanático tan firme para hablarle al equipo. Después de terminar, les estreché las manos a los jugadores, y creía que eso era todo, pero *algunas veces nunca se podrás saber siempre.* Cuando terminó la temporada, cené con el jugador que había sido mi favorito durante toda su carrera. Después de la cena, estábamos en el estacionamiento de un restaurante, y no pude menos que reírme entre dientes. Le dije que había orado por él mil veces, pero que todas las oraciones estaban enfocadas al fútbol. Aquella noche oré por *él.* No por el jugador de fútbol, sino por la persona. Así es como Dios hace las cosas, ¿no es cierto? Cuando uno traza un círculo de oración, aunque su ignorancia limite ese círculo, uno nunca sabe cómo, cuándo ni dónde Dios lo va a responder. Una oración lleva a otra, y esa a otra más, y dónde te llevan, nadie lo sabe, sino aquel que lo sabe todo.

Durante todo el año pasado he estado repitiendo con gran frecuencia una oración: «Señor, haz algo impredecible e incontrolable».

Es una oración que asusta, sobre todo a un loco controlador como yo, pero ni con mucho, me asusta tanto como una vida vacía de sorpresas santas. Y no se pueden tener ambas cosas al mismo tiempo. Si quieres que Dios te sorprenda, tienes que abandonar el control. Perderás en cierta medida la posibilidad de predecir lo que va a suceder, pero comenzarás a ver cómo se mueve Dios de maneras incontrolables.

Todo puede suceder. En cualquier lugar. En cualquier momento.

Una tarde

Yo creo que todas y cada una de las palabras de las Escrituras son inspiradas por Dios, hasta la última jota y la última tilde. Y aunque los capítulos como el Salmo 23 o los versículos como Juan 3:16 están siempre entre los primeros en la labor de aprender las Escrituras de memoria, también hay momentos en que el mismo Espíritu Santo que inspiró a los autores humanos de las Escrituras inspira también a los que las leen con una jota o una tilde en la que nadie habría pensado. Una palabra o una frase saltan de la página para meterse dentro de nuestro espíritu. Una de esas inspiraciones poco probables se produjo mientras estaba leyendo Hechos 10:3, justo antes de nuestro llamado a recoger las codornices de los tres millones de dólares.

Un día, como a las tres de la tarde, tuvo una visión...

He aquí el contexto. Había un centurión romano llamado Cornelio que ayudaba a los pobres con generosidad y «oraba a Dios constantemente». Ese hábito de orar lo mantenía sintonizado con la frecuencia de Dios y fue el que preparó el escenario para esta visión. En aquellos momentos, el cristianismo era una secta del judaísmo, pero su visión cambió el rumbo del cristianismo porque el evangelio se abrió a los gentiles. El cristianismo cruzó el Rubicón, de manera que todo el que quisiera se le pudiera unir.

El momento en que se produjo la visión casi parece una coincidencia, ¿no es así? «Un día, como las tres de la tarde». Pero eso es lo que me encanta de todo esto. Cuando uno adquiere la costumbre de orar, nunca sabe cuándo Dios se le va a presentar o le va a hablar. Hoy mismo podría ser ese día. Cuando uno vive en un ambiente de oración, vive con una santa expectativa. Uno sabe que las coincidencias, en realidad son providencias. Cualquier momento se puede convertir en un momento santo. Dios puede invadir la realidad de nuestra vida a las tres de la tarde y cambiarlo todo.

En el momento en que escuché *tres millones de dólares,* supe que Dios había respondido nuestra oración de cuatro años en la que le pedíamos un milagro de dos millones. La única diferencia era que eran tres millones, en lugar de dos. Yo me sentía un poco confundido por el hecho de que no fueran exactamente dos millones de dólares. Por supuesto, no tenía intención alguna de quejarme. Fue entonces cuando el Espíritu Santo, en su acostumbrado susurro, le dijo a mi espíritu: *Mark, yo solo te quería demostrar que puedo hacer una cosa mejor aún.* Y al hablar de una cosa mejor, ¡se refería a un millón más!

Dios no se limitó a darnos una cosa mejor una sola vez. Menos de un año después, recibimos una ofrenda de cuatro millones de dólares, que era una cosa mejor que la de tres millones. Era como si Dios me estuviera diciendo: *Yo puedo hacer una cosa mejor una vez más.* Con esa provisión de siete millones de dólares inesperados, compramos «la última propiedad inmobiliaria de Capitol Hill» libres de deudas.

Unicamente Dios.

Déjame maravillado

Una de las mayores sorpresas que se dieron en las Escrituras tuvo lugar el día de Pentecostés. Nadie habría podido hacer un guión para aquel milagro. Cuando Pedro se levantó aquella mañana, no tenía idea alguna de que Dios derramaría su Espíritu como llamas de fuego, ni de que los creyentes hablarían espontáneamente en unas lenguas que nunca habían aprendido, o que antes de caer el día habrían bautizado a tres mil personas. Era algo impredecible e incontrolable. Sin embargo, qué adecuado es que esta santa sorpresa se produjera en el día del nacimiento de la iglesia. ¡Dios nos obsequió con una fiesta sorpresa!

Hace algunos años, tuve una revelación mientras leía la descripción de lo que sucedió en el día de Pentecostés. Dice que los que acudieron a ver lo que sucedía estaban «desconcertados y perplejos». Todos queremos que Dios nos deje atónitos, ¿no es así? Es fácil orar diciéndole: «¡Déjame atónito!». Sin embargo, no conozco a nadie que ore diciendo: «¡Déjame maravillado!». Pero ambas cosas van juntas en el mismo paquete. Si no estás dispuesto a que Dios te deje maravillado, nunca te va a dejar atónito.

Cornelio tuvo una visión un día a las tres de la tarde. A la tarde siguiente, alrededor del mediodía, Pedro tuvo una visión que lo dejó maravillado, mientras oraba en el techo de la casa de Simón el curtidor. Vio un gran lienzo lleno de animales de toda clase, reptiles y aves, y el Señor le dijo: «Pedro; mata y come». La respuesta de Pedro es encantadora: «¡De ninguna manera, Señor!». Pedro regañando a Jesús. Pero antes de criticar a Pedro, date cuenta de que nosotros hacemos eso mismo cuando Dios nos da un sueño que se encuentra por encima de nuestra capacidad para comprenderlo.

A Pedro le fue difícil procesar en su mente aquella maravillosa visión. No solo estaba maravillado, sino que las Escrituras dicen que «no atinaba a explicarse cuál podría ser el significado de la visión». ¿Por qué? Porque la visión iba en violación directa de todo lo que él había conocido durante su vida. Las leyes judías sobre los alimentos prohibían que se comieran ciertos animales considerados como inmundos. Pedro afirmó: «Jamás he comido nada impuro o inmundo». Así que Dios, en su inagotable paciencia, repitió tres veces la visión. Ese debe haber sido el número mágico de Pedro. Y la tercera vez fue el hechizo.

En este tipo de situación es donde Dios quiere hacer algo sin precedentes, y muchos de nosotros nos quedamos espiritualmente atascados. En lugar de operar por fe, regresamos a nuestra estructuración inicial, que es la lógica. En lugar de abrazar el nuevo mover de Dios, caemos de nuevo en el surco de nuestras viejas rutinas.

Pedro estaba perplejo con aquella visión, pero dio un paso de fe. Arriesgó su reputación quebrantando todas las leyes escritas en los libros del judaísmo y entrando en la casa de Cornelio. Aquello no tenía precedente alguno porque era un acto considerado como inmundo, pero el pequeño paso que dio para entrar en aquella casa resultó ser un salto gigantesco. El marco de aquella puerta era la conexión entre dos mundos muy lejanos entre sí. En aquel nanosegundo en el cual Pedro cruzó el umbral de la casa de Cornelio, a todos los gentiles se nos dio un acceso total al evangelio. Si no eres judío, tu genealogía espiritual se remonta a este momento. Pedro tuvo la fe necesaria para cruzar el abismo porque había trazado un círculo de oración alrededor de una visión que lo había dejado perplejo. Todos los gentiles que llegamos a la fe en Jesucristo somos una respuesta al círculo de oración que Pedro trazó una tarde en el techo de la casa de Simón el curtidor.

¿Estás dispuesto a permitir que Dios te deje perplejo? ¿Estás abierto a las sorpresas santas? ¿Tienes la valentía necesaria para que Dios se mueva de maneras impredecibles e incontrolables en tu vida?

Si no estás abierto a lo que carece de precedentes, vas a repetir la historia. En cambio, si *estás* abierto a lo que no tiene precedentes, vas a cambiarla. La diferencia está en la oración.

La visión del papel de estraza

Hattie había nacido en la familia de ministros más distinguida de los Estados Unidos. Su padre, Lyman Beecher, era considerado como el orador más grande de la nación. Aquel manto le fue entregado a su hermano, Henry Ward Beecher. Sin embargo, sería Hattie quien cambiaría el curso de la historia de los Estados Unidos.

En 1851, un domingo por la mañana, durante un servicio de comunión, a Harriet le sobrevino un éxtasis parecido al éxtasis que había tenido Pedro en el techo de la casa de Simón el curtidor. En su éxtasis, Hattie vio a un viejo esclavo al que golpeaban hasta matarlo. Aquella visión la dejó tan estremecida que apenas pudo retener las lágrimas. Caminó con sus hijos hasta la casa después del culto de la iglesia y se quedó sin almorzar. De inmediato comenzó a escribir la visión que Dios le había dado, a medida que salían palabras de su pluma. Cuando se le acabó el papel, encontró un papel de estraza de la tienda de víveres y siguió escribiendo. Cuando por fin terminó, y leyó lo que había escrito, apenas podía creer que hubiera sido ella misma la que lo había escrito. Era algo que se veía inspirado por Dios. Hattie decía después que Dios había escrito el libro, y ella simplemente se había limitado a poner las palabras en el papel.

En enero de 1852, un año después de la visión de Harriet Beecher Stowe, el original de cuarenta y cinco capítulos de *La cabaña del Tío Tom* estaba listo para su publicación. El empresario editor, John P. Jewett, no pensó que se fueran a vender muchos ejemplares del libro, pero el primer día solamente se vendieron tres mil ejemplares. Al terminar el segundo día, se había agotado ya toda la primera edición. La tercera edición y la cuarta se vendieron sin que el libro hubiera sido revisado siquiera. El libro que Jewett pensaba que no vendería muchos ejemplares, terminó llegando a casi todos los hogares de los Estados Unidos, incluyendo la Casa Blanca. Ninguna novela ha tenido mayor efecto sobre la conciencia de un país que *La cabaña del Tío Tom,* la visión de Harriet Beecher Stowe. De hecho, cuando Hattie conoció al Presidente Lincoln, se dice que este exclamó: «¡Así que usted es la pequeña mujer que comenzó esta Gran Guerra!».

Nunca subestimes el poder de una sola oración. Dios lo puede hacer todo por medio de quienquiera que trace un círculo alrededor de sus grandes sueños, a base de oraciones llenas de osadía. Cuando de Dios se trata, no hay precedentes, porque para él todas las cosas son posibles. Proveer de carne durante todo un mes en medio del desierto no es problema alguno cuando uno es el dueño del ganado de mil colinas. Dios puede usar la osada oración de un excéntrico sabio para dar fin a una sequía, o la osada pluma de una joven madre para acabar con la esclavitud. Si tienes valentía para trazar un círculo de oración alrededor de tu sueño, *algunas veces nunca podrás saber siempre.*

Una tormenta de oraciones

Creo en la planificación. De hecho, no planificar es planificar un fraca-so. Sin embargo, también creo esto: Una oración llena de osadía puede lograr más que mil planes bien pensados. Así que adelante, haz planes, pero asegúrate de trazar alrededor de ellos un círculo de oración. Si tus planes no nacen en medio de la oración, y no están empapados en oración, no van a triunfar. Esto lo sé por experiencia personal. Antes de fundar la iglesia de Chicago, desarrollé un plan para veinticinco años. Aquel plan tan bien detallado era un proyecto que tenía que en-tregar en una de mis clases del seminario y, de hecho, me dieron un sobresaliente por el proyecto. En realidad, habría debido recibir un suspenso porque el proyecto fracasó. Todavía conservo aquel plan de veinticinco años entre mis archivos. Me ayuda a mantenerme humil-de. También me recuerda que «si el SEÑOR no edifica la casa, en vano se esfuerzan los albañiles».

Hay pocas cosas que duelan más que un plan que ha fracasado, pero yo siempre he sacado un poco de buen humor y de humildad del viejo adagio que dice: «Si quieres hacer reír a Dios, enséñale tus planes». Algunas veces, mientras nosotros estamos muy ocupados ha-ciendo planes, Dios se está riendo entre dientes. Y si nuestros planes van muy descarriados, es probable que esa ahogada risa suya se abra camino en las filas de los ángeles como una de esas risas contagiosas. No es una risa vengativa, como si Dios disfrutara de nuestros fracasos. Solo que me parece que a veces Dios se queda asombrado de lo pequeños que son nuestros planes. Entonces permite que fracasen nuestros pequeños planes para que pueda prevalecer en nosotros su gran sueño. Así que sigue planificando como si de ti dependiera, pero asegúrate de orar como si de Dios dependiera. La oración es el alfa y la omega de la planificación. No te limites a tener una tormenta de ideas; es mejor que tengas una tormenta de oraciones.

Cuando Dios me dio una segunda oportunidad para fundar una iglesia, hice de nuevo toda la planificación en detalle, pero además, oré mucho más que antes. Todo comenzó con un círculo de oración alrededor de Capitol Hill, pero fue una asombrosa visión mientras estaba orando la que cambio la trayectoria de nuestra iglesia.

Yo iba caminando rumbo a casa desde la Union Station una mañana, cuando Dios me dio una visión de nuestro futuro en la esquina de las calles 5 y F del NE. No había ángel alguno cantando. No había grafiti en la acera. Sin embargo, en mi mente vi un mapa del sistema del ferrocarril metropolitano de Washington, DC, y vi cómo nos reuniríamos en cines situados junto a las estaciones del metro por toda la zona del DC. Una razón por la que esa visión me dejó perplejo, fue que la expresión «iglesia multisitios» no existía aún en el diccionario eclesiológico. No tenía precedente alguno. Una década más tarde, la National Community Church se reúne en seis cines, y con los treinta y nueve que hay en la zona metropolitana del Distrito de Columbia, aún tenemos mucho espacio para crecer. Nuestra visión para el año 2020 es tener veinte sitios de reunión. Traducción: ¡Muy pronto llegaremos a un cine cercano a usted! En fe, sueño con el día en que haya una iglesia en cada cine de los Estados Unidos. ¿Por qué no?

Reunir la iglesia en ambientes comerciales como los cines es algo que se ha convertido en parte de nuestro ADN. Nos encantan los cómodos asientos y las inmensas pantallas. También nos encanta el olor a palomitas de maíz. Son nuestro incienso. Cada vez que huelo palomitas de maíz con mantequilla, mi reacción al estilo de Pavlov es levantar las manos para adorar.

¿Estás dispuesto a permitir que Dios te deje perplejo? ¡Si lo estás, entonces él te va a poder maravillar, y te aseguro que lo va a hacer!

Algunas veces nunca podrás saber siempre.

Capítulo 7

La solución a diez mil problemas

A ntes que apareciera la tormenta de codornices en el radar Doppler, Dios le hizo una pregunta a Moisés. Más que una pregunta, es *la* pregunta. Tu respuesta a esta pregunta, *la pregunta*, determinará el tamaño de tus círculos de oración.

«¿Acaso el poder del Señor es limitado?».

La respuesta obvia a esta pregunta es que no. Dios es omnipotente, lo cual significa por definición que no hay nada que él no pueda hacer. Sin embargo, muchos de nosotros oramos como si nuestros problemas fueran más grandes que Dios. Por eso, permíteme que te recuerde esta verdad de alto octanaje que debería ser el combustible de tu fe: Dios es infinitamente más grande que el mayor de tus problemas, o el mayor de tus sueños. Y mientras estamos hablando de esto, digamos también que su gracia es infinitamente mayor que el más grande de tus pecados.

El místico moderno A. W. Tozer creía que el hecho de tener un bajo concepto de Dios es la causa de un centenar de males menores, pero un alto concepto de Dios es la solución a diez mil problemas temporales. Si eso es cierto, y yo considero que lo es, entonces tu mayor problema no es un divorcio en proceso, ni un negocio que va al fracaso, o el diagnóstico de un médico. Te ruego que comprendas que no estoy tomando a la ligera tus problemas de relaciones, económicos o de salud. Por supuesto que no quiero minimizar los abrumadores retos a los que es posible que te estés enfrentando. Pero con el fin de recuperar un punto de vista divino acerca de tus problemas, tienes que responder a esta pregunta: ¿Son tus problemas más grandes que Dios, o es Dios más grande que tus problemas? Nuestro mayor problema es nuestro concepto tan limitado de Dios. Esa es la causa de todos los males menores. Y la solución a todos los demás problemas está en tener a Dios en un alto concepto.

«*¿Acaso el poder del Señor es limitado?*».

¿Has respondido *la pregunta*? Solo tienes dos opciones: Decir que sí, o que no. Mientras no llegues a convencerte de que la gracia y el poder de Dios no saben de límites, estarás trazando círculos de oración pequeños. Una vez que aceptes la omnipotencia de Dios, trazarás unos círculos cada vez mayores alrededor de los sueños que Dios te ha dado, y que son del tamaño de él.

¿Cuál es el tamaño de tu Dios? ¿Es lo suficientemente grande para sanar tu matrimonio o sanar a tu hijo? ¿Es mayor que los resultados positivos de una tomografía por resonancia magnética o que una evaluación negativa? ¿Es más grande que tu pecado secreto o tu sueño secreto?

Aumenta el tamaño de tu Dios

Moisés se sintió perplejo ante la promesa que Dios le había hecho. ¿Cómo era posible que los proveyera de carne para todo un mes? Aquello no tenía sentido. Pero en aquella crítica encrucijada, en la que Moisés tenía que decidir si trazar o no un círculo alrededor de la promesa, Dios le hizo la pregunta.

«*¿Acaso el poder del Señor es limitado?*».

Cuando Dios me indicó que orara para pedirle un milagro de dos millones de dólares, yo tuve que responder la pregunta. A mí me parecía una promesa imposible, pero para el Dios que puede proveer ciento cinco millones de codornices de la nada, ¿qué son dos millones de dólares?

El tamaño de nuestras oraciones depende del tamaño de nuestro Dios. Y si Dios no conoce límites, entonces tampoco los deben conocer nuestras oraciones. Dios existe fuera de las cuatro dimensiones de espacio y tiempo que creó. ¡Nosotros debemos orar de esa manera!

Esto me recuerda al hombre que estaba tratando de aumentar el tamaño de Dios, preguntándole: «Señor, ¿cuánto es un millón de años para ti?». Dios le dijo: «Un millón de años es como un segundo». Entonces el hombre le preguntó: «¿Cuánto es un millón de dólares para ti?». Dios le dijo: «Un millón de dólares es como un centavo». Entonces el hombre le dijo sonriendo: «¿Me podrías dar un centavo?». Dios le devolvió la sonrisa y le respondió: «Claro. Espérate un segundo».

Con Dios, no hay nada grande ni pequeño, fácil ni difícil, posible ni imposible. Esto es difícil de comprender porque todo lo que nosotros hemos conocido en esta vida son las cuatro dimensiones dentro de las cuales nacimos, pero Dios no está sujeto a las leyes naturales que él mismo instituyó. Él es quien no tiene principio ni fin. Para el infinito, todo lo finito es igual. Hasta nuestras oraciones más difíciles son fáciles de responder para el Omnipotente porque para él no hay grados de dificultad.

Si tú eres como yo, tenderás a usar palabras más grandes para las peticiones mayores. Sacas a relucir las mejores palabras de tu vocabulario para tus mayores oraciones, como si la respuesta de Dios dependiera de lo correcta que sea la combinación de tus palabras. Créeme: lo largo o lo alto que ores no tiene importancia; todo se reduce a la forma en que respondas a la pregunta.

«¿Acaso el poder del Señor es limitado?».

Para Dios, el problema nunca es si podrá. La única cuestión es si lo hará. Y aunque nunca sepas si lo va a hacer, sí sabes que puede hacerlo. Y porque sabes que puede, también tú puedes orar con una santa seguridad.

Mis verrugas

Yo respondí a *la pregunta* cuando tenía trece años, o tal vez debería decir que alguien respondió *la pregunta* por mí. Nuestra familia visitó una nueva iglesia un domingo, y un equipo de oración de esa iglesia se presentó sin avisar el lunes en la puerta de nuestra casa. El timbre de la puerta nos tomó un poco por sorpresa. Lo mismo sucedió con la fe de ellos. Después de presentarse, todo lo que hicieron fue preguntar si necesitábamos oración por algo. En aquellos momentos de mi vida, yo estaba batallando con un asma muy fuerte. Había estado hospitalizado media docena de veces durante mis años de preadolescente. Así que les pedimos que oraran para que Dios me sanara. Aquel equipo de oración formó un círculo alrededor de mí, y todos me pusieron las manos sobre la cabeza. Aquello me hizo sentir un poco incómodo, pero nunca había oído a nadie orar con tanta intensidad. Oraban como si creyeran. Después se marcharon.

En algún momento entre el instante en que me quedé dormido aquella noche y cuando me desperté a la mañana siguiente, Dios hizo un milagro, pero no era el milagro que yo esperaba. Dios respondió aquella oración, pero no era la respuesta que yo creía que me daría. Aún tenía asma a la mañana siguiente, pero todas las verrugas de mis pies habían desaparecido. Estoy hablando en serio. Al principio me pregunté si sería que Dios habría interpretado mal la oración. ¿O quizá aquello era algún tipo de broma sobre la oración? No pude menos que preguntarme si la oración era algo así como el juego del teléfono, en el que se pasa un mensaje de persona a persona hasta que finalmente llega a Dios. Tal vez en algún lugar entre aquí y el cielo, alguien tradujo el asma como verrugas. O quizá hubiera alguien con verrugas que aquel día estaba respirando fantásticamente bien, porque había recibido mi respuesta, mientras que yo había recibido la suya.

Fue entonces cuando oí el susurro del Espíritu Santo por vez primera en mi vida. Comprende por favor que los susurros del Espíritu son pocos y distanciados entre sí, pero su eco permanece para siempre. El Espíritu le dijo a mi espíritu: *Mark, solo quiero que tú sepas de lo que yo soy capaz.*

Como el día siguiente a aquel *día* en el cual Dios envió la lluvia como respuesta a la oración de Honi, era difícil *no* creer al día siguiente. Una vez que uno experimenta un milagro, ya no hay vuelta atrás. Es difícil dudar de Dios. Me pregunto si fue así como Moisés pudo trazar un círculo alrededor de la promesa imposible de enviarles carne para que comieran. Dios ya les había enviado el maná. Ya había abierto el mar Rojo. Ya había realizado diez señales milagrosas y libertado a Israel, sacándolo de Egipto.

¿Cómo es posible *no creer*, cuando Dios ha demostrado quién es una y otra vez?

Una nota al pie de página.

Esta pregunta: «¿Acaso el poder del SEÑOR es limitado?»— es traducida de maneras diferentes en las distintas versiones de la Biblia. Una versión dice: «¿Acaso mi brazo ha perdido su poder?». Otra traducción dice: «Acaso se ha acortado la mano de Jehová?». Aquí vemos usar la mano o el brazo del Señor como una metáfora para referirse a su poder.

Con esto como telón de fondo, pensemos de nuevo en los diez milagros que realizó Dios para libertar a Israel y sacarlo de Egipto. Estos milagros no son atribuidos ni a la mano de Dios, ni a su brazo.

«Este es el dedo de Dios».

Aunque no sabemos a cuál dedo se estaban refiriendo, aquellos diez milagros fueron atribuidos a uno de ellos. ¿Cuál creo yo que fue? ¡Su meñique! Y si un dedo es capaz de hacer diez milagros, entonces, ¿qué pueden lograr la mano o el brazo de Dios?

Cuando de la voluntad de Dios se trata, a veces acierto y a veces no. Y mi promedio de bateo en la oración no es mejor que el de ninguna otra persona cuando se trata de batear las curvas que Dios me lanza. Con frecuencia trato de adivinar la voluntad de Dios, pero nunca dudo de su poder. Dios puede. Nunca sé si lo hará, pero siempre sé que puede.

Quince mil millones y medio de años-luz

Aunque el poder de Dios es técnicamente imposible de medir, el profeta Isaías nos permite dar un rápido vistazo a la omnipotencia y la omnisciencia de Dios, al compararlas con el tamaño del universo. Compara la distancia entre su sabiduría y la nuestra; entre su poder y el nuestro, con la distancia que hay desde un extremo del universo hasta el otro.

> *Mis caminos y mis pensamientos*
> *son más altos que los de ustedes;*
> *¡más altos que los cielos sobre la tierra!*

El universo es tan inmenso que para medirlo se necesita una cinta de medir inmensamente larga. La unidad de longitud básica en él es el año-luz. La luz viaja a trescientos mil kilómetros por segundo, una velocidad tan grande que en el tiempo que te lleva chasquear los dedos, la luz le da la vuelta al planeta Tierra media docena de veces.

Para poner en una perspectiva adecuada la velocidad de la luz y el tamaño del universo, te diré que el sol se halla a ciento cincuenta millones de kilómetros de la tierra en el momento en que se halla más alejado de nosotros. Si pudieras ir en auto al sol, viajando a cien kilómetros por hora, las veinticuatro horas del día y los trescientos sesenta y cinco días del año, te tomaría más de ciento sesenta y tres años llegar a él. En cambio, la luz que te calienta el rostro en un día soleado salió de la superficie del sol solo ocho minutos antes. De manera que, aunque ciento cincuenta millones de kilómetros parezcan una distancia inmensa según las normas de la tierra, según las medidas celestiales, el sol es nuestro vecino de la casa de al lado. Es la estrella más cercana a nosotros dentro de nuestra pequeña galaxia conocida como la Vía Láctea. En el universo hay más de ochenta mil millones de galaxias, lo cual, para aclarar la situación, equivale a más de diez galaxias por persona. No creo que tengas que preocuparte porque te quedes sin nada que hacer cuando llegues al cielo. En realidad, es como una inmensa caja de arena para jugar.

En un minuto, la luz viaja diecisiete millones y medio de kilómetros. En un día, viaja doscientos cincuenta y seis mil millones de kilómetros. En un año, viaja la distancia incalculable de nueve billones, trescientos ochenta y cinco mil ciento catorce millones de kilómetros. Pero eso es solo un año–luz. El borde exterior del universo, según los astrofísicos, se halla a quince mil quinientos millones de años–luz de distancia. Si esto te parece incomprensible, es porque se trata de algo virtualmente imposible de imaginar. Y sin embargo, Dios dice que esa es la distancia que hay entre sus pensamientos y los nuestros. De manera que esto es lo que pienso: Tu mejor pensamiento, en tu mejor día, se halla a quince mil quinientos millones de años–luz de distancia con respecto a lo grandioso y lo bueno que Dios es en realidad. Hasta los más brillantes entre nosotros infravaloramos a Dios por una distancia de quince mil quinientos millones de años–luz. Dios es capaz de hacer las cosas quince mil quinientos millones de años–luz más allá de lo que tú puedas pedir, o imaginarte.

Por definición, un gran sueño es un sueño que es más grande que tú. En otras palabras, la posibilidad de realizarlo se halla por encima de tu capacidad humana. Y esto significa que habrá momentos en los que dudes de ti mismo. Esto es normal. Pero entonces es cuando necesitas recordarte a ti mismo que tu sueño no es más grande que Dios; él es quince mil quinientos millones de años–luz más grande que tu sueño.

Si nunca has tenido un sueño del tamaño de Dios, que te haya asustado hasta dejarte medio muerto, entonces en realidad no has llegado a tener vida. Si nunca te has sentido abrumado ante la imposibilidad de tus planes, entonces tu Dios es demasiado pequeño. Si tu visión no es desconcertantemente imposible, entonces lo que necesitas es aumentar el radio de los círculos de oración que estás trazando.

Capacitado versus llamado

Un gran sueño es al mismo tiempo el mejor y el peor sentimiento que hay en el mundo. Es estimulante porque se halla por encima de nuestras capacidades; es aterrador, precisamente por esa misma razón. Así que si piensas soñar en grande, tendrás que controlar tus tensiones emocionales. Enfrentar a tus temores es el comienzo de la batalla. Luego tienes que trazar un círculo alrededor de ellas una y otra vez.

¿Has sentido alguna vez que tu sueño era demasiado grande para ti?

Moisés se sintió así más de una vez. Cuando Dios lo llamó a sacar a los israelitas de Egipto, le pareció una empresa demasiado grande. Sentía que no reunía las cualidades necesarias, y por eso le pidió a Dios que enviara a algún otro a hacerlo. Eso es algo que debemos dar por sentado. Por mi experiencia te digo que nunca te sentirás capacitado. Pero Dios no llama a los capacitados; Dios capacita a los llamados.

Yo no estaba capacitado para pastorear la National Community Church. La única cosa que tenía en mi currículum era un entrenamiento en el trabajo que me había llevado nueve semanas de un verano. No teníamos nada que hacer en el negocio de las cafeterías. En nuestro equipo nadie había trabajado jamás en una cafetería cuando comenzamos a perseguir ese sueño. Pero no importa si reúnes los requisitos para el préstamo, si calificas para el trabajo o si estás capacitado para el programa. Si Dios te ha llamado, estás capacitado.

La pregunta nunca es: «¿Estás capacitado?». La cuestión es siempre la misma: «¿Has sido llamado?».

Yo hago esta distinción entre *capacitado* y *llamado* todo el tiempo cuando hablo con los que aspiran a ser escritores. Demasiados autores se preocupan sobre si llegarán o no a publicar su libro. La pregunta no es esa. La pregunta es: ¿Estás llamado a escribir? Esa es la única pregunta que necesitas contestar. Y si la respuesta es que sí, entonces necesitas escribir el libro como acto de obediencia. No te debe importar si alguien lo lee o no.

Aún recuerdo el día en que entré a la Union Station para averiguar acerca de la posibilidad de alquilar los cines para nuestros cultos de domingo. Me sentía intimidado ante la oportunidad. Parecía demasiado buena. Parecía demasiado grande. En aquellos momentos éramos una iglesia con solo cincuenta personas, y la Union Station era el punto de destino más visitado en Washington, DC. ¿Cómo podrían cincuenta personas celebrar cultos en un lugar por el que pasan veinticinco millones de personas todos los años? Apenas llenábamos una sala grande. ¿Cómo podríamos llenar el salón que en sus tiempos había sido el salón más grande bajo un solo techo en el mundo entero? El sueño era demasiado grande para mí, pero nunca las cosas son demasiado grandes para Dios. Y lo que parecía demasiado grande, terminó convirtiéndose en demasiado pequeño para contener lo que Dios estaba haciendo en nosotros y por medio de nosotros.

Si quieres seguir creciendo espiritualmente, necesitas seguirte estirando. ¿Cómo? Persiguiendo sueños que sean más grandes que tú.

Cuando la NCC era una iglesia de cincuenta personas, dimos un inmenso paso de fe haciendo de anfitriones de un Convoy de Esperanza que alimentaba a cinco mil personas. Sabíamos que esto exigiría que tuviéramos cuatrocientos voluntarios. Y sabíamos que solo teníamos cincuenta personas. Pero sentíamos que Dios nos estaba llamando a lanzarnos.

Hace algunos años, fuimos anfitriones de otro Convoy de Esperanza en el Estadio Robert F. Kennedy. Esta vez alimentamos a diez mil personas. Mientras nos estábamos recuperando del inmenso gasto de tiempo, energía y recursos, sentimos que Dios nos estaba retando: ¿Por qué no hacen esto todos los días? Para serte sincero, nos sentíamos muy satisfechos de hacerlo una vez al año, pero Dios nos estaba desafiando con un reto mayor. Ahora soñamos con tener un Dream Center en el sureste del Distrito de Columbia, que sirva como una maquinaria para cubrir necesidades las veinticuatro horas del día y todos los días de la semana. Esto se halla por encima de nuestras posibilidades, pero por eso creemos que Dios lo va a bendecir.

El complejo de Moisés

Bill Grove tenía un gran sueño. También tenía lo que él mismo describe como «complejo de Moisés». Su gran sueño era llegar a ser el gerente general del Club de Jugadores de Torneo de Scottsdale, la cancha de golf más importante de la Asociación de Jugadores Profesionales de Golf (PGA, por sus siglas oficiales en inglés) en el oeste de los Estados Unidos. Pero ese sueño parecía demasiado grande para el antiguo profesional de golf. Al igual que Moisés, a Bill le costaba trabajo creer que estaba capacitado para administrar la cancha que la revista *Golfweek* llamaba «una de las mejores canchas de los Estados Unidos».

Bill dudaba de sí mismo, pero no dudaba de Dios. Estuvo haciendo un círculo alrededor de aquel sueño durante más de una década. El momento de definición fue una noche de miércoles, después de un culto de oración en su iglesia, cuando Bill, su esposa Debbie y su hija Kacey, de solo ocho años, se dirigieron en auto al TPC Scottsdale y entraron en el estacionamiento. Unieron sus manos y trazaron un círculo alrededor de la sede del club, como si se tratara de Jericó. Le dieron vuelta siete veces. Los que estaban cenando en el restaurante de la casa club les dirigían miradas de extrañeza, pero Bill, Debbie y Kacey siguieron trazando círculos. Oraban pidiendo el favor de Dios. Oraban pidiendo la gloria de Dios. Oraban pidiendo la voluntad de Dios.

Con cada círculo que hacían, era como si Dios se hiciera más grande. Con cada círculo, las dudas sobre sí mismo se encogían, mientras que aumentaba una santa seguridad. Con cada círculo, ganaban una batalla de oración.

No pasó mucho tiempo después de aquella noche en que trazaron los círculos, cuando Bill recibió el trabajo de sus sueños, como gerente general del TPC Scottsdale, y Dios ha estado respondiendo su oración durante los diecisiete años que lleva en ese puesto. Hoy en día, el TPC Scottsdale es el anfitrión del mayor torneo de la PGA en la nación, y ha sido nombrado como uno de los cincuenta centros de destino mejores para el golf en el mundo entero por la revista Condé Nast Traveler, una de las principales revistas sobre viajes. Y aunque lo tendrías que descubrir por ti mismo, porque Bill es demasiado humilde para decirlo, la Sección del Suroeste de la PGA lo ha reconocido por sus logros con uno de sus más altos honores: El Profesional del Golf del Año.

Bill es el primero en darle a Dios toda la gloria por sus logros personales y profesionales. Estos logros no son un testimonio a favor de Bill Grove; son testimonio de lo que Dios puede lograr por medio de un humilde siervo suyo que se atreve a soñar grandes sueños y hacer oraciones llenas de osadía.

Una carta a Dios

Permíteme ahora que vaya más lejos en el pasado de este círculo.

Algunas veces cuando uno oye las respuestas que otros han recibido a sus oraciones, se puede sentir desalentado en lugar de sentirse animado porque se pregunta por qué Dios ha respondido las oraciones de ellos y no las suyas. Sin embargo, permíteme recordarte que raras veces estas respuestas se han producido con tanta rapidez o facilidad como parecen. Por lo general, hay toda una historia detrás de ellas. Por eso, celebramos enseguida la respuesta a una oración, pero es muy probable que esa respuesta no llegara con rapidez. Yo nunca he conocido a una persona que no haya pasado por grandes momentos de desánimo mientras iba camino de su gran sueño.

Bill nunca habría conseguido el puesto de sus sueños si no hubiera perdido su trabajo de once años como jefe de los profesionales en un club privado de golf en el año 1985. Aquello fue un golpe devastador a su ego, aunque había perdido el trabajo por unas razones correctas. Cuando Bill no estuvo de acuerdo con un negocio injusto, su plan salió disparado por la ventana, y con él, su trabajo. Bill tenía tanto miedo y estaba tan desesperado que una noche cayó de rodillas en la ducha para suplicar misericordia. Oró repitiendo la única promesa que podía recordar: «Depositen en él toda ansiedad, porque él cuida de ustedes». Cuenta Bill: «Pasé de entrar en una ducha sintiéndome como si estuviera cargando un peso de doscientos kilos sobre los hombros, a salir de aquella ducha como si tuviera la fortaleza necesaria para levantar esos doscientos kilos».

Algunas veces, el poder de la oración es el poder para seguir adelante. No siempre cambia las circunstancias que te rodean, pero te da la fortaleza que necesitas para atravesarlas. Cuando oras sin cesar, desaparece de tus hombros la carga que va a caer sobre los hombros de aquel que cargó con la cruz hasta el Calvario.

Después de haber estado haciendo trabajos esporádicos como profesional de golf durante seis años, Bill y Debbie decidieron en su desespero volver a caer de rodillas porque no estaban más cerca de su sueño de lo que habían estado una década antes. Entonces fue cuando decidieron escribirle una carta a Dios. Pusieron la carta en la puerta de su refrigerador, y cada vez que pasaban al lado de él, alababan a Dios al estilo de Jericó, por la obra que él estaba haciendo para proveerles en sus necesidades.

Durante la siguiente década, un trabajo lo llevó a otro, hasta que Bill llegó al trabajo de sus sueños como gerente general del TPC Scottsdale. Aquello no sucedió de la noche a la mañana, pero sí sucedió. Cada vez que necesitaban vender una casa vieja o conseguir un nuevo trabajo, Bill y Debbie le escribían a Dios una carta y la ponían en la puerta de su refrigerador. Era su manera especial de hacer un círculo de oración alrededor de su situación. No siempre conseguían lo que querían, y cuando lo querían. Algunas veces daba la impresión de que Dios se estaba tomando su tiempo, y así era. Pero a Dios nunca se le pierde una carta. Después de una década de retrasos y desviaciones divinas, Bill obtuvo el trabajo de sus sueños alrededor del cual había estado trazando círculos de oración durante más de una década.

¿Es tu sueño demasiado grande para ti?

Más te vale que lo sea, porque eso te obligará a hacer círculos de oración alrededor de él. Si lo sigues rodeando con círculos de oración, Dios se irá haciendo cada vez mayor, hasta que veas tu oración imposible como ella es en realidad: una respuesta fácil para un Dios que es todopoderoso.

Segunda parte

El segundo círculo:
Ora con fervor

Jesús les contó a sus discípulos una parábola para mostrarles que debían orar siempre, sin desanimarse. Les dijo: «Había en cierto pueblo un juez que no tenía temor de Dios ni consideración de nadie. En el mismo pueblo había una viuda que insistía en pedirle: "Hágame usted justicia contra mi adversario." Durante algún tiempo él se negó, pero por fin concluyó: "Aunque no temo a Dios ni tengo consideración de nadie, como esta viuda no deja de molestarme, voy a tener que hacerle justicia, no sea que con sus visitas me haga la vida imposible"».

La parábola de la viuda insistente es una de las descripciones más detalladas de la oración que hay en las Escrituras. Nos muestra el aspecto que tiene la oración fervorosa: golpear a la puerta hasta tener los nudillos en carne viva, clamar hasta quedar sin voz, suplicar hasta quedarnos sin lágrimas. Orar con fervor es *orar con constancia.* Y si oramos con constancia, Dios intervendrá. Pero será dentro de su voluntad, y a su manera.

Las palabras usadas para describir la insistencia de la viuda, «no sea que [...] me haga la vida imposible», parecen tomadas de la terminología del boxeo. Orar con fervor es como boxear con Dios en doce asaltos. Un encuentro de un peso pesado de oración con el Dios Todopoderoso puede ser atroz y agotador, pero así es como se ganan las mayores victorias de la oración. Orar con fervor es algo que va mucho más allá de decir palabras: es sangre, sudor y lágrimas. Orar con fervor es algo bidimensional: orar como si todo dependiera de Dios, y trabajar como si todo dependiera de ti. Es orar hasta que Dios responda, sin importarnos el tiempo que se tome. Es hacer cuanto haga falta para demostrarle a Dios que vamos en serio.

Los tiempos de desesperación exigen medidas desesperadas, y no hay nada más desesperado que orar sin desmayar. Llega un momento en el que se necesita tirar todas las precauciones por la ventana y trazar un círculo en la arena. Llega un momento en el que se necesita desafiar los protocolos, caer de rodillas y orar para pedir lo imposible. Llega un momento en el que se necesita reunir hasta el último gramo de fe que se tenga, y pedir que caiga lluvia del cielo. Para la viuda insistente, ese era el momento que había llegado.

Aunque no sabemos cuál era la injusticia que habían cometido con ella, sí sabemos que la viuda insistente no aceptaba un no por respuesta. Eso es lo que la convirtió en una hacedora de círculos. Tal vez hubieran metido injustamente en prisión a su hijo por un delito que no había cometido. Tal vez el hombre que había violado a su hija siguiera caminando tranquilamente por las calles. Cualquiera que fuera la situación, el juez sabía que ella nunca se iba a dar por vencida. Sabía que estaría trazando círculos alrededor de la casa de él hasta el día de su muerte, a menos que él le hiciera justicia. Sabía que aquella viuda insistente no estaba dispuesta a dejarse vencer.

¿Sabe eso *El juez* acerca de ti?

¿Hasta qué punto estás desesperado por obtener tu milagro? ¿Lo suficientemente desesperado para pasarte toda la noche en oración? ¿Cuántas veces estás dispuesto a trazar un círculo alrededor de la promesa? ¿Hasta el día de tu muerte? ¿Por cuánto tiempo y con cuánta fuerza estás dispuesto a tocar a la puerta de la oportunidad? ¿Hasta que tumbes la puerta con tus golpes?

Si no estás desesperado, no tomarás medidas desesperadas. Y si no oras como si todo dependiera de Dios, los mayores milagros y las mejores promesas se mantendrán fuera del alcance de tu oración. Pero si aprendes a orar con fervor, como la viuda insistente, Dios honrará la osadía de tus oraciones porque esas oraciones osadas lo honran a él.

Como en el caso de Honi, el hacedor de círculos, la metodología de la viuda insistente no era la ortodoxa. Ella habría podido, y técnicamente habría debido, esperar a la fecha del juicio. Ir a la residencia personal del juez era cruzar una línea profesional. Casi me siento sorprendido de que el juez no dictara una orden de alejamiento en su contra. Pero esto revela algo acerca de la naturaleza de Dios. A Dios no le importan para nada los protocolos. Si le importaran, Jesús habría escogido a los fariseos para que fueran sus discípulos. Pero no fue a ellos a los que Jesús honró. Jesús honró a la prostituta que echó a perder una fiesta en el hogar de un fariseo con el fin de ungir sus pies. Honró al recaudador de impuestos que se subió a un árbol en su traje de tres piezas, solo para poder verlo por un instante. Honró a los cuatro amigos que se abrieron paso entre la gente y abrieron un agujero en la casa de alguien para ayudar a su amigo. Y en esta parábola, honró a la mujer que por poco vuelve loco a un juez porque no quería dejar de tocar a su puerta.

El común denominador de estos relatos es una santa desesperación. Aquellas personas tomaron medidas desesperadas para llegar hasta Dios, y Dios los honró por haberlo hecho. Nada ha cambiado. Dios sigue honrando aún a los desesperados espirituales que echan a perder fiestas y se suben a los árboles. Dios sigue honrando aún a los que desafían los protocolos con sus osadas oraciones. Dios sigue honrando aún a los que oran con audacia y tenacidad. Y la viuda insistente es escogida como la norma de oro cuando se trata de orar con fervor. Su perseverancia incansable se convirtió en la única diferencia entre la justicia y la injusticia.

La viabilidad de nuestras oraciones no depende de que escribamos las veintisiete letras del alfabeto español en una combinación correcta, como si formaran una especie de fórmula mágica. Dios ya conoce hasta el último signo de puntuación antes que nosotros pronunciemos la primera sílaba. La viabilidad de nuestras oraciones tiene más que ver con la intensidad que con el vocabulario. El modelo de esto es el propio Espíritu Santo, quien ha estado intercediendo intensa e incesantemente por ti durante toda tu vida.

El Salmo 32:7 es una promesa que necesitas rodear con un círculo. Me encanta la Nueva Versión Internacional: «Me rodearás con cánticos de liberación».

Mucho antes de que te levantaras esta mañana, y mucho antes de que te vayas a dormir esta noche, el Espíritu de Dios te ha estado rodeando con cánticos de liberación. Te ha estado rodeando desde el día en que fuiste concebido, y te seguirá rodeando hasta el día en que mueras. Está orando intensamente por ti con unos gemidos ultrasónicos que no se pueden formular en palabras, y esas intercesiones imposibles de expresar te deberían llenar de una seguridad indescriptible.

Dios no solo está a tu favor en un sentido pasivo; él está a tu favor en el sentido más activo que es posible imaginar. El Espíritu Santo está orando intensamente por ti. Y las sincronizaciones sobrenaturales se comienzan a producir cuando nosotros hacemos equipo con Dios y nos unimos a la lucha.

Capítulo 8

El cociente de persistencia

En las pruebas estandarizadas de matemáticas, los niños japoneses obtienen continuamente unas puntuaciones más elevadas que los estadounidenses. Aunque hay quienes suponen que existe en ellos una facilidad natural para las matemáticas que es la diferencia primordial, los investigadores han descubierto que esta situación podría tener mayor relación con el esfuerzo que con la capacidad. En un estudio con niños de primer grado, a los alumnos se les dio a resolver un rompecabezas difícil. A los investigadores no les interesaba si los niños podían resolver el rompecabezas o no; todo lo que querían era ver por cuánto tiempo lo estarían intentando antes de darse por vencidos. Los niños de los estadounidences duraron un promedio de 9,47 minutos. Los niños japoneses duraron 13,93 minutos. En otras palabras, los niños japoneses lo siguieron intentando alrededor de un cuarenta por ciento más de tiempo. ¿Es de extrañarse que obtengan puntuaciones mejores en los exámenes de matemáticas? Los investigadores llegaron a la conclusión de que la diferencia en cuanto a la puntuación en matemáticas tendría menos que ver con el cociente de inteligencia, que con el cociente de persistencia. Sencillamente, los niños japoneses de primer grado se habían esforzado más.

Este estudio no solo explica la diferencia entre las puntuaciones en los exámenes estandarizados de matemáticas; las consecuencias son ciertas, cualquiera que sea la situación. No importa si se trata del atletismo o de los estudios académicos; de la música o de las matemáticas. Los atajos no existen. Los sustitutos tampoco. El éxito es un derivado de la persistencia.

Hace más de una década, Anders Ericsson y sus colegas de la exclusiva Academia de Música de Berlín hicieron un estudio con los músicos. Con la ayuda de los profesores, dividieron a los violinistas en tres grupos: solistas de clase mundial, buenos violinistas y aquellos que era poco probable que llegaran a tocar profesionalmente. Todos ellos habían comenzado a tocar más o menos a la misma edad, y habían practicado una cantidad de tiempo parecida hasta los ocho años. Entonces es cuando sus hábitos de práctica se distanciaban. Los investigadores hallaron que a los veinte años, los jugadores promedio habían anotado unas cuatro mil horas de práctica; los buenos violinistas habían practicado alrededor de ocho mil horas, y los de calidad superior habían marcado la norma con diez mil horas. Aunque no se puede negar que existe una capacidad innata que dicta algunos de nuestros grandes potenciales, el potencial de una persona solo se alcanza por medio de unos esfuerzos persistentes. La persistencia es la bala mágica, y el número mágico parece ser el diez mil.

El neurólogo Daniel Levitin hace la siguiente observación:

> La imagen que surge de este tipo de estudios es que se necesitan diez mil horas de práctica para alcanzar un nivel de maestría asociado con el hecho de ser un experto a nivel mundial... en cualquier cosa. En cuantos estudios se hacen, de compositores, de jugadores de baloncesto, de escritores de novelas, de patinadores sobre el hielo, de concertistas de piano, de jugadores de ajedrez, de grandes criminales, y de cuanto se nos ocurra, este número aparece una y otra vez... Nadie ha hallado aún un caso en el cual se haya logrado ser un experto a nivel mundial en menos tiempo. Al parecer, este es el tiempo que necesita el cerebro para asimilar todo lo que necesita saber para alcanzar una maestría auténtica.

¿Tiene algo de diferente la oración? Es un hábito que se debe cultivar. Una disciplina que hay que desarrollar. Una habilidad que hace falta practicar. Y aunque no quiero reducir la oración fervorosa a llevar la cuenta del tiempo que se pasa en ella, si quieres llegar a ser un experto en ella, es posible que te lleve diez mil horas. Una cosa sí sé con toda seguridad: mientras más grande es el sueño, más ardientemente tendrás que orar.

Una pequeña nube

Varios siglos antes de la sequía que amenazó con destruir a la generación de Honi, hubo otra sequía en Israel. Durante tres largos años, nadie pudo saltar sobre ningún charco en todo Israel. Entonces el Señor le prometió a Elías que enviaría la lluvia, pero como pasa con toda promesa, Elías aún tenía que trazar un círculo alrededor de ella por medio de una oración persistente. Así que se subió a la cima del monte Carmelo, se tendió sobre su rostro y oró para pedir la lluvia. Seis veces le dijo a su siervo que mirara hacia el mar, pero no había señal alguna de la lluvia. Y aquí es donde la mayoría de nosotros lo echamos todo a rodar. Dejamos de orar porque no podemos ver con nuestros ojos naturales ninguna diferencia palpable. Permitimos que nuestras circunstancias interfieran entre Dios y nosotros, en lugar de poner a Dios entre nosotros y nuestras circunstancias.

Como Honi, que dijo: «De aquí no me muevo», Elías se mantuvo firme en su suelo santo. Se fio de la promesa que Dios le había hecho. Pienso que Elías habría orado diez mil veces si eso era lo que hacía falta, pero entre la sexta oración y la séptima, hubo un sutil cambio en la presión atmosférica. Después del séptimo círculo, el miope del siervo de Elías forzó la vista y vio una pequeña nube del tamaño de la mano de un hombre que se levantaba desde el mar.

No puedo menos que hacer la pregunta contraria a los hechos: ¿Y si Elías hubiera dejado de orar después del sexto círculo? La respuesta obvia es que se habría perdido la promesa y no habría obtenido el milagro. Pero Elías perseveró en su oración y Dios se abrió paso. El cielo se ennegreció, fuertes vientos soplaron a través de aquel desértico panorama, y cayeron gotas de lluvia por vez primera en tres años. Y no se trataba de una ligera llovizna; era una gran lluvia increíble.

Es fácil abandonar los sueños, abandonar los milagros, abandonar las promesas. Nos desanimamos, nos impacientamos, perdemos la fe. Y como si fuera una lenta gotera, muchas veces nos sucede sin que ni siquiera nos demos cuenta, hasta que nuestra vida de oración está por los suelos.

Hace poco me di cuenta de que había dejado de trazar círculos alrededor de uno de los siete milagros que había escrito en mi piedra de oración durante el ayuno de diez días que hice en Pentecostés diez años atrás. Hubo un tiempo en que creí que Dios me sanaría de mi asma, pero me cansé de pedírselo. Sentí como que Dios me había dejado esperando en el teléfono, así que decidí colgarlo. Entonces, una conversación con un amigo reactivó mi fe, y he comenzado a trazar círculos de nuevo alrededor de ese milagro.

¿Existe algún sueño que Dios quiere resucitar? ¿Hay alguna promesa que necesites reclamar? ¿Hay algún milagro que necesites comenzar a creer de nuevo que lo vas a recibir?

La razón por la cual muchos de nosotros nos rendimos demasiado pronto es que sentimos que hemos fracasado si Dios no responde nuestra oración. Eso no es un fracaso. La única manera en que se puede fracasar, es dejando de orar.

La oración es una propuesta en la cual no hay pérdida.

Vive sin tropezar por causa de él

John y Heidi han experimentado asombrosas respuestas a sus oraciones. Ellos forman parte del círculo de oración que ora por mí mientras me encuentro escribiendo un libro. También formaron parte del círculo de oración que oró por el milagro de los dos millones de dólares. Dios les ha dado asombrosas respuestas a sus oraciones por otras personas, pero muchas de sus oraciones por los retos a los que ellos mismos se enfrentan no han tenido respuesta. Un paso de fe en el mundo del cine tuvo por consecuencia la pérdida de sus ahorros de toda la vida, porque el respaldo económico no se materializó como se les había prometido. Su familia tuvo que mudarse de su hogar a causa de un fuego. Perdieron tres de sus cuatro padres en cuatro años. Y una rara enfermedad genética les ha hecho daño física, emocional y económicamente. Algunas veces, da la impresión de que Dios responde todas las oraciones que ellos hacen, con la excepción de las que hacen por ellos mismos.

Ha habido momentos en que se han sentido tentados a tirar la toalla de la oración, pero una promesa los ha sostenido a través de los tiempos más duros: «Dichoso el que no tropieza por causa mía».

Este es el contexto de esta promesa.

Jesús está haciendo milagros a diestra y siniestra. Está sanando enfermedades, echando fuera demonios y restaurando la vista a los ciegos, pero Juan el Bautista se pierde el tren de los milagros. Tal parece que Jesús está rescatando a todo el mundo, menos a su seguidor más fiel, que está en la prisión. Y Juan es nada menos que primo suyo. Parecería que Jesús habría podido, o tal vez habría debido, organizar una operación de rescate y sacarlo de la prisión antes de que lo decapitaran. En lugar de hacer esto, le envía un mensaje a Juan por medio de los discípulos de este. Les dice que le cuenten a Juan todos los milagros que él está haciendo, y después les pide que le transmitan esta promesa: «Dichoso el que no tropieza por causa mía».

¿Te ha parecido alguna vez como si Dios estuviera haciendo milagros a favor de Raimundo y todo el mundo, pero tú pareces ser el hombre extraño que ha quedado fuera? ¿Te parece como si Dios le estuviera cumpliendo sus promesas a todo el mundo menos a ti?

Me pregunto si no era así como se sentía Juan el Bautista.

¿Qué haces cuando te parece que Dios está respondiendo las oraciones de todo el mundo menos las tuyas?

En palabras de mis amigos que han experimentado su buena cantidad de oraciones sin responder: «Tratamos de vivir de tal manera que no hallemos tropiezo en Dios. Jesús nos promete que seremos bienaventurados si no hallamos tropiezo en él. Obviamente, no estamos en prisión a punto de ser decapitados, pero hemos visto muchas respuestas a nuestras oraciones por otras personas cuando hemos orado por sus finanzas, su salud y sus hijos. En cambio, en nuestra vida, bueno…».

Allí es donde vivimos la mayoría de nosotros la mayor parte del tiempo: en ese signo de puntuación formado por tres puntos y conocido como *puntos suspensivos*. Los puntos suspensivos indican una pausa en lo que se está diciendo, o un pensamiento sin terminar. Cuando estamos esperando a que Dios responda una oración, estamos en un período de puntos suspensivos.

Puedes darte por vencido o colgar el teléfono. Puedes dejar ir el asunto o perseverar en oración. Te puedes sentir frustrado con Dios, o tomar la decisión de vivir sin hallar tropiezo en él.

Lo que ha sostenido a John y Heidi durante los puntos suspensivos de su vida ha sido un nuevo encuentro con el amor de Cristo. La paciencia del Salvador en la cruz los inspiró a ellos, y nos inspira a nosotros, a seguir adelante y no cejar en nuestra oración. Y no nos limitamos a vivir bajo la sombra de la cruz; vivimos en la luz de la resurrección, aun en nuestros días más oscuros. Así que mis amigos han tomado la decisión de vivir sin hallar tropiezo en Jesús: «Vivir sin tropezar por causa de Jesús no es ninguna experiencia al estilo Zen. Es llevar una vida sometida a su soberanía, su misterio y su amor. Jesús nos promete que seremos bienaventurados si no hallamos tropiezo en él cuando hace cosas a favor de otras personas. Y si él hace esas cosas por otros, un día las podría hacer también por nosotros. Yo no sé por qué Dios hace lo que hace. Lo que sí sé es que el ciento por ciento de las oraciones que no hago, no reciben contestación alguna».

Me encanta esa manera de enfocar la oración; esa forma de enfocar la vida. Es el lema del hacedor de círculos: El ciento por ciento de las oraciones que no hago no reciben contestación alguna.

La gramática de Dios

Es difícil mantenerse firme en la esperanza durante un período de puntos suspensivos, pero cada vez que me siento tentado a echarlo todo a rodar, me acuerdo de un sermón de un viejo predicador titulado «La gramática de Dios». He olvidado la mayor parte de los sermones que he escuchado en mi vida, y eso es un poco deprimente para un predicador, pero esta afirmación que él hizo no se me puede olvidar: «Nunca pongas una coma donde Dios pone un punto, y nunca pongas un punto donde Dios pone una coma».

Algunas veces, lo que nosotros consideramos que es un punto, en realidad solo es una coma. Pensamos que el silencio de Dios es el final de la oración gramatical, pero solo es una pausa providencial. La oración perseverante es la conjunción que le permite a Dios, no solo terminar su oración gramatical, sino hacer una proclamación.

> *«Señor —le dijo Marta a Jesús—, si hubieras estado aquí, mi hermano no habría muerto. Pero yo sé que aun ahora Dios te dará todo lo que le pidas».*

¿Captaste la conjunción que usa? Esta es una de las declaraciones de fe más asombrosas de todas las Escrituras gracias a esa pequeña conjunción, pero, en el mismo medio de lo que ella le está diciendo. Tal parece como si las palabras de Marta debieran terminar después de decir: «Señor, si hubieras estado aquí, mi hermano no habría muerto». ¿Por qué? ¡Porque su hermano Lázaro ya llevaba cuatro días de muerto! Pero Marta no puso un punto allí. Ella puso una coma. Aunque su hermano está muerto y sepultado, ella se sigue aferrando a la esperanza.

Las palabras «sé que aun ahora» las tengo subrayadas y rodeadas de un círculo en mi Biblia. Aunque parezca como si Dios hubiera llegado cuatro días tarde, es demasiado pronto para darse por vencido. Aun cuando te parezca que tu sueño está muerto y sepultado, es demasiado temprano para poner un punto allí. Al fin y al cabo, *algunas veces nunca podrás saber siempre.*

Hay dos grados de fe en las dos declaraciones que hace Marta. La primera es una fe de primer grado: «Señor, si hubieras estado aquí, mi hermano no habría muerto». La fe de primer grado es una fe preventiva. Como la oración de Marta, quien creía que Jesús habría podido evitar que su hermano muriera, las oraciones de primer grado toman medidas preventivas. Le pedimos a Dios que impida que sucedan cosas malas. Así que oramos para pedirle seguridad en nuestro viaje, o bien oramos para poner un vallado de protección alrededor de nuestros hijos. Y eso no tiene nada de malo, pero hay otra dimensión de la fe que cree que Dios puede deshacer lo que ya ha sido hecho. La fe de segundo grado es una fe de resurrección. Es la fe que se niega a poner un punto al final de una desilusión. Es la fe que cree que Dios puede invertir lo irreversible. Es una fe que cree que las cosas no habrán terminado mientras Dios no haya dicho que se han terminado. Y esta fe se manifiesta en el «aun ahora» la profesión de fe que hace Marta: «Pero sé que aun ahora Dios te dará todo lo que le pidas».

¿Te has sentido alguna vez como que Dios lleva un día de atraso, o te ha fallado por un dólar?

¡Así es como Bill se sentía después de haber solicitado el mismo trabajo durante doce años seguidos! El trabajo de sus sueños era trabajar en el Departamento de Estado, pero aquel sueño se le había estado negando a lo largo de once años. Habría podido poner un punto después de la segunda negativa, o la tercera, o la séptima, y algunos de sus parientes y amigos pensaban que eso era lo que habría debido hacer. Pero cuando un sueño procede de Dios, tiene más de nueve vidas. La fe de segundo grado que tenía Bill fue la que lo capacitó para seguir orando en medio de los reveses. Nunca puso un punto donde Dios había puesto una coma. Finalmente, después de su duodécimo recorrido alrededor de Jericó, Bill superó a otros mil doscientos solicitantes y consiguió el empleo.

Ahora bien, ¿cómo pasar de la fe de primer grado a la fe de segundo grado? Bueno, la respuesta no es fácil. Los tiempos difíciles son los que nos enseñan a perseverar en la oración. Aun cuando nos rechacen nuestra solicitud, o no acepten la adopción, o el negocio se vaya a la bancarrota, pon allí una coma. *Aun entonces,* cree en *aun ahora.* Y durante esos tiempos de puntos suspensivos, tu cociente de persistencia aumentará de forma exponencial.

El hipervínculo

A pesar de los tres años de sequía, e incluso después de un fuerte ataque de depresión, Elías creía que Dios podría enviar la lluvia *aun en aquel mismo momento.*

No puedo menos que preguntarme si Honi, el hacedor de círculos, no se inspiraría en el relato de cuando Elías oró siete veces para pedir la lluvia. Me pregunto si el fabricante original de lluvia en Israel no sería el héroe de la niñez de Honi. Y me pregunto si la persistencia de Honi en su oración no tendría una especie de hipervínculo con este milagro. *Si Dios lo hizo por Elías, también lo puede hacer por mí.* Y en la misma línea de pensamiento, no puedo menos que preguntarme si la persistencia de Elías en su oración no tendría también un hipervínculo con el milagro de la lluvia de codornices. *Si Dios puede enviar una lluvia de codornices, seguramente podrá enviar también una tormenta eléctrica.*

Una cosa sí es cierta: Entre nuestras oraciones más poderosas y las promesas de Dios existe un hipervínculo. Cuando sabes que estás orando de acuerdo con las promesas de Dios, puedes orar con una santa seguridad. Esa es la diferencia entre orar sobre una capa delgada de hielo y orar sobre tierra firme. Es la diferencia entre orar de manera tentativa y orar con tenacidad. No tienes que adivinar nada, porque sabes que Dios quiere que hagas tuyas sus promesas.

Uno de los retos a los que se han enfrentado John y Heidi al tratar de vivir sin hallar tropiezo en Dios, tiene que ver con su hijo. De pequeño se estaba desarrollando normalmente, hasta el día en que de forma repentina y misteriosa perdió toda su capacidad de comunicación. Ellos se preguntaban si volvería a hablar de nuevo. El temor a una gran variedad de diagnósticos, entre ellos un autismo muy fuerte, los puso de rodillas.

Durante aquellos días de desesperación, fueron a visitar a su pastor en busca de consejo y aliento. Mientras oraba por ellos, el pastor recibió de Dios una promesa. Escribió Isaías 59:21 en un papel para anotaciones, y se los entregó.

> «En cuanto a mí —dice el Señor—, éste es mi pacto con ellos: Mi Espíritu que está sobre ti, y mis palabras que he puesto en tus labios, no se apartarán más de ti, ni de tus hijos ni de sus descendientes, desde ahora y para siempre».

El pastor cerró su Biblia y les dijo: «Me parece que esta es la respuesta. Su hijo va a hablar».

Durante los últimos diez años, ha existido un hipervínculo entre sus oraciones y esa promesa. En aquel momento, dicen John y Heidi que «un muro se desplomó» y «una promesa entró a toda prisa». Fue el momento más naturalmente sobrenatural de sus vidas. ¿Ha ido todo bien desde entonces? No. ¿Han pasado por desilusiones? Sí, pero esa promesa ha sido rodeada con un círculo en su Biblia. «Dios nos hizo una promesa, y no nos importa cuántas veces tengamos que seguir haciendo círculos alrededor de ella, porque el asunto está resuelto».

Seguramente habrás escuchado el adagio: «Dios lo dijo, yo lo creo y eso es todo». He aquí una manera nueva de decir esa vieja verdad: Dios lo dijo, yo lo rodeé con un círculo, y eso es todo.

Eso fue todo en la cruz cuando Jesús dijo: «Todo se ha cumplido». No era solamente el último pago de la deuda por nuestros pecados; era el pago inicial de todas sus promesas. «Todas las promesas que ha hecho Dios son "sí" en Cristo. Así que por medio de Cristo respondemos "amén" para la gloria de Dios».

¿Recuerdas la promesa de Josué 1:3 que yo rodeé con un círculo cuando hice mi caminata de oración alrededor de Capitol Hill? Dios le prometió a Josué que le entregaría todos los lugares donde pusiera el pie, pero hay una pequeña añadidura al final de la promesa: «como le prometí a Moisés». Aquella promesa se la había hecho originalmente a Moisés. Después se la transfirió a Josué. De una manera muy parecida, todas las promesas de Dios nos han sido transferidas a nosotros por medio de Jesucristo. Aunque es necesario interpretar de manera inteligente y aplicar de la manera adecuada esas promesas, hay momentos en los cuales el Espíritu de Dios va a mover a tu espíritu para que reclames una promesa que originalmente iba dirigida a otra persona. Por eso, aunque debemos tener el cuidado de no reclamar ciegamente unas promesas que no nos pertenezcan, nuestro reto mayor es que no vayamos a rodear con un círculo las promesas que podríamos o deberíamos rodear.

Según los cálculos más conservadores, en las Escrituras hay más de tres mil promesas. En virtud de lo que realizó Jesucristo en la cruz, todas y cada una de ellas te pertenecen. Todas ellas llevan escrito tu nombre. La pregunta ahora es esta: ¿Cuántas de ellas has rodeado con un círculo?

La isla del árbol

Debido a lo importante que es este principio del hipervínculo entre nuestras oraciones y las promesas de Dios, permíteme pintar otra imagen. Las promesas de Dios son el suelo elevado, el suelo santo sobre el cual estamos parados. Rodear esas promesas con un círculo es la forma en que tomamos nuestra posición.

Tengo un amigo que es dueño de una cabaña de troncos en el lago Anna, en el centro de Virginia, y ha sido tan amable que nos ha dejado ir allí de vacaciones varias veces. Durante la primera vez que estuvimos allí, Summer y yo estábamos a seis semanas de distancia del momento en que se nada la llamada Huida de Alcatraz en San Francisco, así que nos pusimos nuestros trajes isotérmicos y fuimos a nadar para entrenarnos. En el medio del lago había un árbol que nos picó la curiosidad. Nunca había visto nada como aquello, así que decidimos nadar hasta donde estaba. Así era; se trataba literalmente de un árbol solitario que estaba creciendo en una isla en el medio del lago que no tenía ni siquiera dos metros de diámetro. Yo no tenía idea de cómo había llegado allí, pero en realidad, se le puede ver hasta en los mapas de Google.

Mientras nadábamos, Lora iba halando a Josiah en una cámara de neumático detrás del bote plano que llevábamos. Cuando nos acercamos a la isla del árbol, le dije que saltara de la cámara de neumático y nadara hasta donde yo estaba, pero él tenía miedo porque estábamos en medio del lago. Como la mayoría de los niños de ocho años, Josiah se sentía mucho más tranquilo en el extremo menos hondo de una piscina, donde podía ver el fondo. Lo que él no sabía es que el lago se había ido volviendo poco profundo a medida que nos acercábamos a la isla del árbol. Yo podía tocar fondo con los pies, pero todos los demás seguían pensando que estaba hondo porque estábamos en medio del lago. Entonces, en un gesto dramático, literalmente me puse de pie en medio del lago, ¡y dio la impresión de que estaba parado sobre el agua! Cuando Josiah se dio cuenta de que no era tan hondo como él había pensado, saltó de la cámara y nadó hasta la isla. ¡Entonces fue *él* quien se paró sobre el agua! Aquel momento es más que un divertido recuerdo de familia; es la imagen mental que me viene al pensamiento cada vez que pienso en apoyarme sobre las promesas de Dios.

Las promesas de Dios son como esa isla del árbol en medio del lago. Son la diferencia entre hundirse y nadar, porque nos dan un lugar sobre el cual pararnos. Cuando John y Heidi sentían que estaban a punto de ahogarse, Isaías 59:21 fue su isla del árbol. Les dio un lugar donde pararse; un lugar donde descansar. Y cuando Dios cumpla sus promesas, no solo vas a pararte sobre el agua, sino que vas a danzar un vals mientras entras a la Tierra Prometida a través de las aguas que Dios ha abierto para que pases.

Comienza a hacer círculos

Lo que estoy a punto de decirte tiene el poder de revolucionar tu manera de orar y tu manera de leer la Biblia. Es frecuente que consideremos la oración y la lectura de la Biblia como dos disciplinas diferentes, sin mucho terreno en común, ¿pero qué tal si Dios quiso que existiera un hipervínculo entre ambas? ¿Y si leer se convirtiera en una forma de orar, y orar se convirtiera en una forma de leer?

Una de las principales razones por las que no oramos con persistencia, es porque nos quedamos sin cosas que decir. Nuestra falta de persistencia es en realidad una falta de temas de conversación. Al igual que una conversación forzada, nos quedamos sin saber qué decir. O como una conversación que se está terminando, y en la cual se nos acaban los temas de los que podríamos hablar. Entonces es cuando nuestras oraciones se convierten en un montón de clichés excesivamente gastados y mal aplicados. Y así, en lugar de orar con fervor acerca de un gran sueño, nos conformamos con una conversación carente de importancia. Nuestras oraciones son tan carentes de significado como una conversación acerca del tiempo.

¿La solución? Ora por medio de la Biblia.

Dios nunca ha querido que la oración sea un monólogo; lo que él quiere es que sea un diálogo. Piensa en las Escrituras como la parte que le corresponde a Dios en el guión; la oración es la parte que nos toca a nosotros. Las Escrituras son la forma que tiene Dios de comenzar una conversación; la oración es nuestra respuesta. El cambio de paradigmas se produce cuando comprendes que la Biblia no fue hecha para *leerla toda hasta el final*; la Biblia fue hecha para *orarla toda hasta el final*. Y si tú la oras, nunca te quedarás sin tema de conversación.

La Biblia es un libro de promesas y también un libro de oración. Y aunque la lectura es reactiva, la oración es activa. Leer es la manera de recorrer la Biblia; orar en la manera de que la Biblia te recorra a ti. Cuando ores, el Espíritu Santo avivará ciertas promesas en tu espíritu. Es muy difícil predecir qué, cuándo, dónde y cómo, pero con el tiempo, las promesas de Dios se convertirán en *tus* promesas. Entonces necesitas trazar un círculo alrededor de esas promesas, tanto en sentido figurado como en sentido literal. Yo nunca leo sin tener una pluma a mano, de manera que pueda subrayar, poner asteriscos y trazar círculos. Rodeo literalmente con un círculo las promesas que hallo en mi Biblia. Entonces lo hago de manera figurada, trazando alrededor de ellas un círculo de oración.

Una de mis posesiones más preciadas es la Biblia de mi abuelo. Algunas veces hago mis devociones con esta Biblia, porque quiero ver los versículos que él subrayó. Me encanta leer las notas que escribió en los márgenes. Y me encanta ver cuáles son las promesas alrededor de las cuales trazó un círculo. Lo que más me encanta de su Biblia es que, literalmente, hubo que volverla a armar con cinta adhesiva porque se estaba cayendo a pedazos. No solo la había leído bien. También la había orado bien.

Capítulo 9

El favor de aquel que mora en la zarza ardiente

La primera vez que vi aquella vieja casa destartalada, me sorprendió que semejante adefesio pudiera existir a solo cinco calles del edificio del Capitolio. Las cavidades donde habían estado las puertas y las ventanas estaban tapadas con bloques. Las paredes de ladrillo estaban pintadas de un sombrío color verde que debe haber estado de moda por un tiempo muy breve hace muchas décadas. Y los grafiti que había en las paredes parecían el toque final más adecuado para esta molesta propiedad.

Yo había caminado junto a ella centenares de veces. De hecho, había caminado por la esquina de la segunda calle y la calle F del NE cuando tracé el círculo de oración alrededor de Capitol Hill hace quince años. Pero cuando pasé junto a ella en ese momento, fue como si el Espíritu Santo hubiera concebido un sueño en mi espíritu: *Esta casa destartalada se podría convertir en una estupenda cafetería.*

Aquello parecía una idea loca, y por muchas razones. En primer lugar, no había nadie en nuestro personal que hubiera trabajado jamás en una cafetería. Además de eso, las iglesias construyen iglesias, *no* cafeterías. No teníamos razón alguna para meternos en el negocio de las cafeterías, pero mientras más lo pensaba, más tenía sentido, en una especie de sentido contrario a mi intuición. Al fin y al cabo, Jesús no andaba solamente por las sinagogas. Andaba por los pozos, y los pozos eran los lugares naturales de reunión en las culturas antiguas. Un día me di cuenta de que las cafeterías son los pozos de los tiempos posmodernos. La única diferencia es que tomamos café expreso en lugar de sacar agua de un pozo.

Así que nació el sueño de crear un pozo posmoderno donde nuestra iglesia y nuestra comunidad se pudieran encontrar, y ese sueño es cumplido centenares de veces al día con cada cliente que entra por nuestras puertas. Ebenezer's Coffeehouse ha recibido por votación el título de la mejor cafetería de la zona metropolitana del DC. El lugar donde se encuentra cumple una doble función, puesto que también es uno de los siete locales de nuestra iglesia. Y para mayor conveniencia aún, cada centavo de nuestras ganancias netas, que son de seis cifras, va para proyectos de la comunidad local y para nuestros esfuerzos humanitarios en otros países. Es más que un milagro; es un milagro redondo.

Permíteme ahora que recuerde cómo trazamos el círculo.

Reconociendo el terreno en una casa destartalada

Una razón por la que la cafetería parecía una idea loca, era que la National Community Church apenas estaba despegando cuando fue concebido el sueño. Apenas teníamos gente o dinero, pero esa es una receta estupenda para la oración. Y oramos fervientemente durante casi ocho años. Imponíamos las manos en las paredes y orábamos. Nos arrodillábamos en la propiedad y orábamos. Ayunábamos y orábamos. Y perdí la cuenta de la cantidad de círculos de oración que habíamos trazado alrededor de aquella vieja casa destartalada.

Inspirado por la historia del milagro de Jericó, oraba con frecuencia alrededor de la propiedad, dándole siete vueltas seguidas. Por lo general, cuando iba por la cuarta o quinta vuelta, era cuando los guardias de seguridad del Edificio Federal del Poder Legislativo, que estaba enfrente, me dirigían unas miradas extrañas. *¿Acaso ese tipo está reconociendo el terreno para entrar a robar a una casa destartalada?* Muchos de esos guardias son ahora clientes habituales de nuestra cafetería. Y aunque ya no hago círculos alrededor de la propiedad en oración, mi lugar favorito para orar es la azotea de Ebenezer's Coffeehouse. Subo por la escalera, levanto la escotilla y oro en la azotea, por lo que todavía me dirigen miradas extrañas desde las altas oficinas al otro lado de la calle. Más de una vez nos han preguntado por qué hay alguien caminando de un lado para otro en la azotea.

¿Tienes un lugar favorito para orar? ¿Un lugar donde la recepción es mejor? ¿Un lugar donde tu mente está más centrada? ¿Un lugar donde tienes más fe?

Me encanta orar en la azotea de la cafetería porque siento que estoy orando encima de un milagro. Es difícil no orar con fe cuando se está orando en un lugar donde Dios ya ha hecho un milagro.

Me pregunto si así es como Elías se sentía cuando pedía lluvia en la cima del monte Carmelo. Dios acababa de responder allí mismo una oración imposible. Elías había retado a los cuatrocientos cincuenta falsos profetas a un duelo de oraciones en el monte Carmelo. Cada una de las dos partes le pidió a Dios que consumiera con fuego su sacrificio. Elías ganó este enfrentamiento de muerte súbita de una manera dramática, cuando Dios asó a la parrilla su sacrificio. Seguramente, el Dios que había enviado el fuego también podía enviar la lluvia, ¿no es cierto? La respuesta de Dios a Elías le dio la fe que él necesitaba para orar con fervor. Y ese es uno de los productos secundarios de la oración respondida. Nos da fe para creer que Dios puede hacer milagros más grandes mejores. Con cada oración respondida, trazamos un círculo de oración más grande. Con cada acto de fidelidad, aumenta nuestra fe. Con cada promesa cumplida, nuestro cociente de persistencia aumenta.

Echándole una mirada retrospectiva, me alegro de que hicieran falta ocho años de oración perseverante para obtener la cafetería, porque este proceso aumentó nuestra fe. Cuando uno tiene que orar durante tanto tiempo, no se siente ni siquiera tentado a darlo por seguro. Esto tal vez parezca una cuestión de sentido común, pero si no hubiera habido ya un milagro, no habría milagro.

Un contrato vinculante

Originalmente, los dos abogados que eran propietarios del 201 de la calle F del NE querían un millón de dólares por aquella casa destartalada, debido a su ubicación, ubicación y ubicación. Se halla solo a una calle de distancia de la Union Station y en la esquina diagonalmente opuesta al mayor edificio de oficinas del DC, donde se encuentra la Comisión de Valores e Intercambio. La esquina de las calles 2 y F del NE también forma la esquina noroeste del distrito histórico de Capitol Hill.

Nosotros no podíamos ni tocar un millón, así que oramos, y mientras más fervor poníamos en la oración, más caía el precio. Finalmente compramos la propiedad por trescientos veinticinco mil dólares, pero eso fue menos milagro aun que el hecho de que cuatro personas estaban ofreciendo por la propiedad más dinero del que ofrecíamos nosotros. ¡Y dos de ellas eran promotores de inmobiliarias!

Entonces, ¿cómo fue que la obtuvimos?

Mi única explicación es que trazamos un círculo alrededor de Mateo 18:18. Nuestras oraciones tenían establecido un hipervínculo con esa promesa, y la hicimos nuestra a base de orar con persistencia. *«Les aseguro que todo lo que ustedes aten en la tierra quedará atado en el cielo».*

La palabra atar significa también «hacer un contrato sobre algo». Esto es precisamente lo que sucede cuando oramos. Cuando oras por algo en el ámbito terrenal, Dios hace un contrato sobre aquello en el ámbito celestial, si estás orando de acuerdo con su voluntad. Así que, aunque el 7 de febrero de 2002 es la fecha en que firmamos el contrato físico, el contrato espiritual tiene una fecha anterior a esa por varios años. En realidad, el contrato se remonta al primer círculo de oración que trazamos alrededor de la propiedad.

Es interesante observar que después que prevalecieron las cabezas más serenas y Honi fue honrado por aquella oración suya que había salvado a una generación, el Sanedrín le envió una misiva en la que citaba Job 22:28: «Tendrás éxito en todo lo que emprendas, y en tus caminos brillará la luz». Reconocían el poder de atar que tenía la oración de Honi: «Has decretado abajo [en la tierra] y el Santo... cumple tu palabra arriba [en el cielo]». Este lenguaje es muy similar a la promesa que hizo Jesús en Mateo 18:18. Hay una gran probabilidad de que Jesús estuviera familiarizado con la leyenda del hacedor de círculos, debido a su proximidad histórica. ¿Quién sabe? Tal vez estaba pensando en Honi cuando hizo esta promesa.

Velar y esperar

La Biblia nos dice que el Señor está velando sobre su palabra para cumplirla.

No hay nada que le agrade más a Dios que cumplir lo que promete. Él está velando y esperando de manera activa a que nosotros, sencillamente, le tomemos la palabra. Está velando sobre Mateo 18:18. Está velando sobre Isaías 59:21. Está velando sobre Lucas 7:23. Está velando sobre todas y cada una de sus promesas, y si eso no te llena de una santa seguridad, nada lo podrá lograr.

Orar con fervor es mantenernos firmes en las promesas de Dios. Y cuando nosotros nos mantenemos firmes *en* su palabra, Dios cumple *esa* palabra. Su palabra es su obligación.

Algunas veces oramos como si Dios no quisiera cumplir sus promesas. ¡No tienes idea de lo mucho que Dios quiere cumplir esas promesas! Es por eso que las hizo, en primera instancia. Pero nosotros a veces oramos como si nuestras osadas oraciones que trazan un círculo sobre las promesas de Dios, pudieran ofender al Dios que las hizo. ¿Me estás tratando de tomar el pelo? A Dios lo que sí lo ofende es todo lo que esté por debajo de esto. No hay nada que Dios tenga más deseos de hacer, que demostrar su poder guardando sus promesas. Pero dudamos de él, porque dudamos de nosotros mismos. No le pedimos a Dios que extienda su mano porque no conocemos su corazón.

El Salmo 84:11 capta el corazón del Padre celestial:

> *El Señor brinda generosamente su bondad*
> *a los que se conducen sin tacha.*

Dios no se nos está resistiendo, ni nos está escamoteando lo que prometió darnos. En su naturaleza no está el privarnos a nosotros de ninguna cosa buena. Por supuesto, él no va a bendecir la desobediencia, pero ciertamente sí bendice la obediencia. Si le tomas la palabra a Dios, vas a hacer el gozoso descubrimiento de que él te quiere bendecir mucho más de lo que tú quieres ser bendecido. Y su capacidad para dar es mucho más grande que tu capacidad para recibir.

Creo que recibí de mi madre el gozo de dar. También recogí de ella un poco de su idiosincrasia. Lo típico es que los niños les supliquen a sus padres que les dejen abrir los regalos antes de la fecha fijada, ya sea un cumpleaños o la Navidad. En mi familia, no. Mi madre solía ser la que me suplicaba que abriera mis regalos antes del día fijado porque estaba ansiosa por darlos. Y ahora yo hago con mis hijos lo que ella hacía conmigo. El que sean los padres los que les supliquen a sus hijos que abran temprano sus regalos podrá parecer un poco disfuncional, pero así es el corazón de nuestro Padre celestial. Apenas puede esperar para cumplir sus promesas. Apenas puede esperar para realizar lo que ha dicho que va a hacer. Apenas puede esperar para responder a nuestras oraciones. Y cuando nosotros, sencillamente, le tomamos la palabra, apenas puede contener su gozo.

Mis palabras favoritas del Salmo 23 son estas: «La bondad y el amor me seguirán todos los días de mi vida». La palabra *seguirán* es una traducción un tanto débil. En hebreo es un término tomado de la caza. Es como si Dios nos estuviera dando caza, pero no para hacernos daño; Dios nos está dando caza para bendecirnos. Nos quiere mostrar su bondad y su misericordia, pero con frecuencia lo que hacemos es huir de ellas. ¿Por qué? Porque dudamos de sus buenas intenciones. No podemos creer que Dios esté a favor nuestro. Por eso él nos los recuerda tantas veces, de tantas formas distintas y con tantas palabras diferentes.

Trazar un círculo alrededor de nuestros hijos

Si me preguntaras cuál es la cosa por la que oro más que por ninguna otra, mi respuesta sería que oro por el favor de Dios. Aunque es difícil de describir o de definir, creo que el favor de Dios es aquello que Dios hace por nosotros, que no podemos hacer por nosotros mismos. Oro para pedirle a Dios su favor alrededor de la National Community Church. Oro para pedirle su favor alrededor de mis libros. Oro para pedirle su favor alrededor de mis hijos.

Cuando Parker era aún un bebé, tracé un círculo alrededor de Lucas 2:52 y lo convertí en una bendición de oración. He orado con esa bendición alrededor de mis hijos miles de veces. Casi cada noche, hago un círculo alrededor de mis hijos con esta sencilla oración: «Señor, que crezcan en sabiduría y estatura, y en favor ante ti y ante los hombres». Me doy cuenta de que Lucas 2:52 no es una promesa en el sentido técnico del término, pero creo que estoy en un terreno teológicamente sólido. Lucas 2:52 es una descripción del desarrollo de Jesús cuando niño, que abarca todo ese tiempo de su vida, y nosotros hemos sido llamados a ser como Jesús. En ese caso, ¿por qué no habría de trazar un círculo alrededor de ese texto? ¿Qué me impide que lo convierta en una bendición y ore con él alrededor de mis hijos?

Yo creo que Dios está velando sobre mis hijos de la misma manera que está velando sobre su palabra. Tiene un ojo en Lucas 2:52, y el otro en mis hijos. Y no tiene problema alguno en vigilarlos a los dos. Los está vigilando, y esperando oportunidades para mostrarles su favor.

Una de mis responsabilidades como padre no consiste solo en trazar un círculo de oración alrededor de mis hijos, sino también en enseñarles a trazar círculos sobre las promesas de Dios. Los padres somos profetas para nuestros hijos. Y parte de nuestro papel profético consiste en conocer las Escrituras y conocer a nuestros hijos lo suficientemente bien como para saber cuáles son las promesas alrededor de las cuales necesitan trazar un círculo. Josiah ha estado batallando últimamente con algunos temores, de manera que hemos estado trazando un círculo alrededor de Filipenses 4:4-8. He estado orando para que la paz de Dios, que sobrepasa todo entendimiento, guarde su corazón y su mente en Cristo Jesús. He establecido un hipervínculo entre las oraciones que hago al acostarme y esta promesa. Así trazamos un círculo sobre las Escrituras cuando las oramos. Entonces son las Escrituras las que trazan un círculo alrededor de nosotros.

Hace algunos años, nuestros amigos Dennis y Donna, que pastorean una iglesia cercana en Capitol Hill, nos hablaron acerca de algo que Dios les había indicado que hicieran por sus hijos. Identificaron palabras que eran descriptivas y prescriptivas para sus hijos; entonces las pusieron en cuadros que colgaron en las paredes de sus cuartos. Muchas veces se preguntaron si aquellas palabras significarían algo, pero su hija mayor, que es ahora una mujer adulta y ya no vive en la casa de ellos, les dijo recientemente que en algunas noches en las que no podía conciliar el sueño, miraba aquellas palabras que estaban en el cuadro de la pared, y las palabras le hablaban. Aquellas palabras enmarcadas comenzaron a enmarcarla a ella. Así se comenzó a ver a la luz de la identidad y el destino que Dios tenía para ella.

A Lora y a mí nos encantó esa idea, así que la adaptamos para nuestra hija Summer. Antes de este último cumpleaños de nuestra hija, Lora reclutó a dos de las tías de Summer para que la ayudaran a encontrar una lista de palabras proféticas que hablar a su vida. Cada una tomó tres palabras y habló acerca de ellas durante una cena especial de cumpleaños. Entonces le dimos aquellas nueve palabras a un diseñador gráfico para que las convirtiera en un cartel. Cada palabra está escrita en un estilo de letra distinto, y esos estilos de letra representan nueve dimensiones distintas del destino de Summer. Ese cartel está colgado en su cuarto para recordarle cuál es su verdadera identidad en Cristo.

De manera similar al día en que yo definí el éxito en un Starbucks que está en Third Street Promenade de Santa Mónica, estas nueve palabras definen en carácter de Cristo que nosotros vemos en Summer. Estas nueve palabras son nueve profecías que estaremos orando alrededor de Summer durante el resto de nuestras vidas. Ponerlas en un cartel fue una manera de rodearlas con un círculo.

El favor de aquel que habita en la zarza ardiente

Mientras más tiempo vivo, más ansío el favor de Dios. Los momentos más grandiosos de la vida son aquellos en los que Dios interviene a favor nuestro y nos bendice muy por encima de lo que nosotros esperamos o merecemos. Es una humilde forma de recordarnos su soberanía. Y esos momentos de favor se convierten en nuestros recuerdos «favor–itos».

Nunca olvidaré el 12 de agosto de 2001.

National Community fue una iglesia inexperta durante cinco años. Como quien ara en un suelo tan duro como la piedra, no tenía nada de fácil fundar una iglesia en Washington, DC. Nos tomó cinco años crecer de nuestro grupo inicial de diecinueve personas a un grupo de doscientas cincuenta. Entonces fue casi como si el Señor hubiera proclamado: «Éste es el momento propicio de Dios; ¡hoy es el día de salvación!».

Una reportera de asuntos religiosos de *The Washington Post* pidió una entrevista porque se sentía intrigada a causa de la demografía de nuestra iglesia. Después escribió un artículo acerca de la forma en que nosotros estábamos alcanzando a las generaciones emergentes, y me dijo que aparecería en la sección de religión. El domingo siguiente, yo recogí una edición del periódico que tenía cinco centímetros de grueso cuando iba de camino a la Union Station aquella mañana, y enseguida me fui en busca de la sección de religión. Me desanimé cuando no encontré el artículo. Imaginé que no había sido aprobado por el departamento editorial, así que puse el periódico de vuelta en el puesto pues no lo iba a comprar si nosotros no estábamos en él. ¡Entonces fue cuando descubrí que el artículo estaba en la primera página!

Ese fue el día en que Dios puso a la National Community Church en el mapa. Habían hecho falta cinco años para llegar a las doscientas cincuenta personas, pero duplicamos el tamaño de la congregación en el año siguiente. Era como si Dios hubiera abierto las compuertas de su favor, y centenares de lectores visitaron la National Community Church como resultado de ese único artículo. Y lo hermoso de todo esto es que nosotros no nos podíamos atribuir mérito alguno por él. Era nada más, o tal vez debería decir nada menos, que el favor de Dios. Era el momento de Dios. Era el favor de Dios. Era la palabra de Dios. Y Dios estaba velando sobre ella.

Todos y cada uno de los versículos que hablan de favor los tengo rodeados con un círculo en mi Biblia, pero mi favorito personal es una de las bendiciones que Moisés pronunció sobre los descendientes de José:

Acerca de José dijo:
«El Señor bendiga su tierra

con el rocío precioso del cielo
y con las aguas que brotan de la tierra;
con las mejores cosechas del año
y los mejores frutos del mes;
con lo más selecto de las montañas de siempre
y la fertilidad de las colinas eternas;
con lo mejor de lo que llena la tierra
y el favor del que mora en la zarza ardiente.

¿Captaste la gracia (o el favor) en la última frase? El favor de Dios es multidimensional, pero es posible que esta dimensión sea mi favorita: «El favor del que mora en la zarza ardiente». Y me encanta el hecho de que esta bendición la haya pronunciado el propio Moisés. Él sabía de lo que estaba hablando, porque era el que había escuchado la Voz que le habló desde la zarza.

Lo difícil de orar con fervor es dejar que sea Dios quien levante los pesos pesados. Es necesario que confíes en que el favor de Dios va a hacer por ti lo que tú no puedes hacer por ti mismo. Tienes que confiar en que Dios es quien cambia los corazón; incluso el corazón del faraón.

Se cierra el círculo

Permíteme recorrer de vuelta el círculo hasta la vieja casa destartalada.

Oramos por aquella vieja casa destartalada situada en el 201 de la calle F del NE durante varios años antes de que por fin logré reunir el valor suficiente para llamar al número de teléfono que aparecía en el letrero de venta. Me sentía como un tonto. ¿Qué les iba a decir? «Hola. Soy el pastor de una iglesia sin gente ni dinero. Nos gustaría comprar esa casa destartalada para convertirla en una cafetería». A mí me parecía una idea ridícula, y pensaba que a ellos les parecería más ridícula aún. Pero, lo creas o no, eso fue precisamente lo que Dios me indicó que les dijera.

Yo sabía que los dos abogados que eran dueños de la propiedad, ambos judíos, tal vez no comprenderían o valorarían quiénes éramos o qué queríamos hacer como iglesia, pero sentí que Dios quería que les dijera con humildad y osadía al mismo tiempo quiénes éramos y qué queríamos hacer. Así que no me anduve con rodeos. Oré para pedir favor. Entonces compartí con nuestra congregación la visión que teníamos, tal como yo le había dado forma. Y adivina qué pasó. Les encantó. Mi única explicación para la reacción de ellos es el favor de aquel que mora en la zarza ardiente.

El favor de aquel que mora en la zarza ardiente es una dimensión única del favor de Dios que nos capacita para plantarnos delante de aquellos que en lo natural se levantarían para oponerse a nosotros, pero que sobrenaturalmente se echan a un lado o lo apoyan. Así es como el favor del que mora en la zarza ardiente se manifestó cuando Moisés se presentó ante el faraón. Le dio a un esclavo, sobre el cual pendía una orden de arresto, la osadía necesaria para declararle la promesa que Dios le había dado en la zarza ardiente: «Deja ir a mi pueblo».

La compra de la propiedad de las calles 2ª y F fue el primer milagro en el proceso de edificar Ebenezer's Coffeehouse. Yo no te recomendaría esta clase de riesgo, a menos que supieras que es el Espíritu quien te está llevando a él, pero compramos la propiedad, a sabiendas de que necesitaríamos conseguir un cambio en el código de zonificación para poder construir la cafetería. Si nuestros esfuerzos para lograr la rezonificación no tenían éxito, nuestro sueño quedaría muerto. Durante dieciocho largos meses estuvimos reuniéndonos con todo el mundo, desde la gente de la Preservación Histórica hasta la Oficina de Planificación y el Comité de Restauración de Capitol Hill. En general, tuvimos un inmenso apoyo por parte de la comunidad. Al fin y al cabo, estábamos invirtiendo tres millones para convertir una casa destartalada en una cafetería. Pero durante el proceso de rezonificación, descubrimos que algunos vecinos influyentes decidieron oponerse a nuestros esfuerzos, debido a una información errónea que habían recibido sobre lo que estábamos planeando hacer. Yo seguí un enlace hasta un portal de la web donde estaban difamando nuestras motivaciones. Para ser perfectamente sincero, me enojé. Su oposición tenía el potencial de crear un cortocircuito en nuestro sueño de construir una cafetería, y yo me enojaba más cada vez que pensaba en aquello. Entonces fue cuando descubrí el poder que tiene orar en círculos alrededor de los faraones que nos vengan a nuestra vida. Cada vez que me enojaba, convertía aquel enojo en una oración. Me limito a decirte que fue la vez que más cerca estuve de llegar a orar sin cesar.

Oré por aquellos vecinos durante varios meses, hasta que llegó nuestra vista ante la comisión de zonificación. Nunca olvidaré lo que sentíamos mientras entrábamos en la sala de vistas y nos sentábamos a nuestras mesas a ambos lados del pasillo. Yo no tenía animosidad alguna contra la gente que se nos estaba oponiendo. Ninguna en absoluto. Sentía una inexplicable compasión por los que se nos oponían, y no tenía preocupación alguna sobre lo que hicieran o dijeran puesto que los había rodeado con un círculo de oración. También había hecho un círculo alrededor de los comisionados de zonificación. No solo conseguimos la aprobación unánime de la Comisión de Zonificación, lo cual es un testimonio sobre el favor de aquel que mora en la zarza ardiente, sino que una de aquellas personas que se nos oponía, es ahora uno de los clientes más asiduos de Ebenezer's.

No te voy a mentir. Toda aquella experiencia tan difícil de dos años enteros de esfuerzos para lograr la rezonificación fueron emocional y espiritualmente agotadores, pero así es como uno aumenta su cociente de persistencia. Cuando todo hubo terminado, le di gracias a Dios por la oposición con la que nos encontramos, ya que le dio un nuevo impulso a la firmeza de nuestra resolución y unificó a nuestra iglesia. También nos enseñó a orar como si todo dependiera de Dios, y obrar como si todo dependiera de nosotros. Aprendí que no tenemos por qué sentir miedo ante los ataques del enemigo. Cuando los contrarrestamos con oración, le resultan contraproducentes. Mientras más oposición experimentemos, con mayor fervor tenemos que orar, y mientras más fervor pongamos en nuestra oración, más milagros hace Dios.

Capítulo 10

El ganado de los cerros

Poco después de que el Seminario Teológico de Dallas abriera sus puertas, estuvieron a punto de volverse a cerrar a causa de una bancarrota. Antes de su día de graduación del año 1929, se reunió la facultad en la oficina del presidente para orar pidiéndole a Dios que le proveyera al Seminario en sus necesidades. Formaron un círculo de oración, y cuando le tocó el turno a Harry Ironside, este trazó un círculo alrededor del Salmo 50:10 con una sencilla oración al estilo de Honi: «Señor, nosotros sabemos que tú eres el dueño del ganado de los cerros. Te rogamos que nos envíes algunos de ellos, y que nos envíes el dinero que necesitamos».

Es frecuente que el tiempo que transcurre entre nuestras peticiones y las respuestas de Dios sea más largo de lo que a nosotros nos agradaría, pero hay ocasiones en las cuales Dios responde de inmediato. Mientras la facultad estaba orando, llegó una respuesta de diez mil dólares. Una versión de la historia atribuye esta ofrenda a un ganadero tejano que había vendido una carga de dos vagones enteros de ganado. Otra versión se la atribuye a un banquero de Illinois. Pero de una u otra forma, fue Dios quien los impulsó a dar y respondió la oración.

En un momento que recuerda el día en que Pedro tocó a la puerta de la casa donde estaban sus amigos orando para que fuera milagrosamente liberado de la prisión, la secretaria del presidente interrumpió la reunión de oración, tocando a la puerta de su despacho. El Dr. Lewis Sperry Chafer, fundador y presidente del DTS, respondió a la puerta, y ella le entregó la respuesta a la oración. Volviéndose hacia el Dr. Harry Ironside, amigo y colega suyo, el Presidente Chafer le dijo: «¡Harry, Dios vendió el ganado!».

Uno de mis recuerdos más antiguos y agradables es el de ir en auto desde Minneapolis hasta Red Wing, Minnesota, para recoger manzanas con mis abuelos. Todavía puedo escuchar a mi abuelo Johnson mientras cantaba el viejo coro «Dios es el dueño del ganado de los cerros».

No solo creo en esa promesa de Dios de que él proveerá. Aún escucho a mi abuelo cantándola cada vez que leo el Salmo 50:10. Aunque en verdad, he pasado por momentos económicamente difíciles, también he experimentado suficientes milagros para saber que cuando Dios da una visión, también hace provisión.

De rodillas nuevamente

Nunca olvidaré el día en que firmamos el contrato para adquirir el 201 de la calle F del NE. En parte, lo hizo memorable el que se cerró el trato el día después de haber nacido Josiah. Nuestro corredor de bienes raíces tuvo que acudir al hospital para que yo pudiera firmar los documentos.

Celebramos ese milagro durante unos minutos, pero después volvimos a ponernos de rodillas, porque necesitábamos otro. Habíamos conseguido el contrato, a sabiendas de que no teníamos dinero para el pago inicial. Teníamos treinta días para conseguir el diez por ciento del pago; de lo contrario, el contrato quedaría anulado.

Después de veintinueve días de agotar todas las opciones, habíamos logrado reunir veinticinco mil dólares, lo cual quería decir que aún nos faltaban siete mil quinientos. Como no sabíamos dónde más acudir, acudimos al que es dueño del ganado de los cerros. Nosotros sabíamos que el sueño de poner una cafetería en Capitol Hill nos venía de Dios, y nos mantuvimos haciendo círculos alrededor de la promesa del Salmo 50:10.

Al día siguiente, el día anterior a nuestra fecha límite, recibimos en el correo dos cheques procedentes de antiguos miembros de la NCC. Eran dos matrimonios que se habían mudado recientemente de la zona del DC, pero no habían encontrado aún una iglesia, así que continuaban diezmando en la NCC. Más tarde descubrí que uno de los cheques era más grande que su diezmo normal, porque era el diezmo de una bonificación por haberse unido a una nueva firma de abogados. Ninguna de las dos parejas tenía la más mínima idea de que nosotros teníamos veinticuatro horas para conseguir los siete mil quinientos dólares, pero Dios sí lo sabía. Él siempre lo sabe. Y si nosotros oramos en sintonía con su voluntad, él siempre provee. ¿El total combinado de los dos cheques? Exactamente siete mil quinientos dólares.

El juego del pollo

A Dios le debe encantar el juego del pollo ya que lo juega con nosotros todo el tiempo. Tiene el hábito de esperar hasta el último instante para responder a nuestra oración y ver si nos *vamos a asustar* y salir corriendo, como los pollos, o si *vamos a perseverar en oración*. Él resuelve las cosas, pero es muy posible que lo haga en el último momento. Y por supuesto, si tú te asustas y sales corriendo del juego del pollo, Dios siempre te dará otra oportunidad para volver a entrar al juego.

Este esquema de proveer en el último minuto se repite a lo largo de todas las Escrituras, y me parece que revela la personalidad juguetona que tiene Dios. Algunas veces estamos tan enfocados en el carácter de Dios, que nos olvidamos de que él también tiene una personalidad. Le encanta esconderse tras una esquina para sorprendernos. No me puedes convencer de que Jesús no se divirtió escondiéndose de los discípulos en medio de la noche, y apareciendo en pleno lago caminando sobre el agua. Tampoco me puedes convencer de que Dios no se divirtió viendo la mirada de aturdimiento que tenía Moisés en el rostro cuando oyó que le hablaba una zarza. Cuando leo las Escrituras, no puedo llegar a otra conclusión que no sea esta: a Dios le encanta presentarse de maneras inesperadas y cuando menos lo esperamos.

Me encanta esta parte de la personalidad de Dios. Aunque algunas veces significa un aumento en el estrés, también le añade dramatismo a la situación. De maneras grandes y pequeñas, es la oración la que le añade a la trama de nuestra vida esos giros y vueltas inesperados que hacen que valga la pena estar vivo. La oración es la que precipita y culmina los dramáticos momentos cuando Dios se presenta de una manera dramática. Es la oración la que puede convertir cualquier historia, tu propia historia, en un drama épico.

He escrito las iniciales JSJAT en los márgenes de mi Biblia en diversos lugares donde Dios provee justo lo suficiente, y justo a tiempo. Lo hizo con la viuda a la que solo le quedaba una tinaja con un poco de aceite de oliva. Lo hizo cuando los israelitas se hallaban atrapados entre el ejército egipcio y el mar Rojo. Lo hizo cuando la barca estaba a punto de zozobrar en el mar de Galilea a causa de aquellos vientos huracanados. Y lo hizo con nosotros cuando teníamos veinticuatro horas para hacer aparecer siete mil quinientos dólares.

Tal vez tú te encuentres ahora mismo en una situación desesperada. Sientes que has llegado al fondo de tu última tinaja de aceite de oliva, o que el ejército egipcio te está acorralando, o que tu barca está a punto de irse a pique. Tal vez te parezca que Dios no aparece por ninguna parte, pero es posible que él esté preparando la escena para un milagro. Esto sí te puedo decir con toda seguridad: Dios siempre entra en escena en el momento correcto. Él está listo para hacer su grandiosa entrada. Todo lo que está esperando es que tú le digas que es el momento de salir al escenario.

El milagro del maná

Cuando Dios proveyó a los israelitas del milagroso maná mientras deambulaban por el desierto, se nos dice que les proveía «su ración diaria». Lo suficiente. El lenguaje que describe lo que Dios les proveía es sumamente preciso. A los que recogían mucho, no les sobraba nada, y los que recogían poco, tenían suficiente. Dios les proveía lo suficiente. Entonces les dio una curiosa orden: «Nadie debe guardar nada para el día siguiente».

Siendo así, ¿por qué nos proporciona Dios solo lo suficiente? ¿Por qué habría de prohibir que se guardara lo que sobrara? ¿Qué tenía de malo que tuvieran un poco de iniciativa y reunieran suficiente maná para dos días, o para dos semanas?

Así es como yo veo el milagro del maná: El maná les servía para recordar a diario que dependían de Dios. Él quería cultivar esa dependencia diaria a base de proveer para sus necesidades día tras día. Nada ha cambiado. ¿Acaso no es esto lo que aprendemos en el Padrenuestro? «Danos hoy nuestro pan cotidiano».

Nosotros queremos que Dios nos provea lo suficiente para una semana, o un mes, o un año, pero él quiere que caigamos de rodillas todos los días en una dependencia total con respecto a él. Y Dios sabe que si nos diera mucho, y demasiado pronto, perderíamos nuestra hambre espiritual. Él sabe que dejaríamos de confiar en nuestro Proveedor para comenzar a confiar en la provisión.

Uno de nuestros malentendidos fundamentales con respecto a la madurez espiritual es pensar que debe tener por resultado la autosuficiencia. Es exactamente lo opuesto. La meta no es la independencia; la meta es la dependencia de Dios. Nuestra búsqueda de la autosuficiencia es una sutil expresión de nuestra naturaleza pecaminosa. Es el deseo de llegar a un punto en el que no necesitemos a Dios, no necesitemos la fe y no necesitemos orar. Queremos que Dios nos provea de más, para poder nosotros depender menos de él.

Las complicaciones santas

Una de las razones por las que muchos se sienten espiritualmente frustrados es que les parece que debería ser más fácil hacer la voluntad de Dios. Yo no sé si esto será alentador o desalentador, pero la voluntad de Dios no se va volviendo más fácil de cumplir. La voluntad de Dios se va haciendo más difícil de cumplir cada vez. He aquí por qué: mientras más difícil sea la situación, más fervorosamente tenemos que orar.

Dios te va a seguir poniendo en situaciones que ensanchen tu fe, y cuando tu fe se ensanche, también se ensancharán tus sueños. Si pasas la prueba, te gradúas y pasas a sueños cada vez mayores. Y las cosas no se te harán más fáciles, sino más difíciles. No van a ser menos complicadas, sino más. Pero las complicaciones son evidencias de la bendición de Dios. Y si algo procede de Dios, es una santa complicación.

Necesitas aceptar las dos caras de esta verdad: Las bendiciones de Dios no solo te van a bendecir, sino que también te van a complicar la vida. El pecado complica tu vida de maneras negativas. Las bendiciones de Dios te la complican de maneras positivas. Cuando me casé con Lora, aquello complicó mi vida, y realmente complicó también la de ella. Alabado sea Dios por las complicaciones. Tenemos tres complicaciones que se llaman Parker, Summer y Josiah. No me puedo imaginar mi vida sin esas complicaciones. Con cada promoción, aparecen más complicaciones. Cuando tienes unos ingresos mayores, tus impuestos se vuelven más complicados. ¿Qué te estoy queriendo decir? Que las bendiciones te complican la vida, pero la complican de la manera en que Dios quiere que se te complique.

Hace algunos años hice una oración que me cambió la vida. Creo que también te puede cambiar la vida a ti, pero hace falta mucho valor para hacerla con toda sinceridad. Y hay que calcular el precio.

Señor, complícame la vida.

Aflige a los cómodos

Mi función como pastor es doble: (1) consolar a los afligidos y (2) afligir a los cómodos. La segunda parte de esta descripción de mis responsabilidades es la que se me hace más difícil. Seamos sinceros: Muchas de nuestras oraciones, si no la mayoría, son de naturaleza egoísta. Oramos como si el objetivo principal de Dios fuera nuestra comodidad personal. No lo es. El principal objetivo de Dios es su gloria. Y algunas veces, su logro trae consigo algo de dolor.

Hay ocasiones en que oramos sin tener en cuenta las consecuencias ni las ramificaciones de lo que decimos. Cuando oramos para que Dios bendiga a la National Community Church, estoy orando para que haga mi vida más complicada y menos cómoda. Era mucho más cómoda cuando solo había veinticinco personas en la iglesia. Era mucho menos complicada cuando solo teníamos un culto y en un solo lugar. A medida que Dios ha ido bendiciendo a la National Community Church, he tenido que ir teniendo en cuenta el precio. A un nivel muy práctico, la respuesta a mis oraciones significaba entregarle a Dios una parte mayor de mi fin de semana. Cuando iniciamos un culto el sábado por la noche, y otro el domingo por la noche, el precio fueron dos momentos más de cada fin de semana que yo le devolvía a Dios. Este es el resultado final: Orar con persistencia es pedirle a Dios que nos haga la vida más difícil. Mientras mayor es tu persistencia al orar, más tendrás que trabajar. Y eso es una bendición de Dios.

Es difícil orar con persistencia, porque no se puede orar solamente como si todo dependiera de Dios; también hay que trabajar como si todo dependiera de nosotros. No se puede estar solamente dispuesto a orar acerca del asunto; también hay que estar dispuesto a hacer algo al respecto. Y aquí es donde muchos de nosotros nos atascamos espiritualmente. Estamos dispuestos a orar hasta que nos sintamos incómodos, pero no más allá. Estamos dispuestos a orar hasta que empiecen los inconvenientes, pero no más allá. Orar con persistencia es incómodo y lleno de inconvenientes, pero entonces es cuando uno sabe que se está acercando el milagro.

La razón por la que Dios no responde a nuestras oraciones, no es que no estemos orando con suficiente fervor; en la mayoría de los casos, la razón es que no estamos dispuestos a hacer todo el trabajo que sea necesario. Orar con persistencia es sinónimo de trabajar con constancia. Piensa en la oración persistente y el trabajo duro como círculos concéntricos. Esa es la forma en que trazamos un círculo doble alrededor de nuestros sueños y de sus promesas. Llega un momento, después que hemos orado lo necesario, en que tenemos que comenzar a hacer algo acerca de aquello por lo que hemos estado orando. Hay que dar un paso de fe, y ese primer paso siempre es el más difícil.

Los calcetines de lana

Hace poco fui a hablar a Church of the Highlands, en Birmingham, Alabama, para mi amigo Chris Hodges. Recorrí su Dream Center en el centro de Birmingham, porque nosotros queremos hacer algo parecido en Washington, DC. Tienen un asombroso ministerio de alcance dirigido a los proxenetas y las prostitutas. Les dan mentoría a los niños. Alimentan a los hambrientos. Cualquiera que sea la necesidad que aparezca, ellos están tratando de atenderla.

Una de las mujeres que trabajan allí es una antigua periodista llamada Lisa. Tenía un buen trabajo con un buen sueldo, pero renunció porque sabía que Dios quería que trabajara en el Dream Center. Lisa es una de esas personas que irradian gozo, vida y energía.

Durante nuestra gira por el lugar, nos habló de cómo ellos dependían a diario de Dios para atender a las abrumadoras necesidades que había en su comunidad. Esto exige trabajar duro y orar fuerte. Entonces me contó acerca de uno de los milagros que ella había experimentado. Un día, mientras estaba trazando un círculo de oración alrededor del Dream Center, sintió que el Espíritu Santo le indicaba que se llevara consigo al trabajo sus calcetines de lana. Pensó que se estaba volviendo loca. Era una de las indicaciones del Espíritu más extrañas que hubiera tenido jamás, pero no se pudo quitar de encima la impresión. De manera que tomó sus calcetines de lana, los metió en su bolso y se dirigió al centro de la ciudad. Cuando llegó allí, en el mismo umbral de la puerta había una prostituta que literalmente se había desmayado. Lisa abrió la puerta, la llevó adentro y la sostuvo entre sus brazos hasta que recuperó la conciencia pocos minutos más tarde. Tenía tanto frío que estaba temblando. Entonces fue cuando Lisa le preguntó: «Si pudieras tener lo que pidieras, ¿qué pedirías?». Sin titubear lo más mínimo, ella le dijo: «Unos calcetines de lana». Lisa por poco se vuelve loca. Cuando me contó aquella historia, comenzó a llorar, y entonces yo también comencé a llorar. Al oír aquello, Lisa le dijo: «Mira lo que tengo aquí». Sacó del bolso los calcetines de lana, y la mujer le dijo: «Si hasta hacen juego con la ropa que traigo puesta».

Dios es grandioso, no solo porque no hay nada demasiado grande para él; es grandioso porque no hay nada demasiado pequeño para él. Ni un ave del campo cae al suelo sin que él lo note y le interese, así que no nos debería sorprender que se interesara por una mujer que necesitaba unos calcetines de lana. A Dios le encanta manifestar de maneras pequeñas su compasión que todo lo abarca, y si nosotros aprendiéramos a obedecer sus indicaciones, como lo hizo Lisa, nos hallaríamos en medio de sus milagros con mayor frecuencia.

La razón por la que muchos de nosotros nos perdemos sus milagros es porque no estamos ni mirando ni escuchando. La parte fácil de la oración es la de hablarle. Es mucho más difícil escuchar el susurro de su Espíritu Santo. Es mucho más difícil buscar las respuestas. Sin embargo, las dos terceras partes de la oración fervorosa consisten en escuchar y observar.

Mira hacia el mar

¿Recuerdas lo que hizo Elías mientras oraba para pedir lluvia? Envió a su siervo para que mirara hacia el mar. ¿Por qué? Porque estaba esperando una respuesta. No se limitó a orar. Actuó de acuerdo a sus expectativas santificadas al mirar hacia el mar.

En el Nuevo Testamento (Santiago 5:17) se nos presenta a Elías como el modelo de lo que es orar con persistencia. Fue su oración pidiendo que no lloviera la que paralizó la economía agrícola de Israel y puso a toda la nación de rodillas. Y fue su oración al estilo de Honi para que lloviera la que acabó con una sequía de tres años y medio.

Elías era un hombre con debilidades como las nuestras. Con fervor oró que no lloviera, y no llovió sobre la tierra durante tres años y medio.

Cuando el texto habla de orar con fervor, lo que diría la traducción literal sería «orar con una oración». Es algo más que palabras. Significa actuar de acuerdo con nuestras oraciones porque esperamos una respuesta. Elías no se limitó a orar contra los profetas de Baal, sino que los desafió a una competencia de sacrificios. No le dijo a la viuda de Sarepta que orara; le dijo que le cociera una torta con la última masa de pan que le quedaba. Y en un notable milagro repetido, Elías no oró para que Dios abriera el río Jordán, sino que enrolló su capa y lo golpeó con ella.

Cada uno de estos milagros fue precipitado por un paso concreto de fe: preparar un sacrificio en el monte Carmelo, cocer una torta de pan y golpear el río Jordán. Y Dios honró aquellos pasos de fe enviando un fuego que consumió el sacrificio de Elías, multiplicando aquella última hogaza de pan para que durara hasta que terminara la sequía, y abriendo el río Jordán de tal moldo que Elías y Eliseo lo atravesaron sobre el cauce seco.

Una de las razones por las que muchos de nosotros nunca recibimos una respuesta a nuestras oraciones es que todo lo que hacemos es orar. No podemos limitarnos a orar como Elías; tenemos también que actuar como él. No podemos limitarnos a caer de rodillas; también tenemos que mirar hacia el mar.

Aprendí esta lección durante el primer año de trabajo después de fundar la iglesia. Necesitábamos con urgencia un baterista porque yo estaba dirigiendo la adoración, y no tengo buen ritmo. Le debemos haber pedido a Dios un baterista por lo menos doscientas veces. Lo que hacíamos era repetir la misma petición una y otra vez, como los niños de dos años: *Danos un baterista; danos un baterista; danos un baterista.* Entonces, un día fue como si Dios finalmente se hubiera cansado de oír aquel disco rayado, y nos dijo: *Si quieren un baterista, ¿por qué no se consiguen una batería?* Nosotros nunca habíamos pensado en dar realmente un paso de fe, como si Dios fuera a responder a nuestra oración. ¿Por qué? ¡Porque queríamos la respuesta antes que nosotros ejercitáramos nuestra fe! Pero si quieres que Dios se mueva, algunas veces *tú* tienes que comenzar por moverte también.

Aquellos eran los tiempos anteriores a Google, así que busqué en los anuncios clasificados y encontré una batería usada en venta en Silver Spring, Maryland. Por fe, decidí comprarla, pero me exigió toda la fe que tenía porque se llevó todo el dinero que teníamos. Nuestros ingresos mensuales eran de dos mil dólares, y de entrada teníamos que disponer de mil seiscientos para pagar el alquiler de la escuela pública del DC. donde celebrábamos los cultos. Eso nos dejaba cuatrocientos dólares para nuestro sueldo y otros gastos. ¿Cuánto costaba la batería? Cuatrocientos dólares. Dios tiene su forma de empujarnos hasta llevarnos a nuestros límites máximos, ¿no es cierto?

En mi interior, yo sentía en parte que estaba haciendo una tontería. *¿Por qué me estoy gastando todo nuestro dinero en una batería para un baterista que ni siquiera existe?* Pero era nuestro momento para el «campo de los sueños»: «Si la compras, llegarán». Yo sabía que Dios me estaba indicando que diera un paso de fe, y creí que él lo honraría. Compré aquella batería un jueves, y nuestro primer baterista se presentó aquel mismo domingo. Y Dios nos envió al mejor. Cuando no estaba tocando para nosotros los domingos, estaba tocando para dignatarios políticos y militares, como miembro del Cuerpo de Tambores y Cornetas de la Marina de los Estados Unidos.

Pies mojados

Cuando los israelitas estaban a punto de entrar a la Tierra Prometida, Dios ordenó que los sacerdotes no solo miraran hacia el mar, sino que se metieran al río. Se trata de una de las órdenes más contrarias a la intuición humana que aparecen en las Escrituras.

> *«Cuando lleguen a la orilla del Jordán, deténganse [...] Tan pronto como los sacerdotes que llevan el arca del SE-ÑOR soberano de toda la tierra, pongan pie en el Jordán, las aguas dejarán de correr y se detendrán formando un muro».*

No sé qué pensarás tú, pero a mí no me gusta mucho mojarme los pies. Me parecería mucho mejor que Dios abriera el río, y *entonces* yo entrara en el milagro. Nosotros queremos que Dios vaya por delante. De esa manera, no nos mojaremos los pies. Pero muchas veces el hecho de que no estemos dispuestos a dar un paso de fe y mojarnos los pies es lo que impide que experimentemos un milagro. Hay gente que se pasa toda la vida en la orilla oriental del Jordán, en espera de que Dios abra el río, mientras que Dios está esperando a que ellos se mojen los pies.

Después de haber orado con fervor, necesitas tragar saliva y dar un inmenso paso de fe. Así es como se traza un círculo alrededor del milagro.

Unos años antes que compráramos la vieja casa destartalada de Capitol Hill, Lora y yo fuimos a una subasta en vivo en la escuela de nuestros hijos. Uno de los artículos que se estaban subastando era una carpeta de siete u ocho centímetros de ancho donada por la Sociedad de Restauración de Capitol Hill. Contenía todos los códigos de zonificación y las directrices para las nuevas construcciones en Capitol Hill. Yo sabía que necesitaríamos conocer esos códigos de zonificación para poder construir nuestra cafetería en Capitol Hill, pero todavía no éramos dueños de la propiedad. *¿No sería mejor esperar hasta que consiguiéramos el contrato?* Pero sentí que el Espíritu Santo me un pequeño codazo, y di un paso de fe de ochenta y cinco dólares. Era mi manera de mojarme los pies y dar un paso hacia dentro del Jordán. Al fin y al cabo, si uno no está dispuesto a arriesgar ochenta y cinco dólares en su sueño, entonces es muy probable que tampoco esté listo para un milagro de dos millones. Aquella carpeta no solo nos ayudó durante las fases de zonificación y diseño de nuestro proyecto, sino que aún sigue puesta en un lugar especial en mi oficina como un recordatorio de que necesito dar un paso hacia dentro del río; hacia dentro del milagro.

Cuando se inundaba, el río Jordán llegaba a tener alrededor de kilómetro y medio de ancho. Eso era todo lo que separaba a los israelitas de su promesa de cuatrocientos años. Su sueño estaba a un tiro de piedra de distancia. Pero, ¿qué habría sucedido si los sacerdotes no se hubieran metido en el río? ¿Y si hubieran esperado a que Dios les abriera el río Jordán? Muy bien se habrían podido pasar el resto de su vida en la orilla oriental del río Jordán. Y allí es donde muchos de nosotros se pasan toda su vida. Estamos tan cerca del sueño, tan cerca de la promesa, tan cerca del milagro, pero no estamos dispuestos a mojarnos los pies.

Muchas personas nunca ven a Dios abrir el río Jordán en su vida porque tienen los pies firmemente plantados en tierra seca. Estamos esperando a que Dios se mueva, al mismo tiempo que él está esperando a que nosotros nos movamos. Nosotros le decimos a Dios: «¿Por qué no abres este río?». Y él nos dice a nosotros: «¿Por qué no te mojas los pies?». Pero si tú te mueves, verás a Dios moverse. Y él es capaz de mover el cielo y la tierra.

Cuando Dios nos incita a orar

Pedro es el santo patrón de los pies mojados. Es cierto que suspendió el examen de persistencia al quedarse dormido en el huerto de Getsemaní, pero sí aprobó el examen de los pies mojados cuando se salió de la barca en medio del mar de Galilea cuando Jesús le dio una de las órdenes más locas que hay en las Escrituras: «Ven». Se estaba arriesgando mucho más que mojarse los pies. El mar de Galilea es un inmenso tanque de agua de ciento sesenta y seis kilómetros cuadrados de superficie, y él se encontraba en medio de ese tanque, y en medio de la noche.

La clave para salir de la barca está en escuchar la voz de Dios. Si tienes que salirte de la barca en medio de un lago y en plena noche, mejor que te asegures de que Jesús te haya dicho «Ven». Pero si Jesús te dice «Ven», lo mejor que puedes hacer es no quedarte en la barca.

¿Has tenido alguna vez un momento, como le sucedió a Lisa, en el cual el Espíritu Santo te ha indicado durante la oración que hagas algo que parece casi una locura? ¿Has tenido alguna vez un momento, como le sucedió a Pedro, en el cual Dios te ha llamado a hacer algo que te parecía poco seguro? Es tu respuesta a esas indicaciones la que te va a levantar, o a dejar tirado. Tal vez parezca poco seguro, o cosa de locos, pero si te quedas en la barca, nunca vas a caminar sobre el agua.

Hace algunos años, un amigo mío me habló de una de estas indicaciones que había recibido en oración, porque tenía que ver conmigo. Yo me hallaba dando conferencias, lejos de mi familia, cuando Dios despertó a Rick en medio de la noche. Él sintió que el Señor le indicaba que orara por mi familia, y aquella orden divina era tan intensa que despertó a sus compañeros de cuarto. Dicho sea de paso, mejor que te asegures de que esa indicación te viene de Dios, si vas a despertar a tus compañeros de cuarto. Después de orar, sintió que necesitaban tomar el auto y dirigirse a nuestra casa. Así que a las cuatro de la madrugada atravesaron Capitol Hill, se estacionaron frente a nuestro hogar y oraron por mi familia. Después me diría: «Esto nunca me había sucedido antes. No sé por qué Dios me despertó a las cuatro de la mañana, pero nosotros sabíamos que necesitábamos orar por ustedes».

Para serte sincero, no tengo ni idea de la razón por la que Dios le indicó que orara de esa forma, pero algunas de las respuestas más grandiosas de Dios a la oración no nos van a ser reveladas aquí, en este lado de la continuidad de tiempo y espacio, porque son respuestas invisibles. Cuando Dios hace que suceda algo, le podemos dar gracias, porque lo podemos ver. Cuando Dios impide que suceda algo, no sabemos cómo darle gracias porque no sabemos qué fue lo que hizo. Pero algún día él nos revelará esas respuestas invisibles, y nosotros lo alabaremos por ellas.

La oración fervorosa comienza cuando escuchamos el susurro del Espíritu Santo. Y si eres fiel en las cosas pequeñas y obedeces esas pequeñas indicaciones, entonces Dios te podrá usar para hacer grandes cosas.

Vete a pescar

Permíteme una imagen más. Me parece muy adecuada, puesto que orar y pescar son dos cosas muy parecidas. Más que ninguna otra cosa, exigen un alto cociente de persistencia.

Cuando Jesús y sus discípulos llegaron a Capernaúm, los que cobraban el impuesto del templo se acercaron a Pedro y le preguntaron:

—¿Su maestro no paga el impuesto del templo?

—Sí, lo paga —respondió Pedro.

Al entrar Pedro en la casa, se adelantó Jesús a preguntarle:

—¿Tú qué opinas, Simón? Los reyes de la tierra, ¿a quiénes cobran tributos e impuestos: a los suyos o a los demás?

—A los demás —contestó Pedro.

—Entonces los suyos están exentos —le dijo Jesús—. Pero, para no escandalizar a esta gente, vete al lago y echa el anzuelo. Saca el primer pez que pique; ábrele la boca y encontrarás una moneda. Tómala y dásela a ellos por mi impuesto y por el tuyo.

Esta orden hay que clasificarla como una de las más locas de las Escrituras. En parte, me pregunto si Pedro no pensaría que Jesús estaba bromeando. Estaba un poco desconcertado, porque estoy seguro de que Jesús le había hecho más de una travesura.

Entonces, ¿por qué hizo Jesús las cosas de esa manera? Le habría podido conseguir el estatero, la moneda de cuatro dracmas, de una forma más convencional, pero le dijo a Pedro que lo fuera a pescar. Yo creo que hay unas cuantas razones. En primer lugar, a Dios le encanta hacer distintos milagros de formas distintas, porque eso revela dimensiones diferentes de su poder y su personalidad. Pero me pregunto si la mayor razón no sería que Jesús quería ver si Pedro confiaba en él, precisamente en aquello en lo que él tenía la mayor experiencia y autosuficiencia profesional. Como pescador profesional, pescar era la actividad en la cual Pedro se habría sentido más tentado a pensar que no necesitaba de Jesús. Él creía conocer todos los trucos de su oficio de pescador, pero Jesús le quería enseñar un nuevo truco. Lo podríamos llamar el truco de «la moneda en la boca del pez».

Ya sabemos cómo termina esta historia. Pedro atrapa un pez y entrega una moneda con olor a pescado. Pero si has pescado centenares de miles de peces, y ninguno de ellos ha tenido jamás una moneda en la boca, ¿cómo puedes tener fe para creer que el próximo va a tener un estatero? Parece imposible, ¿no es cierto? Pero solo hay una manera de averiguar si Dios va a cumplir su promesa: Obedecer a esa loca indicación que nos hace.

Ahora, permíteme hacerte una pregunta: ¿Dónde sientes que necesitas menos a Dios? ¿Dónde eres más eficaz, más suficiente? Tal vez sea precisamente allí donde Dios quiere que confíes en que él hará algo que se encuentra por encima de tu capacidad. Justamente cuando tú piensas que ya conoces bien a Dios, es cuando él saca una moneda de la boca de un pez. Y son los caminos extraños y misteriosos de Dios los que renuevan nuestro asombro, nuestra confianza y nuestra dependencia.

Te lo voy a decir con toda claridad: Si quieres ver milagros locos, obedece a los impulsos locos del Espíritu Santo. Toma tu caña de pescar, dirígete al lago, rema en tu bote, tira el cordel, deja que el anzuelo haga su labor y recoge el cordel. Si obedeces a las indicaciones de Dios, arrojando tu cordel, nunca sabes qué clase de milagro vas a atrapar en el otro extremo del cordel.

Vete a pescar.

Capítulo 11

Sin respuesta

Durante gran parte de mi vida, el baloncesto lo era todo para mí. Cuando me gradué de la escuela secundaria, me fui a la Universidad de Chicago con una beca completa y me gané una posición de principiante en el equipo de baloncesto al final de mi primer año. Después pasé al Central Bible College, donde ganamos los honores de primer equipo de la nación en mi temporada de último año. Por supuesto, era la NCCAA, no la NCAA. La otra C es por «cristiana». Yo era el que más puntos anotaba, con un promedio de 21,3 puntos por juego, y éramos los favoritos para ganar el campeonato nacional; el de la NCCAA.

Estaba teniendo mi mejor temporada de todos los tiempos, y no me estaba limitando a jugar bien; estaba jugando para Dios. Quería ganar un campeonato nacional, porque pensaba que sería una manera excelente de glorificar a Dios, pero ese sueño murió con un giro hacia la canasta, en el cual se me dobló la rodilla derecha. Dos semanas antes del torneo nacional, mi carrera en el baloncesto llegó a un doloroso fin con un desgarramiento del ligamiento cruzado anterior.

Para serte sincero, el dolor espiritual fue peor que el físico. Al principio, estaba enojado. *Señor, yo estaba jugando para ti. ¿Cómo pudiste permitir que esto pasara?* Finalmente, mi enojo se convirtió en lamento, y después mi lamento se convirtió en súplica. Recuerdo haber orado en oración, suplicándole a Dios que me sanara la rodilla. Yo sabía que él podía hacerlo, pero por razones que me son desconocidas, decidió no hacerlo. Me quedé relegado a darles ánimo a mis compañeros de equipo, y perdimos en las semifinales. En el cuadro general de las cosas, me doy cuenta de que un juego solo es un juego, pero fue una amarga desilusión. Y todavía no sé el porqué.

Entre los momentos más duros de la vida están aquellos en los que has orado con fervor, pero la respuesta es un no, y tú no sabes la razón. Y tal vez nunca la llegues a saber. Pero esa es la prueba infalible de la confianza. ¿Confías en que Dios está de tu parte aunque no te dé lo que le pediste? ¿Confías en que tiene razones que están por encima de tu razón? ¿Confías en que su plan es mejor que el tuyo.

Yo tengo un archivo sobre Deuteronomio 29:29 que está lleno de preguntas sin respuesta. Sencillamente afirma que hay algunos misterios que no van a ser revelados hasta que no pasemos a la eternidad. No comprendo por qué Dios no me quiso sanar la rodilla. No comprendo porque mi suegro pasó a mejor vida a tan temprana edad. No comprendo porque hay personas a las que queremos, que han perdido bebés. Tengo un montón de preguntas sin responder, y muchas de ellas se derivan de oraciones que no obtuvieron respuesta.

Lo más difícil en cuanto a orar con fervor es soportar las oraciones que no son respondidas. Si no guardas tu corazón, una ira no resuelta dirigida a Dios puede socavar tu fe. Algunas veces tu única opción es confiar porque es la última carta que tienes en la mano, pero es el comodín. Si puedes confiar en Dios cuando su respuesta es un no, es muy probable que lo alabes cuando la respuesta sea un sí. Necesitas ser fuerte y seguir adelante. Por definición, orar con fervor es orar cuando es difícil orar. Y son los tiempos difíciles los que nos enseñan a orar con fervor. Pero si sigues orando con persistencia, la paz que sobrepasa todo entendimiento guardará tu corazón y tu mente.

Así que, algunas veces, la respuesta a tus oraciones es un no, y nunca comprenderás por qué. Pero te tengo una buena noticia: Lo que nosotros percibimos como una oración sin respuesta, muchas veces termina siendo la mejor de las respuestas.

Señor, ¿qué está pasando?

Durante los dos primeros años después de fundar la iglesia, la oficina de nuestra iglesia estaba en el dormitorio extra que teníamos en nuestro hogar. Era una manera muy cómoda de llegar al trabajo, pero terminó convirtiéndose en una inmensa incomodidad cuando nació nuestra hija Summer. Nuestro cuarto libre se convertía en su dormitorio por la noche y mi oficina por el día. Yo armaba su cuna portátil por la noche y la volvía a desarmar por la mañana. Aquello me cansó muy pronto, así que comenzamos a buscar un espacio de oficina.

Después de varios meses de buscar, finalmente encontré una casa en los cuatrocientos de la calle F del NE que podríamos convertir en oficinas. Tenía una ubicación perfecta, a mitad de distancia entre nuestra casa y la Union Station, con una distribución perfecta de los espacios. Oramos para que Dios nos diera ese contrato, pero cuando presentamos la oferta a la mañana siguiente, descubrimos que alguien se nos había adelantado la noche anterior. Lo sentí como uno de esos puñetazos en el vientre que lo dejan a uno sin aire. Yo estaba seguro de que aquella casa era la respuesta que andábamos buscando, así que me sentía confuso y frustrado.

Necesité unos cuantos días para recuperarme de aquella desilusión, pero seguimos buscando. Varias semanas más tarde, hallamos una casa en los seiscientos de la 3ª calle del NE, a solo dos calles de la Union Station. Era aún más perfecta que el lugar anterior, así que oramos más fuerte todavía. Una vez más, cuando presentamos la oferta a la mañana siguiente, descubrimos que alguien se nos había vuelto a adelantar la noche anterior. Aquello fue como un segundo puñetazo que nos dejó sin fe.

Después de dos amargas desilusiones, me encogí de hombros. Era uno de esos momentos de «Señor, ¿qué está pasando?». No solo se trataba de que Dios no estaba respondiendo a nuestras oraciones, sino que parecía como si se estuviera oponiendo a nuestros esfuerzos. Era como si en realidad Dios estuviera interfiriendo. Y eso mismo era. Y me alegro de que lo hiciera.

Las respuestas más grandes

Dos semanas más tarde, después de dos oraciones sin responder, yo iba a pie desde la Union Station hasta mi casa. Al pasar junto al 205 de la calle F, el Espíritu Santo me refrescó la memoria, y surgió un nombre desde los más profundos rincones de mi memoria a largo plazo. Yo había conocido al dueño un año antes, pero no soy muy bueno para recordar nombres. Sinceramente, me preguntaba si realmente se llamaba *Robert Thomas*. Pero de una u otra forma, me sentí impulsado a llamarlo.

No había ningún letrero en la propiedad indicando que estaba a la venta, pero yo sabía que necesitaba obedecer aquel impulso nacido de la oración, así que busqué su nombre en las páginas amarillas y encontré varios teléfonos a nombre de un Robert Thomas. Traté de adivinar cuál sería, y marqué uno de ellos. Cuando él respondió, yo le dije: «Hola, le habla Mark Batterson. No sé si usted me recuerda, pero…». Él ni siquiera me dejó terminar de hablar. Me interrumpió diciéndome: «Ahora mismo estaba pensando en usted. Estoy pensando en vender el 205 de la calle F, y quería saber si usted estaría interesado en comprarlo antes de ponerlo en el mercado».

Solo Dios.

Aquella casa se convirtió en nuestra primera oficina, pero más importante todavía que su función, era su ubicación. El 205 de la calle F comparte pared con el 201. Nosotros comenzamos a imponer las manos sobre esa pared común, y a pedirle a Dios que nos diera la vieja casa destartalada que había al lado. Yo me negué a creer que era una simple coincidencia. Preferí creer que era algo providencial. Y lo era.

Si Dios hubiera respondido nuestras oraciones cuando le pedimos la casa de los cuatrocientos de la calle F, o la de los seiscientos de la 3ª calle, nos habría dado lo segundo o lo tercero en calidad. Yo estaba frustrado y confuso porque parecían buenas opciones, pero no eran la *mejor* de todas. Y Dios no se conforma con lo que es bueno. En su providencia, él sabía que nosotros necesitábamos el 205 de la calle F, si finalmente íbamos a comprar el 201. Debido a la construcción y a las complicaciones de la zonificación, nos habría sido imposible construir nuestra cafetería en el 201 de la calle F si no hubiéramos sido los propietarios del 205.

¡Le doy gracias a Dios por las oraciones no respondidas!

Nuestro Padre celestial es demasiado sabio y nos ama demasiado para darnos todo lo que le pedimos. Algún día le daremos tantas gracias o más por las oraciones que él no nos respondió, que por aquellas en que sí lo hizo. Nuestra frustración se convertirá en celebración si oramos con persistencia y paciencia, sin desmayar. Tal vez carezca de sentido todo durante algunos años. De hecho, tal vez nunca llegue a tenerlo de este lado de la eternidad. Pero he aprendido una valiosa lección acerca de las oraciones sin responder: *Algunas veces, Dios interfiere en nuestro camino, para enseñarnos el camino.*

Asnas parlantes

Uno de los milagros más extravagantes de la Biblia tiene que ver con un asna parlante. Un profeta llamado Balán se dirige hacia Moab porque le han ofrecido una buena paga si maldice a los israelitas. Mientras va de camino, un ángel del Señor se le atraviesa. Balán no ve al ángel, pero su asna sí. El asna le salva tres veces la vida a Balán deteniéndose, pero Balán se siente furioso con aquella torpe asna. Entonces es cuando Dios le abre la boca al asna, que le dice a Balán: «¿Se puede saber qué te he hecho, para que me hayas pegado tres veces?». ¿Cuál fue la respuesta de Balán a aquella asna que le había salvado la vida tres veces? «¡Te has venido burlando de mí! Si hubiera tenido una espada en la mano, te habría matado de inmediato».

Para serte sincero, ¡no creo que ninguno de nosotros sepa cómo respondería si uno de sus animales domésticos le comenzara a hablar! Pero Balán estaba tan furioso, que no estaba ya en sus cabales. ¡Amigo, si tienes un asna parlante en las manos, lo último que se te ocurriría hacer sería matarla! Ya no necesitarías ni siquiera la buena paga que te han prometido. Vas a hacer una fortuna. Te puedes llevar tu asna parlante a todas partes. Tal vez montar un espectáculo en Las Vegas.

Me encanta la respuesta tan racional que le da el asna. Y no puedo menos que preguntarme si usaría un distinguido acento británico para que estuviera a la altura de su superior intelecto. «¿No soy yo tu asna? Sobre mí has cabalgado desde que tú me tienes hasta este día; ¿he acostumbrado hacerlo así contigo?».

El profeta más respetado del mundo antiguo se quedó sin nada que replicar. Su única respuesta a su erudita asna es «No». Y es probable que lo dijera entre dientes.

Entonces el Señor le abrió los ojos a Balán, para que viera a su ángel, el cual le dijo lo siguiente al profeta:

«¿No te das cuenta de que vengo dispuesto a no dejarte pasar porque he visto que tus caminos son malos? Cuando la burra me vio, se apartó de mí tres veces. De no haber sido por ella, tú estarías ya muerto y ella seguiría con vida».

A veces nos ponemos tan furiosos como Balán cuando no podemos llegar a donde queremos ir. ¡Detestamos los desvíos! Son frustrantes. Confunden. Pero los desvíos divinos muchas veces nos llevan donde Dios quiere que vayamos. El verdadero milagro de esta historia no es el asna que habló; el verdadero milagro es un Dios que nos ama lo suficiente para interferir en nuestro camino cuando vamos por un camino equivocado. Estos son los milagros que no queremos, pero son los que necesitamos. Y cuando miro a mi propio pasado, me siento agradecido por los momentos en que Dios se interpuso en el camino de mis planes y me cambió la ruta. Lo que parece una oración sin respuesta significa que Dios tiene una respuesta mejor.

Cuando yo estaba en el último año del colegio universitario, me ofrecieron una posición en el personal junto a uno de mis héroes en el ministerio. Era un líder y comunicador increíblemente carismático. A mí me parecía el trabajo de mis sueños, pero mientras caminaba por la galería de nuestra capilla orando sobre este asunto, sentí una advertencia en mi espíritu. Me dio la impresión de que Dios estaba interfiriendo en mi camino. Sabía que tenía que responder que no, pero no sabía por qué. Rechacé aquella oferta y lo que hice fue pasar a los estudios superiores. Menos de un año más tarde, este pastor tuvo una aventura amorosa, dejó su familia y su iglesia, y terminó suicidándose. No tengo duda alguna de que Dios me habría podido proteger en esa situación, pero lo que hizo fue apartarme totalmente de ella. Me cambió la ruta de Missouri a Illinois.

Luego, mientras estaba asistiendo al seminario en la zona de Chicago, traté de fundar una iglesia, pero una vez más, sentí que Dios se interponía en mi camino. No eran ni el momento ni el lugar oportunos. Aquella fundación se desplomó, y Dios nos volvió a cambiar el camino desde Illinois hasta Washington, DC. Y estoy muy satisfecho de que lo hiciera. No querría estar en ningún otro lugar, haciendo ninguna otra cosa con ninguna otra persona. Nuestro destino estaba en el DC, pero Dios tuvo que interrumpir mi camino unas cuantas veces para llevarnos allí. Tuvo que dejar sin responder unas pocas oraciones, para podernos dar una respuesta mejor.

Le estoy muy agradecido a Dios por no responder a todas mis oraciones. ¿Quién sabe dónde estaría yo? Pero parte de este esfuerzo por orar sin desmayar consiste en perseverar en la oración, aun cuando no recibamos la respuesta que queremos. Es tomar la decisión de creer que Dios tiene un plan mejor. ¡Y siempre lo tiene!

La llave de David

«Esto dice el Santo, el Verdadero, el que tiene la llave de David, el que abre y nadie puede cerrar, el que cierra y nadie puede abrir: Conozco tus obras. Mira que delante de ti he dejado abierta una puerta que nadie puede cerrar».

Una de las promesas alrededor de las cuales he trazado círculos es Apocalipsis 3:7-8. He orado esta promesa centenares de veces y en centenares de maneras distintas. He visto a Dios abrir unas puertas a las cuales yo nunca me habría podido imaginar que tendría acceso. He hecho cosas, ido a lugares y conocido gente que no tenía razón de hacer, ir o conocer. Recientemente almorcé con un expresidente, mientras pensaba en mis adentros: *Algunas veces nunca podrás saber siempre.* Ciertamente, aquello no era algo que yo habría podido organizar, pero cuando se siguen los pasos de Jesús, nunca se sabe qué puerta él podrá abrir.

La llave de David es una alusión a Eliaquín, el mayordomo del palacio de David. Aquella llave no era solamente una manera de entrar; era un símbolo de autoridad. No había puerta ni cerradura que Eliaquín no pudiera cerrar o abrir. Jesucristo, el Hijo de Dios, es quien tiene ahora la llave de David, y nos da acceso a esta promesa y a todas las demás promesas.

La imagen que me viene a la mente cuando pienso en esa promesa de puertas abiertas es la secuencia con la que comienza la serie de televisión llamada *Superagente 86*. Hasta puedo escuchar el tema musical. Maxwell Smart pasa siete tipos distintos de puertas que se abren automáticamente mientras él se dirige al cuartel general de CONTROL, lugar de alta seguridad. La oración es así. Tiene su manera de abrir las puertas que se deben abrir, y en el momento en que lo deben hacer, aunque nosotros estemos tan despistados como el Agente 86.

La primera vez que tracé un círculo alrededor de esta promesa de puertas abiertas fue en 1996.

Permíteme recorrer de nuevo el círculo que tracé.

La alfombra roja

Acabábamos de recibir la notificación de que la escuela pública del DC donde la National Community Church se reunía iba a ser cerrada a causa de ciertas violaciones al código de incendios. Estábamos a punto de convertirnos en una iglesia sin albergue, y no teníamos dónde ir. Vimos por lo menos veinticinco opciones diferentes, pero todas las puertas a las que tocamos se nos cerraron en nuestra cara de un portazo. Fue entonces cuando me atreví a soñar en grande y orar con fervor. Y aunque ya te he relatado la historia de nuestro acercamiento al gerente de los cines de la Union Station, aquí tienes ahora el resto de la historia.

Antes de preguntarle al gerente si podríamos alquilar los cines los domingos por la mañana, oré haciendo siete círculos alrededor de la Union Station. No fue fácil tarea irme abriendo paso a través de la gente que buscaba transporte, los taxis y los autobuses de turistas. De hecho, hice siete círculos de oración alrededor de la Union Station en varias ocasiones. Mientras más valor necesito, más círculos hago. Por fin, después de darle a la Union Station los círculos suficientes como para reunir el valor que necesitaba, entré por las puertas del frente, atravesé el Gran Salón, descendí por la escalera automática hasta debajo de la marquesina y entré al teatro.

Cuando se cerraron las puertas de aquella escuela pública del DC, me parecía que la iglesia se iba a destruir. Habría debido saber que Dios estaba preparando el terreno. Tres días antes de entrar al teatro, la compañía AMC Theatres comenzó un programa nacional para reclutar negocios e instituciones sin fines lucrativos que usaran sus teatros cuando las pantallas estuvieran apagadas. Que yo sepa, nosotros fuimos el primer grupo que respondió a aquella iniciativa, y no teníamos ni idea de que existía. Pero Dios sí. Y Dios no solo nos abrió una asombrosa puerta de oportunidad, sino que nos extendió por delante la alfombra roja.

Cuando iba saliendo de la Union Station, después de firmar un contrato de alquiler con el teatro, tomé un ejemplar de *A History of Washington's Grand Terminal* [Una historia de la Gran Terminal de Washington]. Lo abrí enseguida, y la primera cosa que vi fue una frase en cursiva que había en la primera página: «y para otros propósitos».

Esa frase formaba parte de la Ley del Congreso firmada por Teddy Roosevelt el 28 de febrero de 1903. Se limitaba a decir: «Una Ley del Congreso para crear una Estación de la Unión y para otros propósitos». Fue esta última frase, *y para otros propósitos*, la que saltó de la página y me llegó al espíritu. Cerca de cien años después de aprobada esa ley, la Union Station comenzó a servir a los *propósitos de Dios* por medio del ministerio de la National Community Church. Roosevelt pensaba que estaba construyendo una terminal de ferrocarril. No tenía idea de que estaba construyendo una iglesia; una iglesia con un sistema de transporte masivo, garaje para el estacionamiento y una plaza con cuarenta restaurantes, nada menos. ¡Y nuestra campaña capital había sido hecha con fondos del Congreso!

Cuando recuerdo aquellos momentos, me río del hecho de que estuviéramos tan asustados cuando se cerraron las puertas de la escuela Giddings. Si Dios no hubiera cerrado esas puertas, nosotros nunca habríamos buscado una puerta abierta en la Union Station. Y esa es la forma en que Dios obra: Él cierra puertas con el fin de abrir otras puertas más grandes y mejores.

En los últimos años, me he dado cuenta de que solo tracé un círculo alrededor de la mitad de la promesa que aparece en Apocalipsis 3:8. Oré para que se abrieran puertas, pero no para que se cerraran. Francamente, nos encanta que Dios nos abra puertas. ¿Y cuando nos cierra de golpe una puerta en la cara? ¡No nos gusta tanto! Pero no se puede trazar solo un semicírculo alrededor de una promesa. Todo va en el mismo paquete. No se puede orar para pedir puertas abiertas, a menos que se esté dispuesto a aceptar que se cierren otras puertas, porque una cosa lleva a la otra.

Dicho sea de paso, esta escuela pública del DC se volvió a abrir finalmente como el Results Gym, del que yo soy miembro. Cada vez que entro por esas puertas, le doy gracias a Dios por habérnoslas cerrado a nosotros. Todo funcionó como hacía falta, literalmente.

Mantengan sus posiciones

Trece años después de entrar por las puertas abiertas de la Union Station, esas puertas se nos cerraron de golpe. En octubre de 2009, un lunes por la mañana, recibí una llamada telefónica de la gerente de los cines de la Union Station para informarme que la gerencia de la Union Station estaba cerrando los cines. Como si el golpe no fuera lo suficientemente fuerte, me informó que el domingo siguiente sería nuestro último domingo allí. Ni siquiera teníamos tiempo para lamentarnos, porque teníamos seis días para pensar en la forma de darle la noticia a nuestra congregación y descifrar qué debíamos hacer después. Mi mente giraba a toda velocidad.

Parte de la razón por la que aquella llamada telefónica había sido tan devastadora, era que nosotros habíamos orado muy intensamente para que Dios nos ayudara milagrosamente a comprar aquellos cines. En lugar de suceder esto, habíamos perdido el contrato de alquiler. En nuestro corazón sabíamos que Dios era el único que podía cerrar las puertas que él mismo había abierto milagrosamente, pero aun así, nos parecía una especie de antimilagro. No teníamos la menor idea de dónde ir ni qué hacer, pero entonces es cuando Dios nos tiene exactamente donde nos quería tener.

Aquella semana, todo nuestro equipo tenía programado asistir a la conferencia Catalyst, en Atlanta, Georgia. Me sentí tentado a cancelar el viaje para seguir trabajando en un plan de evacuación de emergencia para la Union Station. Parecía un momento terrible para que aquello sucediera, pero era el momento perfecto. Algunas veces nos tenemos que salir de nuestra rutina para que Dios nos pueda hablar de una manera ajena a esa rutina. Yo sabía que aquel fin de semana no me podría limitar a predicar un sermón; necesitaba una palabra del Señor. Y Dios me dio una. Durante una de las sesiones de enseñanza, Dios me dio una promesa en la cual apoyarme, y yo apoyé todo mi peso en Éxodo 14:13-14:

> *«No tengan miedo —les respondió Moisés—. Mantengan sus posiciones, que hoy mismo serán testigos de la salvación que el Señor realizará en favor de ustedes. A esos egipcios que hoy ven, ¡jamás volverán a verlos! Ustedes quédense quietos, que el Señor presentará batalla por ustedes».*

¿Qué era lo más difícil que se podía hacer cuando se veía venir al ejército egipcio a la carga y a toda velocidad? Lo más difícil de hacer es precisamente lo que Dios les dijo que hicieran: *mantener sus posiciones*. Dios no solo juega a los gallitos, sino que también juega a triunfar. Cuando nosotros nos encontramos en esta clase de situación, queremos hacer algo, lo que sea. Tenemos una energía nerviosa que quiere resolver el problema tan pronto como nos sea posible. Pero Dios les dijo a ellos que no hicieran otra cosa más que orar. Mientras más cerca estaba el ejército egipcio, más intensas se volvían sus oraciones. Cerraron con fuerza sus mandíbulas. Se mantuvieron firmes en su suelo santo. Oraron como nunca antes habían orado.

En el momento preciso

A todos nos encantan los milagros. Todo lo que sucede es que no nos gusta hallarnos en una situación donde se necesite uno. Detestamos hallarnos entre un ejército egipcio y un mar Rojo, pero así es como Dios revela su gloria. Queremos que Dios abra el mar Rojo cuando el ejército egipcio aún se encuentra en Egipto. Queremos que Dios atienda nuestras necesidades, incluso antes que las tengamos. Pero a veces Dios espera. Y después, espera un poco más. Al principio todo lo que veían los israelitas era una nube de polvo en la distancia. Después pudieron oír los cascos de los caballos y las ruedas de los carros. Más tarde, estaban tan cerca, que podían reconocer los rostros de los que habían sido sus capataces.

Los israelitas eran un blanco fácil, y Dios era el que los había llevado a aquel lugar. Tal parece que había cometido un error táctico, ¿no es cierto? Yo no soy general, pero he recorrido el plan general de suficientes casas para saber que uno siempre planifica una ruta de escape. Sin embargo, Dios los hace acampar en un lugar donde no hay manera de huir en retirada. Pienso que esto revela algo acerca de sus maniobras secretas. Algunas veces Dios nos lleva a un lugar desde el cual no tenemos hacia dónde dirigirnos más que hacia él; la única opción que tenemos es confiar en él.

Entonces, ¿por qué esperó Dios al último segundo para entrar en acción? ¿Por qué permitió que el ejército egipcio se les acercara tanto? ¡Porque así tú podrías hacer una película acerca de aquel incidente algún día! Y a nosotros nos encantan este tipo de películas, ¿no es así? A menos, por supuesto, que nos hallemos en medio de una de ellas. Una vez más, el Dios que nos provee *justo lo suficiente*, es el que abrió el mar Rojo *justo a tiempo*.

Orar con persistencia es confiar en que Dios peleará nuestras batallas. Es la forma en que sacamos las manos de los retos a los que nos enfrentamos, y se los ponemos en sus manos al Dios Omnipotente. Y él sí que los puede manejar. Lo más difícil de todo es quitar nuestras manos de encima del problema.

Cuando se nos cerró la Union Station, yo quería resolver el problema, pero no podía. Todo lo que podía hacer era mantener mi posición. Nunca me había sentido más impotente como líder, pero tampoco me había sentido nunca tan lleno de energía. Me sentía como Moisés cuando me presenté aquel día delante de nuestra congregación y me mantuve firme en esta promesa: «No sé lo que vamos a hacer, pero sí sé que no somos nosotros los que lo vamos a hacer. No nos vamos a dejar dominar por el miedo. Vamos a mantener nuestra posición. Y vamos a ver la liberación del Señor».

Y Dios nos libró.

Menos de un año después de cerrársenos aquellas puertas, Dios nos abrió dos grupos de puertas en el Gala Theatre, en Columbia Heights, y Potomac Yard, en Crystal City, nuestros sitios quinto y sexto. Aquella puerta cerrada nos hizo comenzar a buscar una propiedad, y eso nos llevó a comprar la última propiedad disponible en Capitol Hill. Y lo que yo no sabía entonces es que esas puertas cerradas en la Union Station nos llevarían al mayor milagro en la historia de la National Community Church. Dios abrió una puerta que tenía puesto un cerrojo.

Tercera parte

El tercer círculo:
Piensa a largo plazo

Ya cerca del final de su vida, Honi el hacedor de círculos iba por un camino de tierra cuando vio a un hombre plantando un algarrobo. Honi, que siempre había sido un sabio inquisitivo, le preguntó: «¿Cuánto tiempo le llevará dar fruto a este árbol?». El hombre le contestó: «Setenta años». Honi le dijo: «¿Estás seguro de que vas a vivir otros setenta años para comer de su fruto?». El hombre le contestó: «Tal vez no. Sin embargo, cuando yo nací a este mundo, me encontré muchos algarrobos plantados por mi padre y mi abuelo. Así como ellos plantaron árboles para mí, ahora yo estoy plantando árboles para que mis hijos y mis nietos puedan comer del fruto de ellos».

Este incidente llevó a una comprensión que cambió la forma de orar de Honi. En un momento de revelación, el hacedor de círculos comprendió que orar es sembrar. Cada oración es como una semilla que sembramos en el suelo. Desaparece por una temporada, pero finalmente da un fruto que bendice a las generaciones futuras. De hecho, nuestras oraciones dan fruto para siempre.

Aunque nosotros muramos, nuestras oraciones no mueren. Cada oración adquiere una vida; una vida eterna y propia. Yo lo sé, gracias a los momentos de mi vida en los cuales el Espíritu Santo me ha recordado que las oraciones de mis abuelos son respondidas en mi vida en estos mismos momentos. Sus oraciones los sobrevivieron.

La oración es la herencia que recibimos y el legado que dejamos. Honi, el hacedor de círculos, no hizo únicamente la oración que salvó a una generación; sus oraciones perennes fueron respondidas también en la generación siguiente. Su nieto, Abba Hilkíah, heredó el legado de oración que había dejado su abuelo. Durante las sequías, el pueblo de Israel acudía a su puerta. Entonces Hilkíah subía a la azotea de su techo para orar pidiendo lluvia, tal como lo había hecho su abuelo.

Cuando oramos, nuestras oraciones se salen de nuestra propia realidad de espacio y tiempo. No tenemos restricciones ni de espacio ni de tiempo porque el Dios que las responde existe fuera del espacio y el tiempo que él mismo creó. Nunca sabremos cuándo su respuesta ajena al tiempo reentrará en la atmósfera de nuestra vida, y eso nos debería llenar de una santa expectación. Nunca subestimes su capacidad para manifestarse en cualquier momento, cualquier lugar y cualquier forma. Él tiene respuestas infinitas a nuestras oraciones finitas. Y las responde en más de una ocasión. Las responde para siempre. Por supuesto, el problema está en que nosotros queremos resultados inmediatos. Está muy bien eso de «para siempre», pero nosotros queremos nuestra respuesta al instante.

Cuando el comediante ruso Yakov Smirnoff emigró a los Estados Unidos, dijo que lo que más le agradaba de la nación eran las tiendas de víveres. Esto es lo que dijo: «Nunca olvidaré cuando iba caminando por uno de los pasillos y vi leche en polvo; bastaba con añadirle agua y ya tenemos leche. Junto a ella había jugo de naranja en polvo; bastaba con añadirle agua y tenemos jugo de naranja. Luego vi talco de niños, y pensé:¡*Qué país!*».

Vivimos en una cultura en la que todo hay que resolverlo y arreglarlo con rapidez y en un tiempo real. Entre los cintillos con noticias y el Twitter, siempre sabemos todo lo que pasa, y siempre estamos en el presente. No solo queremos tener nuestro pastel y comérnoslo también; queremos la marca *instantánea*. Queremos cosechar un segundo después de haber sembrado, pero así no es como funcionan las cosas cuando se trata de soñar en grande y orar con fervor. Necesitamos la paciencia del que planta. Necesitamos la previsión del agricultor. Necesitamos la mentalidad del sembrador.

Como estamos rodeados de tecnologías que hacen nuestra vida más rápida y más fácil, tendemos a pensar en las realidades espirituales en función de todo esto. Pero casi todas las realidades espirituales de las Escrituras se hallan descritas en términos agrícolas como cosas que llevan *más tiempo* y son *más difíciles*. Queremos que las cosas sucedan a la velocidad de la luz, en lugar de producirse a la velocidad de una semilla sembrada en el suelo. Queremos que nuestros sueños se conviertan en realidad de un día para otro. Queremos que nuestras oraciones sean respondidas de inmediato, si no se puede antes. Pero la clave para soñar en grande y orar con fervor es *pensar a largo plazo*. En lugar de pensar en función de nosotros mismos, debemos pensar en función de nuestros hijos y nuestros nietos. En lugar de pensar en ciclos de siete días, debemos pensar en función de tiempos de setenta años, como lo hizo Honi, el hacedor de círculos.

En la isla sueca de Visingsö hay un misterioso robledo. Misterioso, porque los robles no son nativos de la isla, y su origen fue desconocido durante más de un siglo. Entonces, en el año 1980, la Marina Sueca recibió una carta del Departamento Forestal en la cual se le reportaba que la madera para la construcción de barcos que había pedido ya estaba lista. La Marina ni siquiera sabía que hubiera pedido madera alguna. Después de un poco de investigación histórica, se descubrió que en 1829, el Parlamento Sueco, reconociendo que a los robles les toma ciento cincuenta años madurar, y previendo una escasez de madera para principios del siglo veintiuno, ordenó que se plantaran veinte mil robles en Visingsö y se les diera protección para la Marina.

Eso es pensar a largo plazo.

Dicho sea de paso, el único que puso objeciones fue el obispo de Strängnäs. Este no dudaba que todavía hubiera guerras que pelear a fines del siglo veinte, pero fue el único que anticipó que ya para esas fechas, era muy probable que los barcos se estuvieran construyendo con otros materiales.

Una dimensión que tiene el que pensemos a largo plazo es *pensar diferente*, y la oración es la clave de ambas cosas. La oración no se limita a cambiar las circunstancias. Lo más importante que hace es cambiarnos a nosotros. No solo altera las realidades externas, sino que también altera las realidades internas para que veamos con los ojos del espíritu. Nos da visión periférica. Corrige nuestra miopía. Nos capacita para ver más allá de nuestras circunstancias, de nosotros mismos y del tiempo.

No basta con soñar en grande y orar con fervor. También hay que pensar a largo plazo. Si no lo haces, experimentarás diversos grados de desaliento. ¿Por qué? Porque nosotros tendemos a sobrestimar lo que podemos lograr en un año. Por supuesto, también tendemos a subestimar lo que podemos lograr en una década. Mientras mayor sea la visión, con mayor fervor tendrás que orar y más a largo plazo tendrás que pensar. Pero si te mantienes trazando círculos, las cosas sucederán en el momento de Dios.

La visión 2020 de la National Community Church es tener veinte locales para el año 2020. No se trata solo de soñar en grande, sino también de pensar a largo plazo. Cuando me siento desanimado, nueve de cada diez veces se debe a que he perdido mi perspectiva sobre el algarrobo. ¿La solución? Pensar a largo plazo. Me tengo que recordar a mí mismo el poder de Dios, que no conoce limitaciones de espacio ni de tiempo. Me tengo que recordar a mí mismo la fidelidad de Dios en cuanto a responder mis oraciones, incluso después de mucho tiempo de haberme yo marchado de esta tierra.

Capítulo 12

Largo y aburrido

Hace poco tuve el honor de hacer la invocación en la reunión de beneficio anual para la Misión Internacional de Justicia, en el Omni Shoreham de Washington, DC. Mi amigo Gary Haugen, el fundador de la Misión, relató la historia de una niña de trece años que fue rescatada milagrosamente de un burdel en las Filipinas. Es duro escuchar los horrores que tuvo que soportar, sobre todo cuando uno tiene una hija también de trece años de edad. Entonces, Gari nos mostró una foto de su rostro sonriente.

Solo Dios.

Él es el Dios que sana corazones y restaura sonrisas.

Como a muchas otras chicas esclavizadas en la oscuridad total del tráfico sexual, no se le permitía salir de la casa. Nunca. Imagínate lo que es no ver la luz del día, ni sentir el calor del sol durante años y años. Entonces, por medio de los esfuerzos legales de la IJM, fue rescatada.

Nunca olvidaré la forma en que Gary lo describió. Puso una nueva versión de Sara Groves del canto «El libro del amor», de Peter Gabriel, y sacó de él una línea de la letra. La melodía es pegajosa, pero la letra me atrapó. Desde entonces, ha estado resonando como un eco en mi corteza cerebral auditiva. Tal vez parezca una violenta crítica, pero pienso que es una celebración del «amor largo». Mientras más tiempo hayas estado enamorado, más sentido le encontrarás.

El libro del amor es largo y aburrido... Está repleto de gráficas y datos y cifras... Pero me encanta cuanto me lo lees.

Luego Gary usó una frase de esa línea del canto —«largo y aburrido»— para describir el proceso de rescatar del burdel a aquella jovencita. Hicieron falta cincuenta viajes largos y aburridos a un tribunal que se hallaba a doce horas de la oficina de la IJM. Necesitó seis mil cien horas largas y aburridas que había que pagar, dedicadas a someter y volver a someter documentos, de los cuales, por supuesto, la jovencita no podía pagar ni un solo centavo. Y quién sabe cuántos círculos de oración largos y aburridos fueron trazados alrededor de aquel burdel y de aquella jovencita.

Orar con persistencia es algo largo y aburrido, pero es el precio que se paga por los milagros. Y por largo y aburrido que sea, no se le puede poner precio a una niña rescatada de las tinieblas y sacada a la luz. Eso sí que no tiene nada de aburrido, pero son muy pocos los que están dispuestos a amar tanto tiempo u orar con tanto fervor.

La IJM es el catalizador de centenares de milagros largos y aburridos cada año, y yo creo saber por qué. Lo descubrí cuando me senté en una de las reuniones de su personal. Se habría debido considerar como una reunión de oración. Al mismo tiempo que causaba convicción, daba inspiración. Causaba convicción, porque oraban con muchísima mayor intensidad y deliberación que nosotros, pero me inspiraba a convertir la oración en nuestra principal prioridad. No estoy hablando acerca de la clase de oración que es el primer punto de la agenda. Estoy hablando del tipo de oración que es la agenda. Desde que las reuniones de nuestro personal se han convertido en reuniones de oración, he llegado a la convicción de que una oración puede lograr más que mil planes. No puedo menos que preguntarme qué sucedería si hubiera más reuniones de personal que se convirtieran en reuniones de oración. Me imagino que esas reuniones largas y aburridas tendrían por resultado muchos más milagros emocionantes.

Como todos los buenos abogados, los abogados de la IJM saben trabajar como si las cosas dependieran de ellos, pero también saben orar como si dependieran de Dios. Esto es una combinación letal cuando se trata de combatir la injusticia. Si estás dispuesto a soñar en grande, *y* a orar con fervor, *y* a pensar a largo plazo, es muy posible que fueras capaz de hacer que los reyes cayeran de rodillas y los leones se quedaran con las fauces cerradas.

Detente, tírate y ora

Una de mis pinturas favoritas en la Galería Nacional de Arte es el cuadro de dimensiones superiores a las normales donde aparece Daniel en el foso de los leones, pintado por el artista flamenco Sir Peter Paul Rubens. Daniel aparece musculoso, hasta el punto de que hoy en día podría ser sospechoso de usar esteroides (y quién sabe; tal vez sea una descripción precisa), pero mucho más grande que su físico externo es su fortaleza interna. Su cociente de persistencia no tiene paralelo, como lo evidencia su costumbre de arrodillarse tres veces al día para orar mirando hacia Jerusalén a través de una ventana abierta. Hasta cuando el rey Darío prohibió la oración, Daniel siguió deteniéndose, cayendo de rodillas y orando tres veces al día, como siempre.

Cuando Daniel se enteró de la publicación del decreto, se fue a su casa y subió a su dormitorio, cuyas ventanas se abrían en dirección a Jerusalén. Allí se arrodilló y se puso a orar y alabar a Dios, pues tenía por costumbre orar tres veces al día.

Pocas personas han orado con mayor constancia o intensidad que Daniel, y lo que hace tan notable su persistencia es que él sabía que su sueño de reconstruir a Jerusalén no se cumpliría sino después de su muerte. Oraba ante la ventana que daba hacia la ciudad que él sabía que nunca volvería a ver con sus ojos físicos, pero la veía con los ojos de su espíritu. Daniel profetizó que pasarían «setenta años» antes que llegara a su fin la desolación de Jerusalén.

¿Es posible que un hombre sueñe continuamente durante setenta años?

Eso fue lo que hizo Daniel. Nunca dejó de soñar en grande ni de orar con fervor, porque estaba pensando a largo plazo. Eso es lo que hacen los profetas. Él no estaba mirando solamente más allá del cautiverio babilónico, cuando Jerusalén fuera restaurada; estaba mirando más lejos aún, hacia el futuro, cuando se producirían la primera y la segunda venidas de Jesucristo. Daniel estaba pensando en función de milenios. Sus oraciones y profecías fueron las semillas de nuestra salvación, y estaremos cosechando estas bendiciones hasta que Cristo regrese.

Lo que me impresiona acerca de Daniel es que él sabía que sus oraciones quedarían sin contestación durante setenta años, y sin embargo oraba con un sentido de urgencia. Como me gusta dejarlo todo para mañana, yo me habría sentido tentado a esperar hasta la última de las sesenta y nueve semanas para comenzar siquiera a orar. Daniel no. Él tenía capacidad para orar con urgencia acerca de cosas que no eran urgentes. Esa es una dimensión importante del pensamiento a largo plazo.

Muchas veces, trazar círculos de oración parece un proceso largo y aburrido, y puede ser frustrante cuando nos sentimos como si hubiéramos estado trazando círculos toda la vida. Nos comenzamos a preguntar si será cierto que Dios nos escucha; si realmente le importamos a Dios. Hay ocasiones en que su silencio se vuelve ensordecedor. Trazamos un círculo alrededor del cáncer. Trazamos un círculo alrededor de nuestros hijos. Trazamos un círculo alrededor de ese sueño. Pero no nos parece que nada esté cambiando. ¿Qué hacer? Mi consejo: Detente, tírate y ora. Sigue trazando círculos. ¡Traza círculos durante setenta años, si tienes que hacerlo. ¿Qué otra cosa puedes hacer? ¿A dónde más puedes acudir? ¿Cuáles son las otras opciones que tienes? Ora sin desmayar.

Vivimos en una cultura que sobrevalora quince minutos de fama y subvalora una fidelidad de toda la vida. Tal vez estemos haciendo las cosas al revés. Así como nuestros mayores éxitos vienen pisándoles los talones a nuestros mayores fracasos, muchas veces nuestras respuestas mayores vienen pisándoles los talones a nuestras oraciones más largas y aburridas. Pero si haces esas oraciones largas y aburridas, tu vida no va a tener nada de aburrida. Se convertirá en la aventura espiritual para la cual fue destinada. No siempre te llevará donde quieres ir, pero te sacará adelante.

Noches sin dormir

La noche que pasó Daniel en el foso de los leones tiene que haber sido la noche más larga de su vida. No dio ni un pestañazo. Cuando comenzó la noche, parecía que sería lo peor y lo último que le sucedería en su vida. Cuando amaneció, resultó ser lo mejor que le había sucedido en toda la vida. Su fe no solo les cerró las fauces a los leones, sino que también puso de rodillas a un rey y a su reino. Y además, su cuadro quedaría colgado en la Galería Nacional de Arte.

Nos encanta dormir bien por la noche, pero las noches sin dormir son las que definen nuestra vida. Para poner de rodillas a los reyes, o cerrarles las fauces a los leones, de vez en cuando necesitamos pasar una noche sin dormir. Cada vez estoy más convencido de que la mayor diferencia entre el éxito y el fracaso, tanto en nuestra espiritualidad como en nuestras ocupaciones, es el tiempo que tardemos en despertarnos después de haber sonado el despertador. Si te quedas dormitando, pierdes. Pero si oras sin desmayar, es tan seguro que Dios se manifestará a tu favor, como que el sol sale por la mañana.

Entre las noches más largas de mi vida se encuentran varias de las noches sin dormir que pasé cuando Parker era un bebé. Él sufría de unos cólicos muy dolorosos que hacían que llorara sin parar, y sin razón discernible alguna. El gozo de tener a nuestro primer hijo fue desplazado con rapidez por la falta de sueño. Él lloraba muy fuerte, haciendo aquellas noches sumamente largas. Lo único que le calmaba el llanto era hacer correr el agua de la bañera. Recuerdo haber ido muchas veces al baño, abierto la llave del agua y tenerlo cargado durante interminables horas. Nuestra factura del agua era tan extrañamente alta, que la compañía del agua creyó realmente que tenía que haber algún tipo de error. No. Solo se trataba de un bebé que lloraba.

Cuando uno tiene cargado a un bebé que no deja de llorar, no puede dejar de orar. Es todo lo que sabíamos hacer. Parker debe ser uno de los bebés por los que más se ha orado en su generación. Esa es la razón por la que estoy agradecido por sus cólicos. Esa es la razón por la que creo que Dios lo usará de grandes maneras. Nosotros lo abrazábamos y hacíamos círculos de oración alrededor de él cada vez que lloraba. Eran unas oraciones largas y aburridas, pero ahora que las hemos visto respondidas en su vida de adolescente, no cambiaríamos aquellas noches sin dormir por ninguna otra cosa del mundo.

Cómo se llega

Al mismo tiempo que cuidábamos de nuestro bebé recién nacido, yo estaba tratando de pastorear una iglesia también recién nacida. Esto también me causaba unas cuantas noches sin dormir. Teníamos un miembro de la iglesia en particular que necesitaba una gran cantidad de consejería en sus crisis, y siempre era en las horas de la madrugada. Una vez me llamó al teléfono de la casa a las cuatro de la mañana, genuinamente preocupado de que él era Jesús. No estoy bromeando. Yo le aseguré que conocía a Jesús, y que no era él. Le dije que me encantaría darle unas pocas buenas razones, después de dormir unas pocas horas más. ¡Por supuesto, Parker comenzó a llorar inmediatamente después que colgué el teléfono!

Cuando comencé la fundación de la iglesia, no quería que fuera un trabajo largo y aburrido. Quería estar pastoreando mil personas al llegar a los treinta años. Cuando comencé a escribir libros, tampoco quería que fuera la lenta subida de un escritor desconocido, salido de la oscuridad. Quería escribir un libro que fuera un éxito de ventas para el *New York Times*. Tengo una personalidad Tipo A característica. Quiero llegar donde voy con tanta rapidez como me sea posible. Pero cuando vuelvo la vista atrás y veo el camino recorrido, estoy genuinamente agradecido de que la National Community Church no creciera con tanta rapidez como la que yo habría querido. No estoy seguro de haber podido sobrevivir si la iglesia hubiera florecido demasiado pronto. También estoy genuinamente agradecido de que necesitara una docena de años, y media docena de borradores sin terminar para publicar al fin mi primer libro, *In a pit with a Lion on a Snowy Day*. Si lo hubiera escrito a los veinticinco años, y no a los treinta y cinco, habría estado repleto de teoría sin sustancia.

Me encanta lo que Dios está haciendo en la National Community Church ahora mismo. Se están produciendo milagros a diestra y siniestra. Tenemos tanto ímpetu que no sabemos qué hacer con él. Dios está tocando miles de vidas semana tras semana. Y me encanta cada segundo que pasa. Pero no cambiaría por nada los días en que nuestros ingresos mensuales solo eran de dos mil dólares, cuando comenzábamos los cultos con seis personas o cuando nos reuníamos en la cafetería de una escuela sin aire acondicionado. Aquellos días difíciles nos enseñaron a orar con fervor y nos obligaron a pensar a largo plazo.

De vez en cuando necesito tomarme un día sin agenda en el que no tenga nada que hacer, pero esos no son los días que vamos a celebrar al final de nuestra vida. Ni siquiera los recordaremos. Los que recordaremos son los días en los que teníamos muchas cosas que hacer y, con la ayuda de Dios, las hicimos. No recordaremos las cosas que conseguimos con facilidad; recordaremos las cosas que nos costó trabajo conseguir. Recordaremos los milagros que se produjeron en el lado lejano de lo «largo y aburrido».

Hacer una caminata por los Caminos del Inca es una de las cosas más difíciles que he hecho en mi vida. Nos tomó cuatro días recorrer un camino que nos dejaba sin respiración, tanto por su belleza como por su elevación. Casi al amanecer del cuarto día, llegamos finalmente a la Puerta del Sol y pudimos ver Machu Picchu por vez primera. Tiene que ser uno de los lugares más espectaculares del planeta para ver allí la salida del sol.

Ya habíamos caminado cerca de cincuenta escarpados kilómetros durante tres días. La última parte del viaje, desde la Puerta del Sol hasta la ciudad de Machu Picchu en la cima de la montaña, nos tomó cerca de una hora. Cuando llegamos, la ciudad ya estaba repleta de turistas que habían tomado un autobús para llegar a la cima. Era fácil oler quién era quién. Nosotros teníamos el aspecto y el olor de los que acabábamos de dar una caminata de cuatro días para llegar allí; los turistas tenían el aspecto de los que acababan de desayunar con huevos fritos y una buena taza de café.

Al principio sentí lástima de mí mismo; ¡habíamos tenido que caminar durante cuatro días para llegar allí! Pero después sentí lástima de ellos. Nosotros lo veíamos con «ojos de incas», porque llegamos allí de la misma manera que llegaban los incas. Habíamos recorrido sus caminos. A las ruinas antiguas no se debería llegar con tanta facilidad. Tampoco debería suceder esto con las verdades antiguas. Aquella experiencia me enseñó algo que es cierto en todas las cosas de la vida: No es solamente el lugar donde uno termine lo que importa; también lo es la forma en que llegue allí.

Mientras mayor sea el esfuerzo, mejor.

Esto es cierto en la vida; también es cierto en la oración.

Raíces profundas

Bob Schmidgall, mi suegro, era un hacedor de círculos. Fundó Calvary Church en Naperville, Illinois, y pastoreó allí durante más de treinta años. La iglesia creció desde un solo miembro hasta miles de miembros, y se convirtió en una de las iglesias que más aportan para las misiones en los Estados Unidos. La mayor lección que aprendí de él fue esta: Si te plantas en un lugar, y dejas que tus raíces penetren profundamente en el suelo, lo que Dios puede hacer no tendrá límites. Su ejemplo de longevidad inspiró una de las metas de mi vida: Pastorear una iglesia durante más de cuarenta años. Y su legado de generosidad inspiró otra: Llevar a la National Community Church a dar veinticinco millones de dólares a las misiones.

Mi suegro creció en una granja del centro de Illinois, lo cual significa que tenía una manera de ver las cosas al estilo del algarrobo. También significa que se levantaba muy temprano por la mañana. Era uno de los hombres más piadosos que he conocido en mi vida, y creo que esto se debe a que se levantaba a unas horas muy poco piadosas para orar. Se pasaba una hora de rodillas antes que el resto del mundo despertara siquiera. En un buen día, también leía tres periódicos y caminaba tres kilómetros en la máquina de andar. En una ocasión, mi suegra me dijo que ella le tenía que reforzar las rodillas de los pantalones porque siempre eran lo primero que se rompía. Durante treinta años, se plantó en un lugar. Durante treinta años, sembró semillas. Durante treinta años, dejó que sus raíces penetraran profundamente en el suelo.

Uno de los días más largos y difíciles de mi vida fue el día de su funeral, pocos días después de su sorpresiva muerte a los cincuenta y cinco años de edad. Miles de personas acudieron a manifestar su condolencia. Algunas de ellas ni siquiera lo habían llegado a conocer, pero su vida había sido impactada de manera indirecta por los sermones que predicaba y las oraciones que hacía. Conocimos personas que habían depositado su fe en Cristo mientras oían uno de sus mensajes radiales. Conocimos personas cuya madre o cuyo padre, hijo o hija, hermano o hermana, habían comenzado a seguir a Cristo en la iglesia Calvary. Aun ahora, cuando viajo y hablo en las conferencias de líderes en distintos lugares de la nación, es raro que no me encuentre a alguien que haya sido tocado por su ministerio, aunque ya hayan pasado trece años de su muerte. Sus oraciones perennes todavía siguen dando fruto.

Después del servicio fúnebre, nuestra familia salió por la puerta lateral del santuario y entró a un auto que estaba directamente detrás de la carroza fúnebre, al frente de la procesión funeraria. Mientras íbamos por la ruta 59 desde Calvary Church hasta el Cementerio de Naperville, yo miré por el retrovisor, y vi la línea de autos más larga que había visto jamás. Según la policía de Naperville, los autos aún estaban saliendo del estacionamiento de la iglesia cuando nosotros entramos al cementerio, a ocho kilómetros de distancia.

Ese es el aspecto que tiene soñar en grande, orar con fervor y pensar a largo plazo. Su legado es un largo amor. Su legado es el de detenerse, caer de rodillas y orar. Su legado es una gran cantidad de madrugadas y unas cuantas noches sin dormir.

Siempre disponible

Nuestra familia comenzó a asistir a Calvary Church cuando yo estaba en octavo grado. Ya era una megaiglesia con miles de miembros, pero mi suegro tenía una memoria asombrosa para los nombres y los rostros. Si se encontraba contigo una vez, recordaba tu nombre para siempre. A pesar del tamaño de la iglesia, nunca perdió su corazón de pastor. Tenía un espíritu acogedor que le daba un aire de accesibilidad. Tal vez por eso mis padres sintieron que lo podían llamar a las dos de la mañana después que mi médico emitió un código azul y media docena de enfermeras llegaron corriendo a mi cuarto de hospital en la unidad de cuidados intensivos. Yo pensaba que estaba respirando por última vez.

Mi madre permaneció a mi lado, mientras mi padre llamaba a información y conseguía el número de teléfono de la casa de los Schmidgall. En menos de diez minutos, mi futuro suegro estaba junto a mi cama con su traje de supermán negro de chaqueta cruzada, del que más tarde yo juraría que dormía con él puesto.

Mi suegro era un hombre grande con unas manos inmensas. Más parecían ganchos de colgar carne que manos. Y cuando oraba por una persona, sus manos le envolvían la cabeza como si fueran un casquete. Cuando me puso las manos en la cabeza, recuerdo que pensé que Dios no iba a tener otro remedio más que responder a su oración. Tenía una familiaridad con Dios que desarmaba a cualquiera. Y tenía una fe en Dios que tranquilizaba a cualquiera.

Él había podido llamar a un miembro del personal de la iglesia para que me visitara. No lo hizo. Habría podido esperar hasta que amaneciera. Tampoco lo hizo. Se conformó con acortar sus horas de sueño aquella noche repentinamente, para acudir junto a un muchacho de trece años que estaba luchando por su vida. Lo menos que se imaginaba era que este muchacho de trece años se casaría un día con su hija. Lo menos que se imaginaba era que este muchacho de trece años, un día le daría su primer nieto; un bebé varoncito con cólicos llamado Parker. No lo habría podido saber de ninguna manera, pero ese es el glorioso misterio de la oración.

Uno nunca sabe por quién está orando. Nunca sabe cómo o cuándo Dios va a responder a sus oraciones. Pero si hacemos oraciones largas y aburridas, Dios nos dará unas cuantas respuestas emocionantes. Si estás dispuesto a interrumpir tu ciclo de sueño, tal vez tus sueños se conviertan en realidades.

Orar para salir del bloqueo del escritor

Los que aspiran a ser escritores me preguntan con frecuencia qué hace falta para escribir un libro. Por supuesto, yo no soy ninguna autoridad en el tema, pero he aquí mi respuesta corta: perder sueño. Cuando estoy en una temporada de escritor, preparo mi despertador para que suene varias horas antes de lo que yo querría, salgo de la cama arrastrándome, y me dedico a golpear el teclado durante varias horas antes de ponerme el sombrero de pastor.

Lograr que le publiquen a uno un libro es divertido. Escribirlo no tiene nada de divertido. Es un largo y aburrido proceso que cuando uno es un perfeccionista, resulta dolorosamente meticuloso. ¿Que si me gusta escribir? Sí. Pero lo que en verdad me encanta es haber escrito. Y quisiera que se volviera más fácil, pero no lo logro. Escribir este libro fue tan aburrido y tan largo como el anterior, y estoy seguro de que el próximo va a ser tan aburrido y largo como este. Pero ese proceso tan largo y aburrido, se convertirá en un milagro para alguna otra persona.

El otro día tuve un ataque de bloqueo del escritor. He llegado a esperarlo como parte del proceso cuando estoy escribiendo. Hay días en los que uno necesita orar sin cesar y escribir sin cesar, aunque no sienta que le sale nada creativo. Pero yo tuve un caso bastante grave, y se empeoró porque ya tenía encima la fecha límite. Me sentí tan frustrado que decidí buscarme mi tercera bebida con cafeína en el día. Ese es el peligro de tener una oficina encima de una cafetería. Nuestros encargados de servir conocen la manera de detenerme después que llevo tres de ellas.

Mientras esperaba en la fila, alcancé a oír a uno de nuestros clientes regulares, que trabaja enfrente a la cafetería, hablando acerca de mi último libro, *Soulprint* [La huella del alma]. El encargado de servir le señaló hacia mi persona y le dijo: «Aquí mismo está el autor». Él me dijo que el libro lo había ayudado en su proceso de recuperación. Yo le recordé el cuarto paso del largo y aburrido proceso en doce pasos llamado AA. Él pensaba que nuestro encuentro era para él una especie de cita divina. Lo cierto es que se trataba de una cita divina para mí. Me senté ante mi computadora con una sensación renovada de destino que me ayudó a orar sin cesar y abrirme paso para salir de mi bloqueo de autor.

Aquel encuentro me recordó la razón por la que escribo. Mi oración perenne consiste en pedirle al Señor que los lectores puedan trazar un círculo alrededor de una página, un párrafo, una frase que les haya ayudado a transformar su vida. He llegado a aceptar el hecho de que esos milagros solo suceden después del largo y aburrido proceso de escribir y volver a escribir. Pero si oro hasta salir del bloqueo del escritor, creo que se trata de que hay un milagro esperando al otro lado.

Capítulo 13

El más grande de todos

El año 1931 fue largo y aburrido. El derrumbe del mercado de valores en 1929 había hundido a los Estados Unidos en las profundidades de la Gran Depresión, y la mayoría de los negocios luchaban por mantenerse a flote. Entre los negociantes que estaban luchando se hallaba un hotelero llamado Conrad Hilton. Los estadounidenses no estaban viajando, y los hoteles sufrían. Hilton le tenía que pedir dinero prestado a un botones para poder comer.

Durante aquellos difíciles días de la Depresión fue cuando Hilton se encontró una foto del hotel Waldorf Astoria, en la ciudad de Nueva York. El Waldorf era el santo grial de los hoteles, con sus seis cocinas, doscientos chefs, quinientos camareros y dos mil habitaciones. Hasta tenía su propio hospital y su tren privado. Al recordar aquellos tiempos, Hilton hizo la observación de que 1931 era «un tiempo atroz para soñar». Sin embargo, la crisis económica no impidió que soñara en grande, orara con fervor, y pensara a largo plazo. Hilton recortó la foto del Waldorf de la revista donde estaba y escribió a través de ella: «El más grande de todos». Después puso la fotografía bajo el vidrio que cubría su escritorio. Cada vez que se sentaba ante él, su sueño lo miraba cara a cara.

Pasaron casi dos décadas. Estados Unidos salió de la Gran Depresión y entró en la Segunda Guerra Mundial. La era de las grandes orquestas cedió el lugar al jazz moderno. Y comenzó la época del auge de la natalidad. Mientras tanto, Hilton se mantuvo trazando círculos alrededor del Waldorf. Cada vez que caminaba junto al Waldorf, lo saludaba con el sombrero como muestra de deferencia a su sueño.

Hilton llegó a adquirir un impresionante conjunto de hoteles, entre ellos el Roosevelt de la ciudad de Nueva York y el Mayflower de Washington, DC, pero la Reina, como él le llamaba al Waldorf, se le seguía escapando. Varios intentos por comprar el hotel fracasaron, pero Hilton lo siguió rodeando con un círculo. Por fin, el 12 de octubre de 1949, dieciocho años después de haber trazado un círculo alrededor de su sueño, Hilton logró lo que quería. Compró 249.024 acciones de la Corporación Waldorf y coronó su colección de hoteles con la Reina.

¿Cómo lo logró?

Bueno, ciertamente Hilton poseía una excelente visión para los negocios y gran destreza para negociar. Era un visionario que trabajaba duro y tenía mucho carisma. Pero la verdadera respuesta se revela en su autobiografía. Es la respuesta que aprendió de su madre, quien había trazado círculos de oración alrededor de su hijo. En palabras del propio Hilton: «Mi madre tenía una sola respuesta para todo. ¡Oración!».

Cuando Conrad era solo un muchacho, se le murió su yegua Chiquita. Él estaba destruido, y exigió una respuesta. La respuesta de su madre fue la que daba en todos los casos: «Ve a orar, Connie… Llévale todos tus problemas a él. Él tiene las respuestas cuando nosotros no las tenemos». Esa lección no cayó nunca en saco roto, ni cuando aún era un muchacho, ni después, siendo ya un anciano. Durante dieciocho años largos y aburridos, Hilton trabajó como si de él dependiera, y oró como si de Dios dependiera. Entonces, su persistencia produjo resultados.

La sección final de la autobiografía de Hilton tiene este título: «Ora con constancia y confianza». Aquí, Hilton escribió un sucinto resumen de su manera de enfocar los negocios; en esencia, es el enfoque que tuvo para todo en su vida: «En el círculo de una vida exitosa, la oración es el centro que mantiene unida la rueda. Sin nuestro contacto con Dios, no somos nada. Con él, somos "poco menores que los ángeles, coronados de gloria y honor"».

La próxima vez que te alojes en un Hilton, recuerda que mucho antes de que fuera ladrillos y mortero, fue una osada oración. Era una posibilidad difícil; un pensamiento a largo plazo. Pero si oras como si dependiera de Dios, y trabajas como si dependiera de ti durante dieciocho años, todo es posible. Me encanta en particular el hecho de que Hilton saludara al Waldorf con el sombrero cada vez que le pasaba por el frente. Era un gesto de humildad, de respeto, de seguridad. Cuando uno sueña en grande, ora con fervor y piensa a largo plazo, sabe que al final le llegará su momento.

Por supuesto, Hilton celebró la adquisición de su gran sueño, pero nunca consideró a la Reina como su mayor inversión o su mayor logro. Su privilegio y su potencial más grande consistían en arrodillarse ante el Rey. Eso fue lo que hizo posible a la Reina. La Reina siempre estuvo sujeta al Rey.

De rodillas

Daniel se destaca como una de las mentes más brillantes que el mundo antiguo conoció jamás. Era un hombre del Renacimiento, dos mil años antes del Renacimiento, y con una aptitud poco usual tanto para la filosofía como para la ciencia. Podía explicar acertijos y resolver problemas como nadie en su generación, y no había quien pudiera soñar, o interpretar sueños, como él. Pero no era su cociente de inteligencia el que lo hacía distinto; era su cociente de persistencia. Daniel trazó círculos alrededor del mayor superpoder de la tierra, y debido a que él permanecía de rodillas, hizo arrodillarse a reyes y reinos.

Daniel no se limitaba a orar cuando el día le iba mal; oraba todos los días. No solo hizo oraciones al estilo del teléfono de emergencia cuando se encontró en la guarida de unos leones; la oración formaba parte del ritmo y la rutina de su vida. La oración era su vida, y su vida era una oración.

Estoy seguro de que Daniel oró con un grado de intensidad mayor antes que lo lanzaran al foso de los leones, pero esa intensidad era un producto secundario de su constancia. Toda situación, toda oportunidad, todo reto y toda persona, los enfocaba desde su oración. Y fue esta posición de oración la que lo llevó a uno de los más improbables ascensos al poder en la historia de la política. ¿Cómo es posible que un prisionero de guerra se convierta en primer ministro del país que se lo había llevado cautivo?

Solo Dios.

El ascendiente que adquirió Daniel desafía a la ciencia política, pero define el poder de los círculos de oración. La oración invita a Dios a formar parte de la ecuación, y cuando esto sucede, no hay más que hablar. No importa si sucede en los vestidores, en la sala de reuniones o en el aula. No importante si practicas leyes, medicina o música. No importa quién seas, ni qué hagas. Si te detienes, te arrodillas y oras, nunca se sabe dónde irás, qué harás, ni con quién te encontrarás.

Las posturas en la oración

La postura física es una parte importante de la oración. Es como una oración dentro de otra oración. La postura es a la oración lo que es la señal sonora a la comunicación. Si las palabras son lo que dices, entonces tu postura es la forma en que lo dices. Hay una razón por la cual las Escrituras indican una amplia variedad de posturas, como arrodillarse, caer postrado sobre el rostro, imponer las manos y ungirle la cabeza con aceite a alguien. Las posturas físicas ayudan a nuestro corazón y nuestra mente a tomar también ellos una postura.

Cuando extiendo mis manos para adorar, estoy simbolizando mi sometimiento a Dios. Algunas veces levanto el puño cerrado para celebrar lo que Cristo la hecho por mí en la cruz, y proclamo la victoria que él ganó. Lo hacemos después de un gran juego; entonces, ¿por qué no hacerlo durante un gran canto?

Durante la temporada de cuaresma más reciente, Parker y yo nos estuvimos levantando media hora más temprano de lo normal, con el fin de poder dedicar un poco más de tiempo a leer las Escrituras. También decidimos que nos arrodillaríamos para orar. La postura física de estar arrodillado, unida a un corazón humilde, es la posición más poderosa que hay sobre la tierra. No estoy seguro de que estar arrodillado sea algo que mejore mi promedio de bateo en la oración, pero sí me lleva a la posición correcta. Todo lo que sé es esto: La humildad honra a Dios, y Dios honra la humildad. ¿Por qué no arrodillarse? Ciertamente, no nos puede hacer daño.

Una de mis posturas de oración favoritas la aprendí de los cuáqueros. Guío a nuestra congregación en esta oración con frecuencia. Comenzamos con las palmas de las manos hacia abajo, simbolizando las cosas de las que nos debemos desprender. Comprende un proceso en el que confesamos nuestros pecados, reprendemos nuestros temores y le cedemos el control de nosotros mismos a Dios. Después volvemos hacia arriba las palmas, de manera que queden en una posición de receptividad. Recibimos de manera activa lo que Dios nos quiere dar: un gozo inefable, una paz que sobrepasa todo entendimiento, y una gracia que no nos merecemos. Recibimos el fruto y los dones de su Espíritu con las manos y el corazón abiertos.

No hay nada mágico en que impongamos las manos, ni en que doblemos las rodillas, ni en que unjamos la cabeza de alguien con aceite, pero sí hay algo bíblico en todo esto. También hay algo místico. Cuando practicamos estas posturas indicadas, estamos haciendo lo que se ha estado haciendo durante miles de años, parte de este pensar a largo plazo consiste en valorar las tradiciones antiguas que nos conectan con nuestros antepasados espirituales.

La iglesia que pastoreo es absolutamente ortodoxa en cuanto a creencias, pero un tanto falta de ortodoxia en cuanto a prácticas. Reunirse en cines es algo que dificulta el que tengamos una gran cantidad de tradiciones al estilo de la iglesia establecida. Las pantallas son nuestros vitrales postmodernos y el olor a palomitas de maíz, nuestro incienso. Pero el que no practiquemos una gran cantidad de ritos religiosos ajenos a la Biblia no significa que le estemos quitando valor a la tradición bíblica. Solo porque creemos que la iglesia debe ser el lugar más creativo del planeta, eso no quiere decir que le quitemos valor a la tradición. No somos religiosos en cuanto a la religión; a los montajes creados a lo largo de generaciones para rodear nuestra fe con ritos. No obstante, sí aceptamos religiosamente las tradiciones intemporales de las Escrituras.

He aprendido que lo que va, vuelve. Lo que está de moda ahora, terminará estando pasado de moda, y lo que está fuera de moda ahora, terminará estando de moda. La tradición humana es como un péndulo que oscila. Cantar himnos será algo anticuado, pero si se le da tiempo suficiente, volverá a estar al frente de nuestra creatividad. Una cosa sí sé con seguridad: las tradiciones bíblicas nunca dejan de estar de moda. Tienen hoy tanta relevancia como la tuvieron en los tiempos antiguos. Y cuando practicamos las posiciones de oración que se indican en las Escrituras, esto nos ayuda a soñar en grande, orar con fervor y pensar a largo plazo.

Saluda con el sombrero

Me encanta la descripción tan detallada que se hace de la postura de oración que adoptaba Daniel. Los detalles no tienen nada de insignificantes. Oraba tres veces al día. Subía. Se arrodillaba. Y abría una ventana que miraba hacia Jerusalén. La ventana abierta es la que me intriga. Aun cuando la oración había sido declarada ilegal, Daniel no cerraba la ventana para esconder sus acciones ilegales. Estoy seguro de que abría la ventana un poco más y oraba un poco más alto. Mi pregunta, por cierto, es *por qué* abría una ventana que miraba en dirección a Jerusalén.

No se trataba de que Dios no lo pudiera escuchar si la ventana estaba cerrada. Tampoco se trataba de que la respuesta de Dios dependiera de la dirección en que se colocaba al orar. Dios nos puede escuchar, tanto si estamos de cara al norte, como si lo hacemos de cara al sur, al este o al oeste, pero el hecho de estar de cara a Jerusalén mantenía a Daniel ubicado en la dirección de su sueño. Su postura física reflejaba su postura mental. Era su manera de mantenerse enfocado. Era su manera de mantener el sueño frente a sí, y en el mismo centro de su atención. Era su manera de trazar un círculo alrededor de la promesa. Abrir su ventana hacia Jerusalén era la forma que tenía Daniel de saludar con el sombrero ante el Waldorf.

Hay algo poderoso en el hecho de estar próximos a la persona, el lugar o la cosa por los que estamos orando. Si no lo hubiera, mi futuro suegro se habría limitado a orar por el teléfono y volver a la cama. Algunas veces el contacto físico crea una conexión espiritual. La proximidad crea intimidad. La proximidad proclama autoridad. Trazar un círculo de oración es una manera de marcar un territorio: el territorio de Dios.

Yo pasé muchas noches de sábado orando en la plaza frente a la Union Station cuando teníamos allí nuestros cultos. Después, los domingos por la mañana recorría los pasillos, imponiendo mis manos sobre todas y cada una de las sillas del cine. Cuando enviamos nuestra primera correspondencia masiva como iglesia, no nos podíamos permitir el gasto que suponía la impresión de las direcciones y el remitente, así que lo hicimos nosotros mismos. No solo pusimos las etiquetas en los sobres, sino que impusimos nuestras manos sobre todos los nombres, todas las direcciones y todos los sobres. Una de las oraciones de proximidad más únicas y especiales fue la consagración a Dios de una oficina del Senado. Fuimos de oficina en oficina, imponiendo las manos sobre todo, desde las sillas hasta los archivos y los botes de caramelos.

Después que le di a conocer a mi congregación quién era Honi, el hacedor de círculos, he oído hablar de docenas de aplicaciones distintas. Hay una gran cantidad de oficinas y apartamentos en Washington, DC, alrededor de los cuales se han trazado círculos de oración. En cada una de estas ocasiones, el hecho de orar con proximidad ha hecho que estas oraciones hayan ido más allá de un acto superficial. Como la promesa que Dios le hizo a Josué: «Yo les entregaré a ustedes todo lugar que toquen sus pies», es una manera de ejercer la autoridad que Dios nos ha dado como hijos suyos que somos.

Durante muchos años, impusimos las manos sobre las paredes del 205 de la calle F, pidiéndole a Dios que nos diera el 201. Cuando Dios respondió esas oraciones, impusimos las manos sobre el otro lado de aquellas paredes. Bajábamos por una escalera de mano que tenía seis metros hasta llegar a los cimientos de concreto de nuestra cafetería. No solo imponíamos las manos sobre aquellas paredes, sino que trazábamos círculos alrededor de las promesas de Dios, escribiéndolas sobre las paredes. Esas paredes están cubiertas de oraciones y profecías. Después de esto, hace mucho tiempo que las cubrimos con tratamientos acústicos en nuestro lugar de actuación, pero siguen siempre presentes.

Una capa de base espiritual

Uno de los trabajos de verano que tuve durante el colegio universitario fue pintar, pero no duró mucho porque, para ser sincero, no era muy bueno haciéndolo. Me despidieron en menos de una semana. Una cosa sí aprendí antes de mi merecida pérdida del trabajo: poner una capa de base es una parte importante en el proceso de pintar paredes. Si uno no tiene la pintura de base correcta, estará pintando durante mucho más tiempo. Si va a pintar la pared con un color claro, necesita una base clara; si la va a pintar de un color oscuro, necesita una base oscura. Tal vez parezca que la base no hace falta. A lo mejor da la impresión de que la base significa más tiempo y más trabajo, pero en realidad aumenta la calidad, al mismo tiempo que disminuye la cantidad del trabajo.

Quédate con ese pensamiento durante un rato.

Durante las últimas décadas, John Bargh, psicólogo de la Universidad de Nueva York, ha llevado a cabo experimentos de base con estudiantes que no conocían el propósito de los mismos. Uno de los experimentos era una prueba sobre oraciones gramaticales en desorden. La primera prueba estaba salpicada de palabras poco corteses como *perturbar, molestar* e *interferir*. La segunda estaba salpicada de palabras corteses, como *respetar, considerar* y *ceder*. En ambos casos, los sujetos pensaban que estaban tomando pruebas que medían su inteligencia. Ninguno de ellos se dio cuenta conscientemente de la tendencia de las palabras, pero esta les sirvió como base subconsciente.

Después de contestar la prueba en cinco minutos, a los estudiantes se les pidió que salieran al pasillo y le hablaran a la persona que estaba haciendo el experimento, acerca de la siguiente tarea que tenían que hacer. Un actor estaba estratégicamente enzarzado en una conversación con el que dirigía el experimento cuando llegaban los estudiantes. La meta era ver cuánto tiempo les llevaría interrumpirlos.

Bargh quería saber si los sujetos que habían tenido por base las palabras corteses se tomarían más tiempo para interrumpir la conversación que aquellos que habían tenido por base las palabras descorteses. Él sospechaba que esta base subconsciente tendría poco efecto, pero el efecto fue profundo en términos cuantitativos. El grupo cuya base eran las palabras descorteses interrumpió, como promedio, después de cinco minutos, mientras que el ochenta y dos por ciento de los que habían tenido como base las palabras corteses, nunca llegaron a interrumpir. Quién sabe por cuánto tiempo habrían esperado con paciencia y educación, si los investigadores no le hubieran dado a la prueba un tiempo límite de diez minutos.

Nuestra mente recibe una base subconsciente procedente de todo lo que está sucediendo todo el tiempo. Esto da testimonio del hecho de que somos «una creación admirable». También atestigua sobre el hecho de que nos conviene ser mejores mayordomos de las cosas que permitimos que lleguen hasta nuestra corteza cerebral visual y auditiva. Todo lo que vemos y oímos nos está sirviendo de base, de manera positiva o negativa. Esa es una de las razones por las que creo que debemos comenzar el día en la Palabra de Dios. Esto no solo le sirve de base a nuestra mente, sino también a nuestro corazón. No solo nos sirve de base en lo espiritual; también nos sirve de base en cuanto a nuestras emociones y relaciones. Cuando leemos las palabras que inspiró el Espíritu Santo, estamos sintonizándonos con su voz, y esto sirve de base para recibir las indicaciones que él nos hace.

Hace algunos años, dos investigadores holandeses realizaron un experimento similar sobre las bases, utilizando a un grupo de estudiantes a los que les hicieron cuarenta y dos preguntas tomadas del juego de mesa llamado Trivial Pursuit. A la mitad de los sujetos se les dijo que se tomaran cinco minutos para contemplar lo que significaría para ellos ser un profesor de universidad, y escribir todo lo que les viniera a la mente. Al otro grupo se le dijo que se sentaran a pensar sobre el fútbol durante cinco minutos.

El primer grupo respondió correctamente el 55,6 por ciento de las preguntas.

El segundo grupo solo respondió correctamente el 42,6 por ciento.

Los que estaban en el primer grupo no eran más listos que los que estaban en el segundo. Y si ver deportes disminuyera el grado de inteligencia, yo ya sería un idiota. Especialmente durante la temporada de fútbol. Sencillamente, el grupo que pensó desde el punto de vista de los profesores tenía una actitud mental más inteligente.

¿Qué tiene que ver esto con la oración?

La oración es como la base de la pintura. Es la que pone nuestra mente dentro de un marco espiritual. Nos ayuda a ver y aprovechar las oportunidades que Dios nos pone delante, y que se encuentran a nuestro alrededor todo el tiempo.

Alondras y lechuzas

Daniel tenía una base de oración tan fuerte, que no solo santificaba su subconsciente, sino que le daba discernimiento sobrenatural para servirle de base a la mente subconsciente del rey Nabucodonosor. Discernió el sueño del rey, porque le pudo leer la mente. Es casi como si la oración nos diera un sexto sentido.

En algún punto cerca de la intersección entre la ciencia y la espiritualidad, hay un principio de cambio de paradigmas que donde mejor se ve es en el ejercicio de base que practicaba el rey David:

> *Oh Señor, de mañana oiras mi voz;*
> *de mañana presentaré mi oración a ti,*
> *y con ansias esperaré.*

Una de las razones por las cuales mucha gente no siente intimidad con Dios, es que no tienen un ritmo diario con él; tienen un ritmo *semanal*. ¿Funcionaría algo así con tu cónyuge y tus hijos? Pues en la familia de Dios tampoco funciona. Necesitamos establecer un ritmo diario a fin de tener una relación diaria con Dios. La mejor manera de hacerlo es comenzando el día en oración.

Los diez minutos más importantes de mi día son los diez minutos que paso leyendo las Escrituras y orando con mis hijos al comenzar el día. No hay nada que se le acerque siquiera en importancia. Es lo que establece el ambiente para el día. Abre las líneas de comunicación. Hace que comencemos con buen pie.

Yo sé que hay alondras y hay lechuzas. Las lechuzas están comenzando mientras el resto del mundo está terminando; las alondras se sienten muy felices cuando aún es demasiado temprano. Pero tanto si eres alondra, como si eres lechuza, sigues necesitando comenzar el día en oración para sentar una buena base.

Dicho sea de paso, uno de los párrafos determinantes dentro de mi propia lectura personal procede de una biografía de D. L. Moody. Tengo la página 129 con la esquina doblada y subrayada. Moody dijo que se sentía culpable si oía el martilleo de los herreros antes de comenzar a orar. De alguna manera, esa imagen me convirtió de lechuza en alondra. Sentí que mi destino quedaría determinado en las primeras horas de luz del día. Moody era un predicador asombroso, pero era mejor aún como hombre de oración. En sus propias palabras: «Preferiría ser capaz de orar como David, que predicar con la elocuencia de Gabriel».

Me encanta la seguridad que hay en la voz de David: «Oh Señor, de mañana oirás mi voz». Eso es lo que hace falta, ¿no es cierto? Es difícil levantarse temprano, pero eso es lo que hace tan difícil orar con fervor. Es la misma seguridad que veo en Daniel.

Después David afirma: «De mañana presentaré mi oración a ti, y con ansias esperaré». La mayoría de nosotros nos limitamos a esperar; David esperaba con ansias. Hay una gran diferencia.

Nuestra mayor deficiencia es tener unas expectativas muy pobres. Infravaloramos lo bueno y lo grande que es Dios, y nos quedamos a quince mil quinientos millones de años–luz de distancia. La solución a este problema es la oración. La oración es la forma en que santificamos nuestras expectativas. Presentar sus peticiones ante el Señor era la forma que tenía David de trazar un círculo alrededor de sus promesas. No estoy seguro sobre si David escribía sus peticiones, pero estas creaban una categoría especial en su sistema de activación reticular. Después de presentarle sus peticiones al Señor, tenía la base que necesitaba, y estaba listo.

Una de las formas en que he puesto en práctica este principio es orando a lo largo de mi calendario, en lugar de limitarme a mirarlo. Es asombroso lo diferentes que son las cosas cuando hago círculos de oración alrededor de la gente con la que me voy a reunir. Esto convierte las citas en citas divinas. Cuando se va a una reunión con una posición mental de oración, esto crea una atmósfera con carga positiva.

Presentar sus peticiones ante el Señor era la forma que tenía David de saludar con el sombrero al Waldorf. Era su manera de abrir su ventana hacia Jerusalén. Era su manera de orar con el calendario.

No sabemos lo que él hacía con sus peticiones diarias. Tal vez las dejara pegadas a su refrigerador real, o tal vez las pegara a su trono con una nota engomada. Lo que sí sabemos es que esas peticiones santificaban sus expectativas.

Las idiosincrasias

Como todo el mundo, yo tambein tengo mi buena cuota de idiosincrasias. No sé por qué, pero siempre pongo mi despertador en un número par. Los números impares me desconcertarían por completo. Siempre me comienzo a rasurar por el lado derecho de la cara. Nunca salgo de la gasolinera después de echar la gasolina sin mirar mi espejo retrovisor izquierdo, porque la última vez que no lo hice, arranqué de la bomba la manguera de la gasolina, que seguía metida en el tanque de mi auto. Y siempre me quito los zapatos cuando estoy escribiendo.

Hasta Jesús tenía sus idiosincrasias. Le encantaba orar a tempranas horas de la mañana, incluso después de haber estado ministrando hasta altas horas de la noche. Y se debe haber sentido especialmente cercano al Padre cuando subía a los montes y recorría las playas. Gravitaba hacia esos lugares porque la proximidad es una parte importante de la oración, pero esto es algo que va más allá de la geografía. A mí me parece que también tiene que ver con la genealogía.

Una de mis idiosincrasias consiste en que de vez en cuando hago mis devociones con la Biblia de mi abuelo. Por cierto, este año comencé en el libro de Daniel, porque estaba haciendo un ayuno de Daniel. Hacia el final de su vida, mi abuelo sufría de una dolencia médica que hacía que le temblara la mano, hasta el punto de que su letra era prácticamente indescifrable. Sin embargo, basado en el número de textos subrayados, puedo asegurar que el libro de Daniel era uno de sus favoritos. En realidad, lo sé porque he oído relatos sobre él, sus hermanos y sus primos, sentados alrededor de la mesa durante horas y horas, hablando acerca de las profecías de Daniel. Eran gente que pensaba a largo plazo y también hablaba a largo plazo.

Ver los versículos que mi abuelo subrayó es algo poderoso y significativo porque me ayuda a entrar en su mente y su espíritu. Tengo la esperanza de que las promesas que he rodeado con un círculo en mi Biblia ayuden a mis nietos a hacer lo mismo.

Una dimensión importante de la oración consiste en encontrar nuestro propio rito; nuestras propias rutinas. Así como Daniel, también nosotros necesitamos hallar nuestra ventana abierta en dirección a Jerusalén.

Estoy seguro de que Honi, el hacedor de círculos, oraba de una gran cantidad de maneras en una gran cantidad de momentos distintos. Tenía una amplia variedad de posturas para orar. Pero cuando necesitaba orar sin desmayar, trazaba un círculo y caía de rodillas. Su inspiración para los círculos de oración era Habacuc. Él simplemente hizo lo que antes había hecho el profeta Habacuc:

«*Me mantendré alerta, me apostaré en los terraplenes*».

¿Dónde es que sueñas en grande? ¿Dónde es que oras con mayor fervor? ¿Qué te ayuda a pensar a largo plazo?

Necesitas identificar los momentos, lugares y prácticas que te ayudan a soñar en grande, orar con fervor y pensar a largo plazo. Cuando quiero soñar en grande, me voy a recorrer la Galería Nacional de Arte. Cuando quiero orar con fervor, subo por la escalera de mano hasta la azotea de Ebenezer's Coffeehouse. Cuando necesito pensar a largo plazo, tomo el ascensor hasta la galería de observación que hay en el sexto piso de la Catedral Nacional.

Lleva tiempo descubrir los ritmos y las rutinas que funcionan para uno. Lo que funciona para otras personas, podría no funcionar para ti, y lo que funciona para ti, podría no funcionar para otros. Yo siempre he estado de acuerdo con un sentimiento expresado por Oswald Chambers: «Deja que Dios sea tan original con los demás, como lo es contigo».

Uno de los grandes peligros al escribir *El hacedor de círculos* es la aplicación de estos principios de oración sin haberlos pensado primero. No se trata de una fórmula; se trata de fe. No es una metodología; es teología. Sinceramente, no importa si se trata de un círculo, un óvalo o un trapezoide. Trazar círculos de oración no es más que presentar nuestras peticiones ante Dios y esperar con ansias. Si caminar en círculos te ayuda a orar con mayor constancia e intensidad, entonces maréate. Si no, busca lo que sea; busca algo que te ayude a orar con fervor.

Un experimento de oración

En la National Community Church tenemos un valor central: todo es un experimento. Y porque valoramos la experimentación, nuestra congregación se siente con la posibilidad de practicar antiguas disciplinas espirituales de formas nuevas.

Hace varios años oficié en la boda de David y Selina. Durante la consejería previa al matrimonio, Selina me contó el trasfondo de su historia de amor. Fue un experimento de oración el que los llevó a hacer sonar las campanas de boda. Selina tenía una amiga que solía organizar círculos de oración, reclutando diez personas para orar por una cosa de una persona cada día durante treinta, cuarenta o sesenta días. Los resultados finales eran asombrosos. Ese experimento de oración sembró una semilla en el espíritu de ella, y pocas semanas después, adaptó la idea, convirtiéndola en su propio experimento de oración.

Selina reclutó nueve amigas, y juntas formaron un círculo de oración. Pactaron orar por todas y cada una de ellas a diario, y decidieron enfocar sus oraciones en sus mayores luchas: los hombres que había en sus vidas. No todas las que estaban en el círculo de oración se conocían. De hecho, no todas se caían muy bien. Pero cuando comenzaron a orar unas por otras cada día, Dios comenzó a crear lazos entre ellas. Se llamaban por teléfono con frecuencia si se sentían impulsadas a compartir lo que el Señor les había hecho ver durante la oración, y era asombroso cómo muchas veces sus oraciones daban perfectamente en el blanco, o llegaban en el momento justo.

Después de cuarenta días, el grupo decidió renovar su experimento de oración por otros cuarenta días más. Los primeros cuarenta días habían estado repletos de ataques espirituales, pero eso les daba más ánimo, porque era evidencia de que estaban haciendo algo bien hecho. Durante el segundo período de cuarenta días, el grupo pudo ver inmensas victorias en cosas tanto grandes como pequeñas. Durante esos cuarenta días, Selina conoció a David, pero fueron las oraciones centradas de sus nueve amigas las que la prepararon para conocerlo. Identificó algunas de las mentiras que había creído y algunos de los errores que había cometido. Después los rodeó con un círculo de oración, mientras su círculo de oración creaba un doble círculo sobre ellos.

Me encanta este experimento de oración en particular, no solo porque tuve el privilegio de casar a David y Selina; me encanta porque es el matrimonio perfecto entre orar con fervor y pensar a largo plazo. Orar con fervor + pensar a largo plazo = mantenerse enfocado.

¿Qué sucedería si enfocaras tus oraciones en una cosa por una persona durante un mes o un año? Solo hay una manera de averiguarlo: haz tu propio experimento de oración.

El juego con minutos

El 30 de enero de 1930, Frank Laubach comenzó un experimento de oración que llamó «el juego con minutos». Estaba insatisfecho con la intimidad que tenía con Dios, y decidió hacer algo al respecto. Al igual que Honi, quien batalló con una singular pregunta durante toda su vida, Laubach se enfrentó a una pregunta que le sirvió de marco a su experimento de oración: «¿Podemos estar en contacto con Dios todo el tiempo?». Tomó la decisión de convertir el resto de su vida en un experimento, como respuesta a esta pregunta.

Laubach trató de desmantelar los falsos andamiajes que se le habían enseñado. Después reconstruyó su vida de oración a partir de cero. Nosotros debemos hacer lo mismo. La oración no es algo que tengamos que hacer con los ojos cerrados; nosotros oramos con los ojos bien abiertos. La oración no es una serie de palabras que comienza con un «Amado Jesús» y termina con un «Amén». De hecho, la mejor oración ni siquiera comprende palabra alguna; la mejor oración es una vida bien vivida. Dios quiere que toda nuestra vida sea una oración, de la misma manera que quiere que toda ella sea un acto de adoración.

Laubach describe el «juego con minutos» de esta manera:

Tratamos de traerlo a la mente, por lo menos durante un segundo de cada minuto. No necesitamos olvidar las demás cosas, ni dejar de trabajar, pero lo invitamos a él a compartir todo lo que hacemos, decimos o pensamos. Somos centenares los que hemos experimentado hasta hallar manera de permitirle que comparta cada minuto de las horas que pasamos despiertos.

Una de las maneras en que Frank Laubach jugaba el «juego con minutos» era dispararles oraciones a las personas. Algunas pasaban junto a él sin reacción alguna, mientras que otras volvían el rostro súbitamente y sonreían. En ocasiones, cambiaba por completo el porte de la persona.

Seis meses después de haber comenzado su experimento, Laubach escribió estas palabras en su diario de oración:

El lunes pasado fue el día más completamente exitoso de mi vida hasta el momento presente, en cuanto a lo que tiene que ver con entregarle mi día a Dios en un sometimiento total y continuo… Recuerdo cómo cuando miraba a las personas con el amor que Dios me daba por ellas, me devolvían la mirada y actuaban como si quisieran irse conmigo. Yo sentí entonces que por un día pude ver un poco de ese maravilloso atractivo que tenía Jesús mientras iba por el camino día tras día, «ebrio de Dios» y radiante con la interminable comunión de su alma con Dios.

Un experimento de oración como este puede convertir un viaje al trabajo, una caminata, un momento de ejercicios o una reunión en una significativa disciplina espiritual. Aunque no estoy a favor del movimiento real de lanzar una oración, es una gran manera de tirar del gatillo que se nos presenta en 1 Timoteo 2:1: «Recomiendo, ante todo, que se hagan plegarias, oraciones, suplicas y acciones de gracias por todos».

¿Qué pasaría si dejáramos de leer las noticias y comenzáramos a orarlas? ¿Qué pasaría si las reuniones durante los almuerzos se convirtieran en reuniones de oración? ¿Y si convirtiéramos cada problema, cada oportunidad, en una oración?

Tal vez nos encontraríamos mucho más cerca de nuestra meta: orar sin cesar.

Capítulo 14

La velocidad de la oración

En el mundo de la aviación, la barrera del sonido se consideraba en el pasado como la barrera infranqueable. Muchos ingenieros creían que el Mach 1 representaba una muralla de aire impenetrable, y las docenas de pilotos que murieron tratando de romper la barrera le dieron solidez a esta creencia. A velocidades bajas, las ondas de choque no constituyen un factor, pero según el avión alcanza velocidades más elevadas, entra en juego una aerodinámica nueva. Cuando el avión se acerca a la velocidad del sonido, las ondas de choque aumentan y causan que el piloto pierda el control del aparato. La acumulación de presión aérea frente al avión causa olas de resistencia. Y como el aire que va sobre el ala viaja con mayor velocidad que el aire que va por debajo de ella, debido al principio de Bernoulli, el resultado típico es una catastrófica caída en picada. Los británicos, entre otros, suspendieron su intento de romper la barrera del sonido cuando su prototipo, el Swallow, se destruyó a sí mismo yendo a Mach ,94. Pero eso no impidió que un joven piloto estadounidense llamado Chuck Yeager intentara lo imposible.

El 14 de octubre de 1947, un B–29 cuatrimotor despegó de Muroc Field, a gran altura dentro del desierto de California. Unido al vientre del bombardero estaba el avión experimental Bell X–1. A los siete mil seiscientos metros de altura, el X–1 se desprendió del fuselaje, su motor de cohete entró en acción, y después ascendió hasta los doce mil ochocientos metros. Cuando el avión se aproximaba al Mach 1, comenzó a sacudirse con violencia. El desafío que significaba controlar el avión se complicaba por el hecho de que Yeager se había roto dos costillas mientras montaba a caballo dos días antes. No les dijo nada a sus colegas porque no quería retrasar la historia, su oportunidad de formar parte de ella. Cuando su avión alcanzó el Mach ,965, el velocímetro se volvió loco. En el Mach ,995, la fuerza G le nubló la visión y le revolvió el estómago. Entonces, cuando todo parecía indicar que el avión se desintegraría, hubo una fuerte explosión sónica, seguida por un silencio casi instantáneo y espeluznante. Cuando el avión cruzó la barrera del sonido, mil doscientos kilómetros por hora, la presión del aire pasó del frente del avión a la parte trasera. Las ondas de choque que habían golpeado la cabina se convirtieron en un mar de vidrio. Yeager alcanzó el Mach 1,07 antes de apagar los motores y regresar a tierra. La barrera inquebrantable había sido quebrantada.

Yo tuve el privilegio de escuchar a Chuck Yeager cuando relataba sus experiencias en el Museo Nacional Smithsoniano del Aire y el Espacio con la tropa de Exploradores Lobatos de Parker. Frente al Teatro IMAX, donde Yeager dio su conferencia, el Bell X–1 se encuentra simbólicamente suspendido en medio del aire, junto con otros aviones históricos y naves espaciales. Cada uno de ellos representa un paso de avance. Cada uno de ellos es símbolo de que lo imposible se puede volver posible. Cada uno de ellos es un testimonio del ingenio del que goza el irreprimible ingenio humano, lo cual, por supuesto, es un don del Espíritu Santo.

Igual que existe una barrera del sonido, también existe una barrera de la fe. Y romper la barrera de la fe en el ámbito espiritual es muy parecido a romper la barrera del sonido en el ámbito físico. Si quieres experimentar un paso al frente en lo sobrenatural, tienes que orar sin desmayar. Pero cuando te vayas aproximando al momento de romper la barrera, muchas veces lo que parece es que estás a punto de perder el control de todo; que estás al borde de la destrucción. Entonces es cuando necesitas empujar más aún y orar sin desmayar. Si se lo permites, tus desilusiones te van a frenar. Si se lo permites, tus dudas van a hacer que tus sueños caigan en picada. En cambio, si oras sin desmayar, Dios se manifestará, y tú experimentarás un avance al mundo sobrenatural.

La explosión sónica

Casi como si fuera una explosión sónica en tu espíritu, llega un momento en la oración en el que sabes que Dios te ha respondido. En ese momento, tu frustración y tu confusión ceden el lugar a una tranquila seguridad. Tu espíritu se convierte como un mar de vidrio, porque sabes que ya nada está en tus manos, sino que está en las manos todopoderosas de Dios. La resistencia natural que te estaba frustrando se convierte en un impulso sobrenatural que te empuja.

Recuerdo el momento en el que supe en mi espíritu que Dios nos iba a dar la última propiedad de Capitol Hill, la que habíamos estado rodeando con un círculo de oración. Yo no descubrí que nos habían concedido el contrato sino hasta estar en medio de mi viaje al Perú, pero sabía que lo íbamos a conseguir, aun después de haberlo perdido. Estábamos en una reunión de personal relativamente rutinaria que se había convertido en una reunión de oración. Nos arrodillamos, pero a mí me parecía que aún no estaba lo suficientemente bajo. Me sentí tan dependiente y desesperado, que terminé postrado sobre mi rostro. La siguiente cosa que recuerdo es que estaba llorando de manera incontrolable. Mi cuerpo se agitaba realmente mientras yo clamaba a Dios en busca de una respuesta.

Esos momentos de quebrantamiento absoluto ante Dios son muy pocos y muy distantes entre sí. Por lo general, la timidez interfiere, pero aquel día no pudo. Perdí el control. Y para serte totalmente sincero, me sentía avergonzado. Pero si estás avergonzado por razones justas, entonces se trata de una vergüenza santa. Y cuando llegas al punto en el que te interesa más lo que piensa Dios, y menos lo que piensa la gente, estás acercándote al gran paso al frente.

Me parece que los miembros del personal se quedaron un tanto sorprendidos, pero oraron conmigo mientras yo oraba con fervor. Formaron un círculo de oración a mi alrededor. Y cuando hay acuerdo en la oración, es como si hubiera un círculo doble. En algún punto, cuando yo sentía que me estaba destrozando por dentro, hubo una explosión sónica en mi espíritu. Fue como si se hubiera producido un desplazamiento de placas tectónicas en lo más profundo de mi alma. La duda cedió el lugar a la fe. Supe que podía dejar de orar, porque había orado sin desmayar. El asunto estaba resuelto.

El ayuno de Daniel

En las encrucijadas críticas de mi vida, he hecho el ayuno de Daniel. Se le llama «el ayuno de Daniel» porque se inspira en los ayunos que Daniel hizo en los momentos más críticos de su vida, e imita su forma. Es diferente a un ayuno total, porque la dieta suele consistir en frutas, vegetales y agua. Y lo típico es que se haga con una meta concreta y un tiempo definido en mente. Fue un ayuno de diez días el que comenzó la rápida subida de Daniel al poder; fue un ayuno de veintiún días el que terminó en un encuentro con un ángel.

Cuando se ayuna y ora por turnos, se vuelve casi como una acera móvil que lo lleva a uno al punto de destino en la mitad del tiempo. El ayuno tiene la forma de hacer caminar con mayor rapidez nuestras oraciones. Puesto que ayunar es más difícil que orar, el ayuno es una forma de orar sin desmayar. En mi experiencia, es la distancia más corta hasta un gran paso de avance.

Escucha estas palabras que el ángel le dijo a Daniel:

«No tengas miedo, Daniel. Tu petición fue escuchada desde el primer día en que te propusiste ganar entendimiento y humillarte ante tu Dios. En respuesta a ella estoy aquí. Durante veintiún días el príncipe de Persia se me opuso, así que acudió en mi ayuda Miguel, uno de los príncipes de primer rango. Y me quedé allí, con los reyes de Persia. Pero ahora he venido a explicarte lo que va a suceder con tu pueblo en el futuro, pues la visión tiene que ver con el porvenir».

¿Te puedes imaginar una conversación entre tú y tu ángel guardián? Va a ser una de nuestras conversaciones más reveladoras cuando lleguemos al cielo, pero Daniel pudo mantener una corta conversación a este lado del continuo espacio–tiempo. Para algunos de nosotros, va a ser una conversación increíblemente larga porque hemos mantenido sumamente ocupado a nuestro ángel. Ciertamente, este es el caso de Daniel. No puedo menos que preguntarme si de paso no conversarían algo acerca del foso de los leones.

Como todos los saludos de los ángeles, sus palabras comienzan con un «no tengas miedo». Supongo que forme parte del protocolo de los ángeles. Entonces, el ángel le revela las realidades del ámbito espiritual de una forma que no vemos en ningún otro lugar de las Escrituras. Sabemos que nuestra lucha no es contra carne ni sangre, pero este encuentro le da cuerpo a esa lucha. El ángel revela lo importante que es orar sin desmayar. También revela la guerra espiritual que se está luchando al otro lado de la cortina de nuestro ser consciente. Y revela la forma en que son procesadas las oraciones.

La oración de Daniel fue oída antes que las palabras pasaran siquiera por sus cuerdas vocales, pero hasta el día veintiuno no experimentó el resultado debido a una opresión espiritual. Un espíritu maligno conocido como el príncipe del reino de Persia se resistió al llamado por ayuda angélica hasta ese mismo día.

Ahora me tengo que hacer una pregunta contraria a los hechos: ¿Y si Daniel hubiera dejado de orar en el día número veinte? La respuesta es sencilla: Se habría perdido el milagro el día antes *del día*. Yo no sé en qué momento estás en la línea entre orar sin desmayar y que se produzca un progreso. Tal vez estés en el primer día. Tal vez en el vigésimo. Cualquiera que sea la situación, puedes orar con una santa seguridad, sabiendo que con cada círculo de oración, te encuentras a una oración menos de distancia. No te rindas. Como en el caso de Daniel, ¡la respuesta viene en camino!

El estómago vacío

Hay más de una forma de trazar un círculo de oración. De hecho, algunas veces es algo que exige más que oración solamente. Yo creo que ayunar es una forma de trazar un círculo. De hecho, el estómago vacío podría ser la postura de oración más poderosa de las Escrituras.

Hasta Jesús dijo que algunos milagros no son posibles solo por la vía de la oración. Hay milagros que solo son accesibles por la vía de la oración y el ayuno. Hace falta la combinación de la oración con el ayuno para abrir algunos candados de doble llave.

Cuando tengo que tomar una decisión importante, hago un círculo a su alrededor con ayuno. Esto no solo purifica mi cuerpo, sino que también purifica mi mente y mi espíritu. Cuando necesito dar un gran paso adelante, trazo a su alrededor un círculo de ayuno. Esto no solo echa abajo los retos a los que me estoy enfrentando; también destruye las callosidades de mi corazón.

Tal vez haya algo por lo que has estado orando, pero necesites también ayunar. Es necesario que lo lleves hasta el siguiente nivel. Necesitas trazar un doble círculo, ayunando por tus hijos, por un amigo o por tu negocio.

Yo he tratado de convertir el ayuno en una rutina regular, haciendo un ayuno de Daniel a principios de año. Durante el ayuno de Daniel de este año, me sentí guiado a orar para pedir siete milagros. Ya sé lo que estás pensando: *¿Es eso todo lo que él hace siempre?* Tal vez te estés preguntando también si tengo algún tipo de fijación con el número *siete*. Te aseguro que no la tengo. Y lo cierto es que solo he hecho esto dos veces en mi vida. No estoy ni cerca siquiera de creer que recibiré la cantidad y la calidad de milagros que podría o debería.

Han pasado varios años desde que escribí siete milagros en una piedra, y creí que Dios quería ensanchar de nuevo mi fe. En lugar de escribirlos en una piedra, bajé la aplicación Evernote y pasé estas peticiones de oración a mi iPhone.

La última vez tenía dos de siete. Esta vez tengo cinco de siete. Y estos siete milagros son mayores que los siete milagros anteriores.

Uno de los siete milagros por los que oré era un milagro de un millón de dólares para acabar de pagar nuestra hipoteca sobre Ebenezer's Coffeehouse. Durante el ayuno, terminamos de pagar esa deuda de un millón de dólares. De hecho, pagamos todas nuestras deudas. Y así, en los doce meses pasados hemos adquirido propiedades por más de diez millones, *y* estamos libres de deudas por vez primera en diez años. Solo Dios.

Sin embargo, los milagros mayores no son los financieros. Los mayores son los centenares de personas que han sometido su vida al señorío de Jesucristo. En nuestro último bautismo, un par de docenas de personas de la NCC profesaron públicamente su fe. Nosotros les pedimos a todos los candidatos al bautismo que escribieran el testimonio sobre la forma en que llegaron a la fe en Cristo, y yo apenas los pude leer a través de mis lágrimas. Cada uno de ellos es un testimonio a favor de la soberanía de Dios y un trofeo de su gracia.

La génesis

Permíteme ahora que te haga una pregunta en cuanto a la secuencia de los acontecimientos: ¿Cuándo se produjo el gran paso hacia delante que dio Daniel? ¿Fue en el mismo primer día, en el momento en que comenzó a trazar el círculo, o fue en el momento en que había orado sin desmayar y experimentado el encuentro con el ángel en el día veintiuno?

La respuesta es que fue en ambos momentos. Todo gran paso hacia delante tiene una génesis y una revelación, tanto en sentido literal, como figurado. Hay un primer paso y un segundo paso adelante.

Permíteme que vuelva a trazar el círculo.

«Tan pronto como empezaste a orar,
Dios contestó tu oración».

Esta revelación tiene el poder de cambiar tu punto de vista con respecto a la oración. Te inspirará a soñar en grande, orar sin desmayar y pensar a largo plazo. La respuesta ya está dada mucho antes de ser revelada. Esto no es diferente al milagro de Jericó, sobre el cual

Dios dijo que ya les había dado la ciudad, usando el tiempo pasado. ¿Te das cuenta de que la victoria ya ha sido ganada? Nosotros aún estamos esperando su revelación en tiempo futuro, pero la victoria ya ha sido ganada por medio de la muerte y resurrección de Jesucristo. Todo se ha cumplido. En este momento, no se trata solamente de que Dios nos diera su gracia; se trata también de que cumplió todas sus promesas. Cada una de ellas es sí en Cristo. Tiempo pasado. Tiempo presente. Tiempo futuro. La revelación plena no tendrá lugar hasta que él regrese, ese regreso que profetizó Daniel, pero la victoria ya ha sido ganada de una vez por todas, y para todos los tiempos.

Después de la milagrosa compra de la última propiedad en Capitol Hill, en la esquina de la octava calle y Virginia, yo pensaba que Dios ya había terminado, pero Dios solo estaba comenzando. El gran peligro que hay cuando Dios hace un milagro es que nos acomodamos. Entonces es cuando debemos permanecer humildes y hambrientos. Si nos descuidamos, podemos perder fe sencillamente porque ya tenemos lo que necesitábamos. Eso no es solo un mal manejo de un milagro, sino que es una burda negligencia. Una de las razones por las cuales Dios hace milagros, es para ensanchar nuestra fe, de manera que nosotros podamos trazar círculos mayores y él pueda hacer milagros más grandes y mejores.

Sinceramente, yo estaba exhausto después de cuatro meses de trazar círculos alrededor de la octava calle y Virginia, y me sentía satisfecho con nuestras pisadas. Entonces fue cuando alguien de nuestra congregación que tenía más fe que su pastor, dijo: «Necesitamos creer que Dios nos va a dar toda la manzana». Al principio, toda una manzana de la ciudad parecía demasiado grande para trazar un círculo alrededor de ella, sobre todo cuando las propiedades en Capitol Hill valen catorce millones de dólares por acre. Pero aquello resonó como una explosión sónica en mi espíritu. Sabía que Dios quería que consiguiéramos el taller de mecánica que había en la esquina de la séptima calle y Virginia. El problema era que ni siquiera lo estaban vendiendo.

También sabía que el taller sería una espina en la carne si no lo comprábamos, porque era un verdadero adefesio. Así que comenzamos a orar, y para serte sincero, yo quería que al menos por una vez tuviéramos una respuesta fácil. Lo irónico es que el taller de mecánica resultó más difícil todavía. Los dueños no solo se resistían a las ofertas; nuestro corredor de bienes raíces nos dijo que les habían roto contratos en la cara a las personas que les hacían ofertas... unas ofertas que alcanzaban cerca de dos millones más que nuestra oferta original. Parecía una pelea imposible, a menos que Dios estuviera peleando por nosotros; pero si Dios estaba peleando por nosotros, entonces yo sabía que la victoria ya estaba ganada.

Sabía que no me podía limitar a orar por aquel milagro. Había que unirlo al ayuno, así que hicimos diversos ayunos durante varios meses. También me parecía que hacía falta que todo nuestro personal le impusiera las manos a la propiedad, así que hicimos un pequeño viaje al lugar el 15 de septiembre de 2010. Cuando les impusimos las manos a aquellas paredes de bloque, hubo un momento de génesis.

Durante varios meses, nuestras negociaciones permanecieron estancadas. El problema estaba en que ellos eran los que tenían la sartén por el mango. Sabían que nosotros queríamos y necesitábamos el lugar, y ellos no lo querían ni necesitaban vender. Nuestro único recurso estaba en la oración, pero la oración es un mango excelente para cualquier sartén. Trazamos círculos alrededor de aquella propiedad tantas veces, que casi me siento sorprendido de que las paredes no se cayeran como las de Jericó.

El 15 de enero de 2011, cuatro meses exactos después del día en que le impusimos las manos, yo me dirigía por avión a Portland, Oregón. Cuando el avión aterrizó, en mi teléfono apareció un mensaje de texto procedente de nuestro corredor de bienes raíces, diciéndome que se había realizado el trato. No lo podía creer y al mismo tiempo, sí lo podía creer.

Por supuesto, la pregunta es esta: ¿Cuándo se cerró el trato? ¿Se cerró el 15 de enero, o ya era un trato cerrado el 15 de septiembre? La respuesta es que ambas cosas son ciertas. La génesis de todo fue el que impusiéramos las manos sobre aquel taller de mecánica el 15 de septiembre; su revelación fue un contrato que se firmó el 15 de enero. Desde el 15 de enero de 2011, es probable que seamos la única iglesia de los Estados Unidos que es propietaria de una cafetería y un taller de mecánica.

Una decisión

Todo milagro tiene un momento de génesis.

En el siglo primero antes de Cristo, fue un círculo trazado en la arena por un sabio llamado Honi. Para Moisés, fue la proclamación de que Dios los proveería de carne para que la comieran en medio del desierto, aunque no tenía idea de cómo lo iba a hacer. Para Elías, fue ponerse de rodillas siete veces y orar para pedir la lluvia. Para Daniel, yo creo que se remonta a una decisión.

El destino no es un misterio. Para bien o para mal, tu destino es el resultado de tus decisiones diarias y de tus decisiones determinantes.

Daniel tomó la decisión de detenerse, caer de rodillas y orar tres veces al día. Esas decisiones diarias se van sumando. Si tomas buenas decisiones diariamente, tienen un efecto acumulativo que produce dividendos para el resto de tu vida.

Además de las decisiones diarias, están las decisiones determinantes. Solo tomamos unas pocas decisiones determinantes en la vida, y después nos pasamos el resto de nuestra vida manejándolas. Tal vez hayas tomado algunas malas decisiones que te han llevado donde no quieres estar. Te tengo una buena noticia: solo estás a una decisión de distancia de una vida totalmente nueva.

Daniel tomó una de esas decisiones determinantes siendo aún un adolescente. Tal vez esta no parezca gran cosa, pero cambia el curso de su vida, y el de la historia. El ascenso de Daniel al poder se remonta a una resolución que había tomado.

«Daniel se propuso no contaminarse con la comida y el vino del rey».

Daniel arriesgó su reputación al rechazar la comida real. Aquello era un insulto al rey, pero él estaba más preocupado por no insultar a Dios. Él sabía que estaría violando las leyes judías relacionadas con la comida, y aunque esto no haya parecido tan importante, si obedecemos a Dios en las cosas pequeñas, entonces Dios sabrá que nos puede usar para hacer cosas grandes. Esta decisión de Daniel de no estar dispuesto a hacer concesiones con respecto a sus convicciones en las cosas pequeñas fue la que lo llevó a su gran oportunidad. Hizo un ayuno de diez días que le ganó el favor del principal funcionario del rey, y ese favor terminó convirtiéndose en su primer trabajo con la administración del gobierno. Entonces, «el favor de aquel que mora en la zarza ardiente» le siguió abriendo puertas a través de una serie de ascensos, hasta que llegó a ser el segundo hombre del reino.

Me pregunto si Daniel habrá tenido alguna vez uno de esos momentos fuera de su espíritu, en los que uno se mira al espejo y se pregunta: «¿Cómo llegué aquí?». ¿La respuesta? Tus decisiones diarias y tus decisiones determinantes. Nunca subestimes el potencial que tiene una resolución para cambiarte la vida. Se puede tratar de un momento de génesis. El destino de Daniel se remonta hasta una resolución de no profanarse a sí mismo, pero tomar la resolución era más fácil que cumplirla. Aquí es donde la oración, unida al ayuno, entra en el juego.

Inténtalo una y otra vez

En mayo de 2009, Brian y su esposa Kristina estaban viendo la película *Fireproof*. Para ellos fue al mismo tiempo una génesis y una revelación. Fue una revelación, porque Brian supo que su adicción a la pornografía destruiría su matrimonio, como le sucedió al matrimonio que se presentaba en la película. Lo había estado destruyendo a él desde que tenía doce años. Fue una génesis, porque Brian, como Daniel, tomó la resolución de no profanarse a sí mismo.

Brian y su novia del colegio universitario se casaron en 1995, pero él siguió viendo pornografía mientras ella estaba en su trabajo. Pensaba que podría dejar de hacerlo cuando tuvieran su primer hijo. No tuvo suerte. Entonces, después de ver *Fireproof*, oró para pedirle a Dios que lo ayudara a dejarlo de un solo golpe. Seis semanas después, falló. Un año más tarde, después de ganar algunas batallas y perder otras, le entregó de nuevo el problema a Dios. Seis semanas más tarde, volvió a fallar. Entonces, el 29 de junio de 2010, lo clavó en la cruz, donde Jesús había ganado la guerra contra el pecado.

El enemigo de nuestras almas es conocido como «el acusador de nuestros hermanos», y cuando se trata de los hermanos, la mayor parte de las acusaciones de Satanás tienen que ver con pecados sexuales. En cuanto a los hombres, es frecuente que la batalla espiritual se gane o se pierda en el campo de batalla de las tentaciones sexuales. Y cuando perdemos una batalla, el enemigo quiere que abandonemos la pelea. ¿Te puedo recordar algo que el enemigo conoce demasiado bien? Aunque tú pierdas algunas batallas, la guerra ya está ganada. Y aunque el enemigo nunca deja de acusarnos, nuestro Aliado Todopoderoso nunca deja de pelear por nosotros; nunca se da por vencido con nosotros.

El 8 de octubre de 2010, Brian celebró cien días de haberse mantenido libre de la pornografía. Era su período más largo de libertad en un cuarto de siglo. Esa fue la noche en la cual el grupo de hombres de su iglesia formó un círculo de oración alrededor de él y oró para pedir que tuviera una mente pura; oraron para que tuviera fuerza de voluntad. Desde aquel momento, Brian ha cambiado mucho. Eso no significa que ya no le queden batallas por luchar. La guerra nunca termina. Eso no significa que pueda dejar de trazar círculos. Tiene que seguir orando sin desmayar. Pero ahora está ayudando a otros hombres como líder de un Grupo de Vida en su iglesia, guiando a los hombres en un estudio del libro de Stephen Arterburn llamado *Every Man's Battle* [La batalla de todos los hombres]. Brian está ganando la batalla, porque Cristo ya ganó la guerra. Y ahora está trazando círculos de oración alrededor de los hombres que Dios está haciendo entrar en su círculo de influencia.

Lo que me encanta de Brian es que, a pesar de sus repetidos fallos, siguió intentándolo. La mayor parte de nosotros nos damos por vencidos después de seis círculos, o de veinte días, o de dos fracasos. En caso de que te perdieras el mensaje la primera vez, si lo sigues intentando, no estás fallando. La única manera en que se puede fallar es cuando se deja de intentar. Si lo sigues intentando, aunque estés teniendo fallos, estás triunfando. Estás honrando a Dios cuando no te das por vencido. A Dios lo honra el que tú sigas tratando; lo honra el que sigas trazando círculos.

Hay un viejo refrán que dice: «Si no triunfas a la primera, inténtalo otra vez, y otra vez más». Este refrán data de principios del siglo diecinueve y procede del libro *The Teacher's Manual* [El manual del maestro], escrito por el educador estadounidense Thomas H. Palmer. Su propósito al escribirlo era animar a los escolares estadounidenses a hacer sus tareas en casa, aunque fueran difíciles, porque la persistencia tiene su recompensa.

En todo caminar espiritual hay reveses. Y si escuchas al acusador de los hermanos, te sentirás como un fracasado. Son demasiados los hombres que han creído sus mentiras. La verdad es esta: la victoria ya ha sido lograda. Para sellar la victoria, todo lo que hace falta es una decisión determinante y una decisión diaria. Esto no significa que vaya a ser fácil. De hecho, mientras más tiempo has estado esclavizado, más difícil te será. Y eso puede resultar abrumador cuando piensas a largo plazo, pero en parte, pensar a largo plazo consiste en ir dividiendo nuestros sueños, metas y problemas en pasos a corto plazo. Y todo siempre comienza por el primer paso.

Haz un círculo alrededor de Daniel 1:8.

Toma la resolución de no profanarte a ti mismo.

Después vuelve a trazar el mismo círculo mañana. Y pasado mañana. Y el día después de pasado mañana.

Algunos de nosotros no comenzamos a pelear la batalla porque no estamos seguros de poder ganar la guerra, pero esa guerra ya ha sido ganada hace cerca de dos mil años en el Calvario. Tú solo te tienes que preocupar de ganar la batalla de hoy. Dios se puede ocupar del día de mañana.

¿Puedes cumplir durante un día tu resolución? Claro que puedes.

Esa decisión determinante te llevará a una decisión diaria, y juntas, estas decisiones determinantes y estas decisiones diarias te irán guiando hacia un destino diferente.

El espíritu contra la carne

En la noche anterior a su crucifixión, Jesús estaba en el huerto de Getsemaní, orando con fervor y pensando a largo plazo. Estaba a punto de enfrentarse a la mayor prueba de su vida, y sabía que necesitaba pasarse toda la noche en oración. Se suponía que sus discípulos debían estar orando también, pero estaban durmiendo. Es probable que fingieran estar orando cuando él los despertó, pero el babeo y los ronquidos los descubrían. Se puede sentir la desilusión en la voz de Jesús cuando les pregunta: «¿No pudieron mantenerse despiertos conmigo ni una hora?».

Vale la pena trazar un círculo alrededor de ese desafío. Tómatelo literalmente. Tómatelo personalmente para ti.

Jesús siempre estaba haciendo lo que fuera necesario por los discípulos, pero los discípulos no pudieron orar sin desmayar junto con él. Ni siquiera pudieron estar una hora en oración. Lo decepcionaron cuando más los necesitaba. Aquello no solo hirió a Jesús, sino que él sabía que los heriría a ellos también.

Permíteme hacer el papel del teórico que va contra los hechos.

Me pregunto si Pedro hubiera negado a Jesús, de haber estado orando en lugar de dormir. ¿Tal vez fracasó tres veces en la prueba porque no había hecho su tarea de orar? Nosotros vemos esas tres negaciones como tres tentaciones, pero tal vez fueran tres oportunidades para enderezar las cosas. Aunque no lo puedo demostrar, creo que Pedro habría pasado la prueba si hubiera estado orando sin desmayar. Pero no lo hizo.

Entonces Jesús dio en el blanco, y somos nosotros los que estábamos en su mirilla.

«El espíritu está dispuesto, pero el cuerpo es débil».

¡Así es siempre! Nunca se han dicho palabras más ciertas.

La mayoría de las personas tienen un espíritu bien dispuesto; es la debilidad de la carne la que se interpone en el camino. El problema no es el deseo. El problema está en el poder; más concretamente, en el poder de nuestra fuerza de voluntad. Aquí es donde entra en juego el ayuno. Ayunar te da más poder para orar porque es un ejercicio de fuerza de voluntad. La disciplina física te da la disciplina espiritual para que ores sin desmayar. El estómago vacío lleva a un espíritu lleno. La combinación de oración y ayuno te dará el poder y la fuerza de voluntad para orar sin desmayar hasta el momento en que te toque dar un gran paso hacia delante.

La velocidad de escape

El 16 de julio de 1969, Neil Armstrong, Michael Collins y Buzz Aldrin subieron a bordo del Apolo 11 en la Plataforma de Lanzamiento 39A, en el Centro Espacial Kennedy. El cohete con sus diversas etapas pesaba 46.776 kilos, pero llevaba 2.556.118 kilos de combustible para la propulsión.

Una cosa es romper la barrera del sonido, pero salir de la atmósfera de la tierra es otra totalmente distinta. En el despegue, los cinco motores produjeron un empuje de 3.409.091 kilos a fin de superar a la fuerza de gravedad del planeta y alcanzar una velocidad de escape de 28.000 kilómetros por hora. Pero esa velocidad solo sirve para poner el cohete en órbita. Si uno quiere que el tiro llegue hasta la luna, necesita superar los 40.000 kilómetros por hora.

La oración es la manera en que escapamos al arrastre gravitacional de la carne y entramos en la órbita de Dios. Es nuestra manera de escapar a nuestra atmósfera para entrar a su espacio. Es la forma en que vencemos nuestras limitaciones humanas para entrar en el ámbito extradimensional en el cual todas las cosas son posibles.

Sin la oración, no hay escape. Con la oración y el ayuno, no hay duda. Como una programación sucesiva, te llevará a unas alturas espirituales que nunca habrías creído posibles. No solo escaparás a nuestra atmósfera; si oras con un poco más de fervor y ayunas un poco más de tiempo, es posible que alcances la luna.

El domingo 20 de julio de 1969, Buzz Aldrin y Neil Armstrong posaron sobre la luna su módulo lunar, el Eagle, en el mar de la Tranquilidad. Lo primero que hicieron fue celebrar la Comunión. A causa de un litigio legal iniciado por Madalyn Murray O'Hair, cuando la NASA transmitió la lectura tomada de Génesis que hicieron los astronautas del Apolo 8, decidió oscurecer la pantalla en esa parte de la transmisión.

Aldrin, anciano de la iglesia presbiteriana (U.S.A.), sacó los elementos de comunión que se le habían proporcionado en la iglesia presbiteriana Webster, de Houston, Texas. En la gravedad de la luna, equivalente a un sexto de la gravedad de la tierra, el vino, después de ondularse, se salió hermosamente por el lado de la copa. Antes de comer el pan y beber de la copa, Aldrin leyó estas palabras del evangelio de Juan:

«Yo soy la vid y ustedes son las ramas. El que permanece en mí, como yo en él, dará mucho fruto; separados de mí no pueden ustedes hacer nada».

Debe ser difícil no soñar en grande cuando uno se encuentra a 382.171 kilómetros de la tierra. Debe ser difícil no orar sin cesar cuando uno está viajando por el espacio a 40.000 kilómetros por hora. Debe ser difícil no pensar a largo plazo, y pensar diferente cuando uno está contemplando cómo se levanta la tierra desde la superficie de la luna.

Después de la mayor hazaña tecnológica que el mundo hubiera presenciado jamás, Aldrin había recorrido de vuelta el círculo hasta llegar a una metáfora tomada de la agricultura, acerca de dar fruto. Hay un largo trecho desde el huerto de Getsemaní hasta el mar de la Tranquilidad, tanto en función de los kilómetros, como en función de los años. Pero cuando plantas algarrobos, nunca sabes cuándo, dónde o cómo van a dar fruto. Pero sí que darán fruto, aunque sea dos mil años más tarde, y a 382.171 kilómetros de distancia, desde aquí hasta el infinito.

Capítulo 15

Lista de metas para la vida

En una lluviosa tarde de 1940, un soñador de quince años de edad llamado John Goddard sacó una hoja de papel y escribió un título en su parte superior: «La lista de mi vida». En una tarde, escribió ciento veintisiete metas para su vida. Es asombroso lo que se puede realizar en una sola tarde, ¿no es cierto? Cuando cumplió cincuenta años, John Goddard había logrado ciento ocho de sus ciento veintisiete metas. Y esas metas no se parecían en nada a las flores de un jardín.

☑ *Sacarle el veneno a una serpiente venenosa.*
☑ *Tirarme al agua desde doce metros de altura y aguantar la respiración dos minutos y medio debajo del agua.*
☑ *Aprender jiujitsu.*
☑ *Estudiar la cultura primitiva de Borneo.*
☑ *Aterrizar y despegar en un portaviones.*
☑ *Correr un kilómetro y medio en cinco minutos.*
☑ *Ir a un viaje misionero de la iglesia.*
☑ *Seguir las rutas de Marco Polo y Alejandro Magno.*
☑ *Aprender francés, español y árabe.*
☑ *Tocar la flauta y el violín.*
☑ *Fotografiar las cataratas Victoria en Rodesia.*
☑ *Encender una cerilla con un rifle calibre ,22.*
☑ *Subir al monte Kilimanjaro.*
☑ *Estudiar los dragones komodo en la isla de Komodo.*
☑ *Construir un telescopio.*
☑ *Leer la Biblia de principio a fin.*
☑ *Circunnavegar el globo.*
☑ *Visitar en Dinamarca el lugar donde nació abuelo Sorenson.*
☑ *Publicar un artículo en la revista* National Geographic.

Mi meta favorita entre las que escribió Goddard es una que nunca logró realizar: *Visitar la luna*. Ahora bien, eso es soñar en grande y pensar a largo plazo. Esa meta se la impuso él antes que nadie hubiera logrado escapar de la atmósfera de la Tierra.

John Goddard no ha logrado todas las metas que se propuso. Nunca ha subido al monte Kilimanjaro, y su intención de visitar todos los países del mundo se ha quedado corta por unos cuantos. También ha habido algunas desilusiones en el camino. Su meta de estudiar los dragones komodo (los lagartos vivientes más grandes del mundo) quedó frustrada cuando su barco tuvo una avería a treinta kilómetros de la costa. De manera que Goddard no ha logrado todas sus metas, pero dudo que hubiera logrado la mitad de ellas si no hubiera comenzado por fijarse las metas en primer lugar. Al fin y al cabo, uno nunca logra unas metas que no se haya fijado.

El cerebro es un órgano que anda siempre en busca de metas. El establecimiento de una meta crea una tensión estructural en nuestro cerebro, el cual va a tratar de cerrar la distancia existente entre el lugar donde estamos y el lugar donde queremos estar; entre la persona que somos y la que queremos llegar a ser. Si no te fijas metas, tu mente se estanca. La fijación de metas es una buena mayordomía de la imaginación que reside en tu cerebro derecho. También es excelente para tu vida de oración.

Cuando leí por vez primera la lista de metas para su vida que había escrito Goddard, me sentí inspirado a hacer mi propia lista de metas para la vida. Aunque comencé hace más de una década, aún considero mi lista de más de cien metas para mi vida como un borrador todavía tosco. Cada año saco de la lista unas pocas metas, y también añado otras nuevas según voy caminando por la vida.

Sueños con fechas límite

¿Qué tienen que ver las metas de la vida con el hecho de soñar en grande? Y en este mismo sentido, ¿qué tiene que ver la fijación de metas con orar sin desmayar y pensar a largo plazo? La respuesta es que tienen una relación total. La fijación de metas es una manera excelente de hacer las tres cosas de manera simultánea.

Las metas son la causa y el efecto de que *oremos sin desmayar*. En primer lugar, la oración es una incubadora de metas. Mientras más ores, más metas del tamaño de Dios te sentirás inspirado a perseguir. Pero la oración no se limita a inspirar metas santas, sino que también se asegura de que sigas orando sin desmayar, porque esa es la única forma en que vas a lograr una meta del tamaño de Dios. Dicho de manera sencilla, lo natural es que las oraciones se conviertan en metas, y lo natural también es que las metas se conviertan en oraciones. Las metas te dan un blanco para tus oraciones.

Jim Collins y Jerri Porras introdujeron en su innovador libro *Built to Last* [Hecho para perdurar] el acrónimo BHAGs (Big Hairy Audacious Goals, en español, grandes y espeluznantes metas audaces). Yo he sustituido la G por una P, por «prayers», oraciones. Pienso que mis metas del tamaño de Dios son «grandes y espeluznantes oraciones audaces» (BHAPs, por las siglas en inglés). Así me obligan a trabajar como si todo dependiera de mí, y orar como si todo dependiera de Dios.

Las metas son una forma excelente de *pensar a largo plazo*. Ya he logrado marcar como realizadas cerca de la cuarta parte de las metas para la vida que tengo en mi lista. Algunas de ellas, como hablar en un culto de la Liga Nacional de Fútbol o ser el entrenador de un equipo deportivo para cada uno de mis hijos, las he marcado numerosas veces. Pero muchas de mis metas me va a llevar toda la vida lograrlas. Tal vez ya tenga setenta y cinco años cuando llegue a los veinticinco libros escritos. No puedo pagar la educación universitaria de mis nietos, mientras no tenga nietos. Y no tengo ni idea de cuándo participaré en el bautismo de tres mil personas en el mismo lugar y al mismo tiempo, como en el día de Pentecostés, pero eso está en mi lista de metas para la vida. Y por eso son metas para la *vida*. Tal vez me lleve toda la vida lograrlas, pero vale la pena esperarlas y trabajar por conseguirlas.

Por último, fijarse metas es una forma práctica de *soñar en grande*. Si la oración es la génesis de los sueños, entonces las metas son su revelación. Las metas son sueños bien definidos que se pueden medir. Llegar a estar en buena forma física no es una meta; es un deseo. En cambio, correr medio maratón es una meta, porque sabes que lo has logrado cuando cruzas la línea de llegada.

Las metas son sueños con fecha límite. Y esas fechas límite, sobre todo si tu personalidad se parece en algo a la mía, en realidad son líneas de vida. Sin una fecha límite yo nunca lograría nada, porque soy de los que lo dejan todo para mañana, y también un perfeccionista. Y por eso hay tantos sueños que quedan sin realizar. Si no le pones una fecha límite a tu sueño, estará muerto antes que te des cuenta. Las fechas límite mantienen vivos los sueños. Y también son las fechas límite las que les devuelven vida.

Yo estuve soñando con escribir un libro durante trece años, pero la falta de una fecha límite mató mi sueño. Mientas no fijé realmente una fecha límite, el día que cumpliera los treinta y cinco años, no pude terminar mi primer original y lograr una de las metas de mi vida.

La visualización

«Muéstrame tu visión, y te mostraré tu futuro».

Tenía veintiún años cuando escuché esas palabras, y nunca las olvidaré. Pero no fueron solo las palabras las que hicieron impacto en mí, sino también el hecho de que las pronunció el pastor de una de las iglesias más grandes del mundo. Sus palabras tenían un peso extraordinario porque él sabía de lo que estaba hablando. Muy pocas personas han tenido sueños más grandes u orado con mayor fervor.

Las Escrituras dicen que «donde no hay visión, el pueblo se extravía». Lo opuesto también es cierto. Donde sí hay visión, el pueblo prospera. El futuro siempre es creado dos veces. La primera creación se produce en nuestra mente, cuando nos lo imaginamos; la segunda creación se produce cuando, literalmente, lo encarnamos.

La visión comienza con la visualización. En 1995, Álvaro Pascual-Leone hizo un estudio en el cual validaba la importancia de la visualización. Un grupo de voluntarios practicaron un ejercicio de piano con cinco dedos mientras unos neurotransmisores monitoreaban su actividad cerebral. Como era de esperarse, las neuroimágenes revelaban que la corteza motora estaba activa mientras practicaban el ejercicio. Entonces los investigadores les pidieron a los participantes que practicaran aquel ejercicio de piano con la mente. La corteza motora estaba tan activa cuando lo estaban practicando con la mente, como durante su práctica física. De manera que llegaron a la siguiente conclusión: los movimientos que nos imaginamos desencadenan cambios sinápticos al nivel cortical.

Este estudio confirmó estadísticamente lo que los atletas ya sabían de manera instintiva. La práctica mental es tan importante o más que la práctica física. Es la mente sobre la materia. Y esto da testimonio del poder que tiene la imaginación del cerebro derecho y la importancia que tiene el que nuestros sueños sean bien definidos. Cuando soñamos, nuestra mente forma una imagen mental que se convierte al mismo tiempo en imagen y mapa de nuestro destino. Esa imagen del futuro es una dimensión de la fe, y la forma en que se enmarca es trazando un círculo de oración alrededor de ella.

En 1992, un nadador canadiense llamado Mark Tewksbury ganó la medalla de oro en los doscientos metros del estilo de espalda en las Olimpíadas de Barcelona. Cuando se subió al pedestal para recibir la medalla de oro, no era la primera vez que lo había hecho. Se había subido al pedestal de la medalla de oro la noche anterior a la competencia, y se lo había imaginado todo antes que sucediera. Con los ojos de la mente, había visualizado todos los detalles de la competencia, incluyendo su victoria por muy poco margen, adelantando a última hora hasta el primer lugar.

El equipo australiano de navegación a vela hizo lo mismo como preparación para la Copa de América de 1983. Tres años antes de la competencia, el entrenador hizo una grabación en la cual el equipo australiano vencía al estadounidense. Narró la competencia con un sonido de fondo que era el de un barco de vela surcando el agua. Les exigió a todos los miembros del equipo que escucharan aquella cinta grabada dos veces al día durante los tres años. Cuando salieron rumbo a la bahía de San Diego, ya habían vencido al equipo estadounidense dos mil ciento noventa veces en su imaginación.

El simple acto de imaginarnos algo, no solo cambia el mapa de nuestra mente, sino que también forma un mapa. Y ese es el propósito por el cual nos fijamos metas. Si los sueños son el destino, las metas son el GPS que nos lleva hasta él. Así que, antes de compartir contigo mi lista de metas, permíteme volver sobre mis pasos y explicarte cómo llegué a ellas.

Los diez pasos hacia la fijación de metas

Las metas son tan únicas como nosotros. Deben reflejar nuestra personalidad y nuestras pasiones únicas. Y llegamos a ellas por diferentes avenidas. Pero estos diez pasos para llegar a la fijación de metas nos pueden guiar cuando tracemos un círculo alrededor de las metas de nuestra vida.

1. Comienza por orar

La oración es la mejor manera de echar a andar el proceso de fijación de metas. Te recomiendo mucho que hagas un retiro personal o tengas un tiempo de ayuno. Yo escribí mi lista original de metas para la vida durante un retiro de dos días en el Rocky Gap Lodge, en

Cumberland, Maryland. Lo relajado que tenía mi calendario me dio el margen que necesitaba para soñar en grande, orar sin desmayar y pensar a largo plazo. Mi lista original solo contenía veinticinco metas. Pocos años más tarde, durante un ayuno de diez días, revisé y amplié la lista.

Si te fijas tus metas dentro del contexto de la oración, hay una probabilidad mucho mayor de que esas metas glorifiquen a Dios, y si no lo glorifican, no habrá valido la pena que te las hayas fijado como metas, en primer lugar. Así que comienza por la oración.

2. Comprueba cuál es tu motivación

Si te fijas metas egoístas, espiritualmente te iría mucho mejor si no las llegaras a realizar. Por eso necesitas comprobar cuál es tu motivación en cada caso. Necesitas mirarte al espejo por largo rato y con sinceridad, a fin de asegurarte de que vas a perseguir esas metas por unas razones que son las correctas.

Una de nuestras metas —crear una fundación familiar— fue inspirada por mi papel como síndico de una fundación de caridad. El hombre que creó la fundación murió trágicamente al ser atropellado por un automóvil mientras visitaba Londres, pero había incluido la fundación en su testamento. Han pasado casi dos décadas desde su muerte, pero su legado consiste en centenares de ministerios que han recibido un capital de semilla bajo la forma de un subsidio. Por poco o mucho que sea el dinero que ganemos, ese legado de generosidad nos está inspirando a hacer como familia algo similar.

Al darte a conocer mi lista de metas para la vida, sé que estoy poniendo en riesgo mi reputación, porque sería fácil interpretar de manera errónea la motivación que ha inspirado algunas de mis metas. Por ejemplo, tener una casa para pasar las vacaciones parecería algo egoísta, pero nuestra motivación es usar esa casa para bendecir a los pastores que no se pueden permitir unas vacaciones ¿Por qué? Porque otros nos bendijeron a nosotros de esa manera cuando no nos podíamos permitir unas vacaciones. Sí, nos encantaría tener un lugar al cual escaparnos, porque vivimos en un ambiente urbano. Sí, es una manera de diversificar nuestras inversiones y ahorrar para el retiro. Sin embargo, nuestra motivación más profunda consiste sencillamente en devolver la bendición recibida.

Dicho sea de paso, esta meta aún no la he anotado en la lista como cumplida, porque al establecer las prioridades, quedó casi al final de la lista. No pensamos perseguir esa meta a expensas de las metas que tenemos en cuanto a dar, porque estas metas toman precedencia sobre todas las otras metas relacionadas con las finanzas. Hace más de una década, yo tuve un cambio de paradigmas en lo que a finanzas se trata. Dejé de fijar «metas a conseguir» para comenzar a fijar «metas a dar». Todas nuestras metas financieras son metas sobre lo que nos proponemos dar, porque ese es nuestro enfoque central. Nuestra motivación para conseguir más dinero, es dar más. Al fin y al cabo, uno se gana la vida con lo que consigue, pero hace su vida con lo que da.

3. Piensa en función de categorías

Es difícil sacar de la nada las metas para la vida. Te recomiendo que veas las listas de metas para la vida que tengan otras personas. No te dediques a copiar las metas de otro, pero verlas es una forma excelente de despertar tus propias ideas.

Otro truco que me ha ayudado es pensar en función de categorías. Mis metas se dividen en cinco categorías: (1) familia; (2) influencias; (3) experiencias; (4) físicas y (5) viajes. Hay una omisión obvia: una categoría para las metas espirituales, pero esa omisión es intencional. Todas mis metas tienen una dimensión espiritual. Algunas de ellas son obviamente espirituales, como llevar a cada uno de mis hijos a un viaje misionero, o leer la Biblia de principio a fin en siete traducciones distintas; pero correr un triatlón con mi hijo también fue una experiencia espiritual. Toda meta que cultive la disciplina física, cultivará también las disciplinas espirituales.

Hasta la meta de mi lista que parecería la menos espiritual, ir a un Super Bowl, resultó tener también un componente espiritual. Después que los Packers ganaron el juego del campeonato del año 2010 en la Conferencia Nacional de Fútbol, yo envié un mensaje por twitter diciendo que estaba dispuesto a predicarle al que me diera las entradas. Lo hice medio en broma, pero Bryan Jarrett, un pastor amigo de Dallas, me lo tomó en serio. Yo nunca habría gastado el dinero que hacía falta para comprar las entradas, pero sí me encantó predicar para conseguirlas. Mejor todavía fue que el Super Bowl número 45 coincidió con el día de cumpleaños de Josiah, y él me acompañó. Durante un día entero, creo que me gané el premio al Mejor Padre del Día. Por supuesto, este asunto tuvo su parte grave, y es que nunca tendrá un regalo de cumpleaños que se parezca siquiera a aquel. Ninguno de los dos olvidará jamás esa experiencia, pero lo que la hizo aún más significativa, fue que pude predicar el evangelio. Me emocionó formar parte de la celebración del Super Bowl, pero esa celebración palidece comparada con la celebración que hubo en el cielo por todo aquel que puso su fe en Cristo en la mañana en que prediqué. Esa meta resultó siendo una de las experiencias más grandiosas de mi vida, en la cual para mí todo fue ganancia.

4. Sé concreto

Al igual que pasa con nuestras oraciones, también necesitamos que nuestras metas sean concretas. Si no nos es posible medir una meta, no tendremos manera de saber si la hemos alcanzado. Perder peso no es una meta, si no tenemos un peso determinado al que queremos llegar dentro de un tiempo prefijado.

Una de las formas en que yo he hecho más específicas mis metas es añadiéndoles edades. Quiero terminar un triatlón en mis cincuenta y tantos y mis sesenta y tantos años. Se trata de dos metas distintas que llevan el sello del momento en que las debo alcanzar. También he añadido matices que hacen más significativas mis metas. No solo quiero ver la Torre Eiffel, sino que le quiero dar un beso a Lora en lo más alto de la Torre Eiffel.

Fue sumamente difícil añadirles números a algunas de mis metas en cuanto a dar y a escribir, pero decidí que era mejor apuntar alto y quedarme corto, que apuntar hacia abajo y darle al blanco. Y no tiene nada de malo que les hagamos revisiones a nuestras visiones.

Yo no puedo controlar la cantidad de libros que vendo, y nunca me he enfocado en este asunto. Escribo porque he sido llamado a escribir. Pero me sentí inspirado por una meta establecida por Jack Canfield y Mark Hansen, coautores de la serie Sopa de Pollo para el Alma. De sus libros se han vendido más de ochenta millones de ejemplares, y su visión para el año 2020 es haber vendido mil millones de libros, y entregar quinientos millones de dólares a obras de caridad. Me encantan la motivación de esta meta y lo concreta que es.

Una de las metas para la vida que tenemos Lora y yo es terminar viviendo 90/10. En otras palabras, queremos vivir con el diez por ciento de nuestros ingresos y dar el noventa por ciento restante. La inspiración para esa meta nos vino mientras leíamos una biografía de J. C. Penney, el fundador de la cadena de tiendas por departamentos que lleva su nombre. Él comenzó dando el diez por ciento y viviendo con el otro noventa por ciento, pero al final de su vida, ya estaba dando el noventa por ciento y viviendo con el otro diez por ciento. Cada año, Lora y yo tratamos de aumentar el porcentaje de nuestros ingresos que le devolvemos a Dios. A lo largo del camino tenemos puntos de referencia, como vivir 80/20 y vivir 50/50. Al final, nuestra meta es invertir el diezmo, o sea, dividir con Dios los ingresos 90/10.

Y ya que mencioné a J. C. Penney, vale la pena repetir lo que él decía acerca de la importancia de las metas. «Dame un empleado encargado de las existencias que tenga una meta, y te daré un hombre que va a hacer historia», decía Penney. «Dame un hombre sin ninguna meta, y te daré un empleado encargado de las existencias».

5. Escríbelas

Tengo un dicho que les repito a mi familia y a nuestro personal todo el tiempo: «El lápiz más corto es más largo que el más largo de los recuerdos». Si no has escrito tus metas, en realidad es que todavía no las has establecido. Algo poderoso sucede cuando uno verbaliza una meta, ya sea en una conversación o en un diario. Y es algo superior a una simple buena idea; es una idea de Dios:

«Escribe la visión, y haz que resalte claramente en las tablillas».

En más de una ocasión he podido alcanzar una meta casi inmediatamente después de fijármela. Hace algunos años escribí un blog acerca de una nueva meta que acababa de añadir a mi lista: visitar la Capilla del Castillo de Wittenberg, en Alemania, donde Martín Lutero clavó sus noventa y cinco tesis y encendió la chispa de la Reforma Protestante. Al mismo día siguiente, recibí una invitación para que formara parte de una reunión de líderes y pensadores en la que se discutiría el aspecto que tendría la próxima Reforma. ¿El lugar? Wittenberg, Alemania. ¡Y nuestra reunión se llevó a cabo en el Día de la Reforma!

En algún momento del proceso de establecer una meta, necesitas reunir el valor suficiente para expresarla verbalmente. Ese acto de verbalización es un acto de fe. Cuando escribes una meta, ese escrito te hace rendirle cuentas. Lo mismo sucede con un diario de oración. Yo solía pensar que las oraciones escritas eran menos espirituales porque eran menos espontáneas. Ahora pienso lo contrario. Una oración escrita exige más fe, sencillamente porque es más comprometedor escribirla que decirla. Pero lo hermoso que tienen las oraciones escritas en particular, y los diarios de oración en general, es que tienes un registro escrito de tu oración. Demasiadas veces no celebramos la respuesta a una oración, sencillamente porque hemos olvidado lo que pedimos antes que Dios nos responda.

6. Incluye a otras personas

Yo solía tener una gran cantidad de metas personales, pero he reemplazado la mayoría de ellas por metas compartidas. Nada le da mayor solidez a una relación, que una meta compartida. Las metas estrechan las relaciones. Y Dios fue quien estableció el modelo con la Gran Comisión. Si quieres acercarte más a Dios, persigue la meta de su tamaño que él mismo estableció hace cerca de dos mil años. También he descubierto que cuando uno persigue una meta junto con otra persona, su gozo se duplica.

Una de mis metas en cuanto a viajes era pasar una noche con Lora en la Isla Catalina, frente a la costa del sur de California. Me enamoré de aquella idílica isla la primera vez que la visité, hace ya diez años. Caminé por las calles y recorrí todo el pueblo. Hasta pude anotar como cumplida una meta de mi vida cuando practiqué paravelismo sobre el océano Pacífico. Fue un día mágico, pero estaba yo solo, y sin Lora no era igual. Me pasé todo el día pensando: *Cómo quisiera que Lora estuviera aquí.* Así que una de mis metas es llevar a Lora allí algún día, para que la podamos experimentar juntos.

Muchas de mis metas giran en torno a mi familia. Están hechas a la medida de la personalidad y las pasiones únicas de mi esposa y de mis hijos. Josiah es el mayor fanático del fútbol, así que se coló en la meta de ir al Super Bowl. Mi hija Summer es muy buena nadadora, así que pensé que nadar la llamada Huida de Alcatraz, un recorrido de dos kilómetros y medio a nado, desde la isla de Alcatraz hasta San Francisco, sería una excelente meta para que la lográramos juntos. Y Parker tiene mi gen de aventurero, así que se fue conmigo al Perú el año pasado para recorrer a pie los Caminos del Inca hasta Machu Picchu.

Una de las metas más importantes para mi vida que tengo en la lista es crear un pacto de discipulado para mis hijos varones. Pienso que he cometido más errores que el padre promedio, pero sabía que necesitaba enderezar las cosas. Cuando Parker cumplió doce años, yo ya había rodeado con un círculo de oración su cumpleaños. Me pasé meses orando y planificando un pacto de discipulado con tres componentes: espiritual, intelectual y físico. El desafío físico era entrenarnos para un triatlón de velocidad y completarlo. El desafío intelectual consistía en leer juntos una docena de libros. El desafío espiritual incluía la lectura de todo el Nuevo Testamento, identificando nuestros valores básicos, y creando su primera lista de metas para la vida.

Al terminar aquel año, celebramos la terminación del pacto cumpliendo con una meta de la vida que estaba en las listas de ambos: recorrer a pie el Gran Cañón desde un borde hasta el otro. Aquellos dos días los consideraré siempre como dos de los días más difíciles y realizadores de mi vida. Hicimos la caminata de 37,8 kilómetros en el mes de julio, con unas temperaturas superiores a los 50 grados centígrados. ¡Perdí trece libras en esos dos días! Fue una de las cosas más difíciles que he hecho, pero eso es lo que hace tan memorables aquellos días. Nunca olvidaré lo que sentimos mi hijo y yo mientras ascendíamos por el sendero de Bright Angel y llegábamos a la cima del borde sur. Lo primero que hicimos fue conseguirnos unos helados de vainilla en el puesto donde los vendían. Después, nos quedamos allí de pie en el borde, contemplando el camino que habíamos recorrido. Nadie nos podrá quitar de la memoria ese momento.

7. Celebra a lo largo del camino

Cuando logres una meta, celébrala. Cuando Dios te responda una oración, haz fiesta. Deberíamos celebrar con la misma intensidad con la que oramos. Una de mis palabras hebreas favoritas es *ebenezer*. Significa: «El Señor no ha dejado de ayudarnos». Cuando logras una meta que te ha fijado Dios, estás pasando por un momento *ebenezer*. Necesitas hallar una forma única de celebrarlo y conmemorarlo. Por ejemplo, cada vez que escribo un nuevo libro, nuestra familia lo celebra con una comida especial en el día en que sale a la venta el libro. ¡Y soy yo el que escojo el restaurante!

Una de mis tradiciones familiares favoritas es cenar en Tony Cheng's, en Chinatown, en la víspera del día de Año Nuevo. Vamos hablando alrededor de la mesa, compartiendo nuestros recuerdos favoritos del año que acaba de pasar, y es asombroso ver la cantidad de recuerdos que anteriormente habían sido metas. Llevar a Summer a su primer musical de Broadway, aprender a surfear en la nieve con Parker, y celebrar un aniversario en Italia con Lora se hallan entre mis recuerdos más notables, pero como todos los recuerdos, comenzaron en la imaginación. Establecer metas es la forma en que esas fantasías de la imaginación se convierten en recuerdos, y una vez que lo logramos, necesitamos celebrarlos.

8. Sueña en grande

La lista de metas para tu vida va a incluir metas grandes y pequeñas. Va a incluir metas a corto plazo y metas a largo plazo. Pero te quisiera dar este consejo: Asegúrate de que tienes unos cuantos BHAGs en la lista. Las famosas «grandes y espeluznantes metas audaces», ¿recuerdas? Necesitas metas del tamaño de Dios que se puedan calificar de locas. He aquí el porqué: las metas grandes nos convierten en gente grande.

Una de mis metas más locas es la de hacer una película. No tengo la menor idea de cómo voy a lograr esta meta. Si tuviera que adivinarlo, es más probable que escribiera un guión de película, y no que terminara con el papel de actuar en todas las escenas peligrosas. Pero, ¿quién sabe? No tengo ni idea de cómo sucederá, pero esta motivación se remonta a uno de mis primeros recuerdos en la vida. Cuando tenía cinco años de edad, deposité mi fe en Cristo después de ver una película llamada *El refugio secreto.* De alguna forma, Dios utilizó como medio aquella película para salvar mi alma. Me gustaría hacer una película que hiciera lo mismo por alguna otra persona.

9. Piensa a largo plazo

La mayoría de nosotros sobrestimamos lo que podemos lograr en dos años, pero subestimamos lo que podemos lograr en diez. Si queremos soñar en grande, necesitamos pensar a largo plazo. Los sueños grandes se traducen muchas veces en metas largas. Mi meta de llevar a la National Community Church a dar veinticinco millones de dólares a las misiones no se producirá el próximo año, pero si nos sacrificamos y damos fielmente durante los próximos veinticinco años, llegaremos a esa meta. Y Lora y yo queremos ir al frente, con una de nuestra metas a largo plazo: dar diez millones de dólares a lo largo de toda nuestra vida.

¿Recuerdas la pregunta con la que batalló Honi, el hacedor de círculos, durante toda su vida? *¿Es posible que un hombre sueñe continuamente durante setenta años?* Si quieres soñar hasta el día de tu muerte, necesitas fijarte metas que te haga falta toda una vida para lograrlas. Y nunca es demasiado tarde para comenzar. Mi tío Ken Knappen, ya octogenario, siempre soñó con escribir un libro, pero no logró esa meta hasta que tenía más de ochenta años. *¿Es posible que un hombre sueñe continuamente durante setenta años?* Evidentemente, sí es posible soñar hasta los ochenta, y más allá también.

Lo triste es que la mayor parte de la gente se pasa más tiempo planificando sus vacaciones de verano, que planificando el resto de su vida. Eso es tener una mayordomía muy pobre con la imaginación del cerebro derecho. La fijación de metas es una buena mayordomía. En lugar de dejar que pasen las cosas, las metas nos ayudan a hacer que pasen. En lugar de vivir según nos van cayendo las cosas, las metas nos ayudan a vivir de acuerdo con unos designios. En lugar de vivir de la memoria, las metas nos ayudan a vivir de la imaginación.

10. Ora sin desmayar

La fijación de metas comienza y termina en la oración. Las metas dispuestas por Dios son concebidas dentro del contexto de la oración, y es la oración la que las lleva a su realización total. Necesitas seguir trazando círculos alrededor de tus metas en oración, como los israelitas caminaron una y otra vez alrededor de Jericó. Cuando traces un círculo alrededor de tus metas, no solo crearás oportunidades dispuestas por Dios, sino que esto también te ayudará a reconocer esas oportunidades a base de santificar tu sistema de activación reticular.

El sistema de activación reticular

En la base del bulbo raquídeo se encuentra un grupo de células nerviosas que recibe el nombre de sistema de activación reticular. Somos bombardeados constantemente por una cantidad incalculable de estímulos que luchan entre sí por captar nuestra atención, y la labor del sistema de activación reticular consiste en determinar a qué le hacemos caso, y a qué no se lo hacemos. Como un sistema de radar, el SAR determina qué es lo que lo hace resonar.

Cuando Dios nos dio el sueño de echar a andar una cafetería, yo comencé a notar de inmediato todos los detalles de cuanta cafetería visitaba. Antes del sueño, lo único que notaba era el sabor de lo que tomaba. Después del sueño, lo notaba todo, desde la señalización y los asientos, hasta la distribución del local y las marcas de los productos. El sueño de comenzar una cafetería creó una categoría en mi sistema de activación reticular, y comencé a recolectar ideas.

Por eso es tan importante la fijación de metas. Esta crea una categoría en tu sistema de activación reticular, y comienzas a notar todas las cosas que te puedan ayudar a lograr esa meta. La oración es importante por la misma razón. Santifica tu SAR para que notes aquello que Dios quiere que notes. Mientras más ores, más notarás.

No es una coincidencia el que las indicaciones de velar y orar sean reunidas por el apóstol Pablo en su epístola a los Colosenses: «Dedíquense a la oración: perseveren en ella con agradecimiento». La palabra *perseveren* nos remonta a los vigías antiguos, cuya obligación consistía en sentarse en las murallas de la ciudad para escudriñar el horizonte en busca de ejércitos enemigos que venían a atacar, o caravanas de comerciantes. Ellos veían las cosas más pronto y desde mayor distancia que todos los demás. La oración nos abre los ojos del espíritu para que veamos más pronto, y a mayor distancia.

El verbo arameo traducido como *orar* significa literalmente «poner una trampa». La oración es la forma en que traemos a cautividad los pensamientos y los sueños. Y una forma de poner trampas de oración es mantener un diario de oración. En mi opinión, escribir un diario es una de las disciplinas espirituales que más se pasan por alto y menos se valoran. Llevar un diario es la diferencia entre aprender y recordar. También es la diferencia entre olvidar nuestras metas y lograrlas.

Lista de metas para la vida

Mi lista de metas para la vida siempre está cambiando de forma, pero aquí tienes la última evolución. Algunas de las metas podrán parecer grandiosas, mientras que otras parecerán triviales. Obviamente, las metas en cuanto a viajes no son tan importantes como las metas en las finanzas, las cuales a su vez no son tan importantes como las metas familiares. Las metas que he escrito en letra cursiva son las que ya he logrado en el momento en que estoy escribiendo.

Metas familiares

□ 1.   Celebrar nuestro quincuagésimo aniversario de bodas.

□ 2.   Dedicarle al Señor mis biznietos.

☑ *3.   Celebrar un aniversario de bodas en Italia.*

□ 4.   Celebrar un aniversario de bodas en el Caribe.

□ 5.   Llevar a cada uno de mis hijos a un viaje misionero.

☑ *6.   Ser el entrenador de un equipo deportivo para cada uno de mis hijos.*

□ 7.   Pagar los estudios universitarios de nuestros nietos.

☑ *8.   Crear una fundación familiar.*

□ 9.   Dejarles una herencia a mis hijos.

□ 10. Escribir una autobiografía.

☑ *11. Crear un pacto de discipulado.*

□ 12. Llevar a cada uno de mis hijos en una peregrinación como rito de iniciación.

☑ *13. Crear un escudo de armas familiar.*

☐ 14. Investigar en la genealogía de nuestra familia.

☐ 15. Hallar y visitar la tumba de un antepasado en Suecia.

☐ 16. Llevar a nuestros nietos a una feria estatal.

☐ 17. Ir de acampada con nuestros nietos.

☐ 18. Llevar a nuestros nietos a Disney World.

☐ 19. Celebrar una reunión familiar en un crucero.

☐ 20. Celebrar una reunión familiar en Alexandria, Minnesota.

Metas de influencia

☐ 21. Escribir veinticinco libros o más que no sean de ficción.

☐ 22. Pastorear una misma iglesia durante más de cuarenta años.

☐ 23. Ayudar a un millón de padres a discipular a sus hijos.

☐ 24. Ser el orador en una graduación universitaria.

☑ 25. *Hablar en un servicio de la Liga Nacional de Fútbol.*

☐ 26. Escribir un libro que sea éxito de ventas en la clasificación del *New York Times*.

☐ 27. Escribir un libro de ficción.

☑ 28. *Comenzar un grupo de mentoría para pastores.*

☐ 29. Crear una conferencia para escritores.

☑ 30. *Crear una conferencia para pastores.*

☑ 31. *Ser profesor de un curso universitario.*

☐ 32. Llevar a la National Community Church a más de diez mil asistentes cada semana.

☐ 33. Bautizar a tres mil personas en el mismo lugar y al mismo tiempo.

☐ 34. Construir un orfanato en Etiopía.

☐ 35. Construir una casa para vacacionar.

☐ 36. Adquirir un título doctoral.

☐ 37. Comenzar una cadena de cafeterías que den todas sus ganancias a causas para el Reino.

☐ 38. Ayudar a fundar más de cien iglesias.

☐ 39. Hacer una película.

☐ 40. Ser el anfitrión de un programa de radio o de televisión.

Metas de experiencias

☑ 41. *Llevar a Summer a un musical de Broadway.*

☑ 42. *Recorrer a pie los Caminos del Inca con Parker hasta Machu Picchu.*

☑ 43. *Ir a un Super Bowl con Josiah.*

☐ 44. Pasar una noche con Lora en la Isla Catalina.

☑ *45. Ir a hacer parapente con Parker.*

☐ 46. Ir a hacer paracaidismo.

☑ *47. Ir a saltar de un precipicio.*

☐ 48. Ir a un campamento de vaqueros con mis hijos varones.

☐ 49. Llevar a Parker a un festival de cine.

☑ *50. Aprender a surfear en la nieve.*

☐ 51. Aprender a surfear en el agua.

☑ *52. Recorrer el Gran Cañón en helicóptero.*

☐ 53. Hacer un viaje en balsa por el Gran Cañón.

☐ 54. Tomarme un descanso sabático de tres meses.

☐ 55. Hacer un retiro en silencio en un monasterio.

☐ 56. Ir en un viaje de dos días en canoa con uno de mis hijos.

☐ 57. Conducir un auto de carreras con uno de mis hijos.

☐ 58. Leer la Biblia de principio a fin en siete traducciones distintas.

☐ 59. Montar en un globo aerostático.

☑ *60. Ir a montar a caballo con toda la familia.*

☐ 61. Pasar una noche en un hotel que sea una casa en un árbol.

☑ *62. Asistir a un juego de los Packers en el Campo Lambeau.*

☐ 63. Recorrer a pie el Camino de Santiago en España.

☐ 64. Correr delante de los toros en los Sanfermines de Pamplona.

☑ *65. Jugar una partida de golf en Saint Andrews, en Escocia.*

☑ *66. Ver la Piedra del Destino en el Castillo de Edimburgo.*

☐ 67. Hacer una rutina de comedia humorística.

☐ 68. Llevar a Lora a los premios Oscar.

☐ 69. Ir a una Conferencia de Tecnología, Espectáculo y Diseño.

☐ 70. Llevar un viaje misionero a cinco continentes distintos.

Metas físicas

☑ *71. Atravesar caminando el Gran Cañón de un borde al otro.*

☐ 72. Escalar una montaña que tenga más de 4.200 metros.

☐ 73. Nadar la Huida de Alcatraz con Summer.

☐ 74. Correr un 10K con uno de mis hijos.

☐ 75. Correr un triatlón con Parker y Josiah.

☐ 76. Hacer un mate en la canasta de baloncesto en mis cuarenta y tantos años.

☐ 77. Levantar en el banco de pesas más de 115 kilos en mis cincuenta y tantos años.

☐ 78. Correr un triatlón cuando tenga sesenta y tantos años.

☑ *79. Correr un medio maratón.*

☐ 80. Hacer en bicicleta un «century» (viaje de cien millas o ciento sesenta kilómetros).

☐ 81. Correr un urbanatlón (carrera urbana de obstáculos).

Metas financieras

☐ 82. Estar libre de deudas cuando tenga cincuenta y cinco años.

☐ 83. Devolver hasta el último centavo todo lo que hemos ganado en la National Community Church.

☐ 84. Vivir del diez por ciento y dar el noventa por ciento cuando llegue a la jubilación.

☐ 85. Dar diez millones de dólares o más.

☐ 86. Llevar a la National Community Church a dar veinticinco millones de dólares a las misiones.

Metas de viajes

☐ 87. Recorrer la ruta de uno de los viajes misioneros de Pablo.

☐ 88. Tomarme unas vacaciones con mi familia en una autocaravana.

☑ *89. Subir hasta la cima del Half Dome en el Parque Nacional de Yosemite.*

☑ *90. Alojarme en el Hotel Ahwahnee, en Yosemite.*

☑ *91. Visitar la mansión Biltmore.*

☑*92. Alojarme en la Old Faithful Inn, en el Parque Nacional de Yellowstone.*

☑ *93. Ir caminando hasta Inspiration Point, cerca del lago Jenny, en el Parque Nacional Grand Teton.*

☑ *94. Asistir a un rodeo del oeste.*

☐ 95. Escalar hasta las iglesias excavadas en la roca en Lalibela, Etiopía.

☐ 96. Visitar los monasterios de Meteora, en Grecia.

☐ 97. Ir de safari al África.

☐ 98. Recorrer la Vía Dolorosa en la Tierra Santa.

☐99. Visitar Jerusalén durante un día de fiesta judío.

☐ 100. Ver un canguro en Australia.

☐ 101. Bucear con esnórkel en la Gran Barrera de Coral, en Australia.

☐ 102. Besar a Lora en lo más alto de la torre Eiffel, en Francia.

☐ 103. Escalar el monte Kilimanjaro.

☐ 104. Ver una aurora boreal.

☐ 105. Ir a pasear en kayak en Alaska.

☑ *106. Visitar la Capilla del Castillo de Wittenberg, en Alemania.*

☐ 107. Recorrer en barco el río Rin.

☐ 108. Montar en una góndola en Venecia.

☐ 109. Ver la salida del sol en la montaña Cadillac, en el Parque Nacional de Acadia.

☐ 110. Recorrer a pie los caminos del Parque Nacional de Haleakala, en Hawái.

☑ *111. Poner un pie a cada lado del ecuador.*

☑ *112. Ver la cueva marina Gruta Azul, en Italia.*

☐ 113. Visitar el Partenón en Atenas, Grecia.

☐ 114. Pasear en coche de caballos por el Parque Central en la ciudad de Nueva York.

☐ 115. Alojarme en el Grand Hotel de la isla de Mackinac, en el lago Hurón.

Cuarta parte

Sigue trazando círculos

La última meta para mi vida que marqué como lograda en mi lista fue la de subir hasta la cima del Half Dome en el Parque Nacional de Yosemite. Subió conmigo mi hijo Parker. En cuanto a grado de dificultad, lo clasificaría inmediatamente después de recorrer a pie los Caminos del Inca hasta Machu Picchu y el de ir también a pie en el Gran Cañón de un borde a otro. Fue una caminata de veinticinco kilómetros con una subida de casi mil quinientos metros. Pero la parte más difícil no fue el desafío físico; la parte más difícil fue enfrentarme a mi temor a las alturas y a subir por los cables que servían para escalar la falda de sesenta grados de inclinación hasta la cima.

En la mañana de la caminata, alcé la mirada hasta el Half Dome desde el nivel del valle, y me cruzó por la mente este pensamiento: *¿Cómo me las voy a arreglar para llegar hasta allá arriba?* Parecía algo casi imposible, pero la respuesta era muy sencilla: *Paso a paso.* Así es como se logra cualquier meta. Puedes subir la montaña más alta si te limitas a poner un pie delante del otro, y te niegas a detenerte mientras no hayas llegado a la cima.

Trazar círculos de oración es muy parecido a subir una montaña. Tal vez el sueño, o la promesa, o el milagro, te parezca imposible, pero si sigues trazando círculos, todo es posible. Con cada oración hay un pequeño cambio en la elevación. Con dada oración te encuentras un paso más cerca de la respuesta.

Después de mi subida al Half Dome me di cuenta de lo siguiente: El grado de satisfacción es directamente proporcional al grado de dificultad. Mientras más dura es la subida, más encantadora es la cima. Lo mismo sucede con la oración. Mientras más círculos tengas que trazar alrededor de algo en oración, más satisfactorio será espiritualmente. Y muchas veces, será mayor también la gloria que Dios reciba.

Hasta hace poco, yo quería que Dios respondiera todas mis oraciones tan pronto como fuera posible. Esto ya no forma parte de mi agenda. No quiero respuestas fáciles, ni tampoco respuestas rápidas, porque tengo la tendencia de manejar de mala forma las bendiciones que me llegan con demasiada facilidad o demasiada rapidez. Me atribuyo a mí mismo el mérito, o las doy por seguras. Así que ahora cuando oro, pido que se tome el tiempo suficiente y sea lo suficientemente difícil para que Dios sea el que reciba toda la gloria. No estoy buscando el camino de la menor resistencia; estoy buscando el camino de la mayor gloria. Y eso exige unas oraciones con un alto grado de dificultad, y trazar muchos círculos.

Muy pocas veces nuestra primera petición en una oración da en el blanco de la voluntad buena, agradable y perfecta de Dios. La mayoría de las peticiones de las oraciones tienen necesidad de que las refinemos. Ni siquiera «la oración que salvó a una generación» dio en el blanco la primera vez. Honi refinó dos veces su petición: «No es esta la lluvia que te he pedido». No estaba satisfecho, ni con una llovizna, ni con un aguacero torrencial. Le hicieron falta tres intentos para explicar con precisión lo que él quería: «Una lluvia de tu favor, tu bendición y tu misericordia». Honi trazó un círculo en la arena. Entonces trazó un círculo dentro de otro círculo, y dentro de otro más.

Una de las razones por las cuales nos sentimos frustrados en nuestras oraciones es nuestro enfoque de que queremos las respuestas de inmediato. Cuando Dios no responde a nuestras oraciones con tanta rapidez o tanta facilidad como nosotros querríamos, nos cansamos de trazar círculos. Tal vez necesitemos cambiar nuestra manera de enfocar nuestra oración, pasando del tan pronto como sea posible a un por mucho tiempo que se tome.

¡Sigue trazando círculos!

Capítulo 16

Un milagro doble

Cuando uno vive por fe, siente con frecuencia como si estuviera arriesgando su reputación. No es así. Estás arriesgando la reputación de Dios. No es tu fe la que está en juego. Es su fidelidad. ¿Por qué? Porque Dios es el que hizo la promesa, y él es el único que la puede cumplir. La batalla no te pertenece a ti; le pertenece a Dios. Y como la batalla no te pertenece a ti, tampoco te pertenece la gloria. Dios responde a las oraciones para acarrearle gloria a su nombre; a ese nombre que está sobre todo nombre.

Trazar círculos de oración no tiene que ver con demostrarle nada a Dios; tiene que ver con darle a Dios una oportunidad para demostrarnos a nosotros quién es él. Por si lo habías olvidado —y para estar seguro de que lo recuerdes siempre—, *Dios está de tu parte.* No te puedo prometer que te vaya a responder en el tiempo que tú quieres, pero sí te puedo asegurar esto: *Él responde todas las oraciones y cumple todas las promesas.* Así es él. Eso es lo que él hace. Y si tienes la fe suficiente para soñar en grande, orar sin desmayar y pensar a largo plazo, recuerda que no hay nada que le agrade más a Dios que demostrarnos que él es fiel.

Hanan ha-Nehba, el hijo de la hija de Honi, el hacedor de círculos, continuó el legado de su abuelo en espíritu y en obras. Cuando Israel necesitaba lluvia, los sabios mandaban a los niños de la escuela a asirse del borde de su manto para pedir que lloviera. Hanan ha-Nehba cautivó el corazón de su abuelo y el corazón del Padre celestial con una sencilla oración: «Amo del universo, hazlo por estos pequeñuelos, que no conocen la diferencia entre el Padre que puede dar lluvia, y un papá que no puede hacerlo».

A pesar de lo que puedan decir los escépticos, a Dios no le ofenden tus grandes sueños ni tus oraciones atrevidas. Dios es un Papá orgulloso de sus hijos. La religión establecida criticó a Honi por trazar un círculo y exigir que lloviera, pero aquello le dio a Dios una oportunidad para demostrar su poder y su amor. Eso es lo que él quiere. Y eso es lo que hace la oración.

No hagas planes pequeños

«No hagas planes pequeños; no tienen magia para agitar la sangre de los hombres». Estas palabras se atribuyen al arquitecto y visionario Daniel Burnham. Después de ser el principal arquitecto de la Feria Mundial de Chicago en el año 1893, fijó los ojos en una grandiosa visión: la Gran Terminal de Washington.

Un ejército de trabajadores necesitó un año entero y cerca de tres millones cien mil metros cúbicos de relleno para llenar el pantano que se convertiría en el fundamento de la Union Station. Allí había suficiente tierra como para llenar hasta el tope ochenta mil vagones de carga de un tren que tendría novecientos sesenta kilómetros de largo. Cinco años y veinticinco millones de dólares más tarde, la visión de Burnham se convirtió en realidad cuando el Expreso de Pittsburg para Baltimore y Ohio entró pitando a la Union Station a las 6:50 a.m. del 27 de octubre de 1907.

Durante el siglo siguiente, reyes y reinas caminarían por sus corredores. Durante ambas Guerras Mundiales, un número incontable de soldados de ambos sexos besaron a sus novios y novias para despedirse cuando salían para la guerra. Y después de una restauración de ciento sesenta millones de dólares realizada a principios de los años ochenta, la estación de metro modernizada y el centro comercial se convertirían en el punto de destino más visitado en Washington, DC.

Es difícil atravesar la Union Station sin escuchar el eco de las palabras de Daniel Burnham: «No hagas planes pequeños». Es casi como si sus grandiosos cielos rasos alzaran también consigo tus propios sueños. Durante trece años maravillosos, la National Community Church se estuvo reuniendo en los cines de la Union Station, y fue allí donde aprendimos a soñar grandes sueños para Dios. Cuando esos cines se cerraron en el otoño de 2009, nos sentíamos como si el tren se hubiera marchado de la estación y lo hubiéramos perdido. Fue una de las grandes desilusiones de mi vida, y lamentamos aquella pérdida durante meses. Sinceramente, no creía que pudiéramos hallar algo que pudiera reemplazar a la Union Station, y se comparara con la visibilidad y la accesibilidad que nos proporcionaba.

Estaba equivocado.

De pie solamente

Algunas veces actuamos como si Dios se sorprendiera con las cosas que nos sorprenden a nosotros. Sin embargo, por definición, es imposible sorprender al Omnisciente. Dios siempre va un paso por delante de nosotros, aun cuando a nosotros nos parezca que va un paso por detrás. Siempre tiene una santa sorpresa escondida en la manga.

Cuando las puertas de los cines de la Union Station se cerraron, nos sentimos como si nos hubiéramos quedado atrapados entre el mar Rojo y el ejército egipcio. Yo no comprendía por qué Dios permitió que sucediera aquello, y no sabía dónde ir ni qué hacer. Estaba repleto de preguntas. Estaba repleto de dudas. Pero también me mantenía firme en la promesa que había rodeado con un círculo en Éxodo 14: «Mantengan sus posiciones, que hoy mismo serán testigos de la salvación que el Señor realizará en favor de ustedes». Lo que yo no sabía era que nos íbamos a tener que mantener firmes durante un año y medio.

La clausura de los cines nos tomó por sorpresa, pero Dios ya nos tenía perfectamente preparados para lo que él sabía que sucedería más tarde. Como una iglesia multisitios con cinco ubicaciones en aquellos momentos, teníamos la flexibilidad de manejar la redistribución de nuestra congregación. Además, nuestra cafetería, con espacio para reuniones, estaba a menos de una calle de la Union Station. El problema estaba en que nuestra cafetería no tenía tanta capacidad. Sabíamos que sería una solución temporal mientras buscábamos por todas partes, cosa que hicimos durante año y medio sin encontrar nada. Era desalentador, porque estábamos trabajando como si dependiera de nosotros y orando como si dependiera de Dios, pero por esa misma razón, nos daba ánimos. Teníamos paz porque estábamos orando con fervor. Sabíamos que nuestra incapacidad para hallar un lugar de reuniones alterno no se debía a que no lo hubiéramos intentado, o a que no hubiéramos orado.

Seguimos manteniéndonos firmes hasta que solo cabíamos de pie. Hubo un punto en el cual dijimos en broma que queríamos alcanzar a todo el mundo en el Hill, con excepción del jefe de los bomberos, pero en realidad no se trataba de una broma. Estábamos metiendo en el lugar de reuniones el doble del número de personas permitido para él por el departamento de bomberos, y lo estábamos haciendo cuatro veces por semana. Cuando comenzamos a rechazar gente, nos desesperamos.

Entonces, un día yo iba en auto por Barracks Row, la calle principal de Capito Hill y me fijé en un lugar: The People's Church. Es imposible no verla debido a la marquesina de cine que ha adornado la fachada durante todo el siglo pasado.

Ubicación, ubicación y ubicación

Barracks Row fue la primera calle comercial que hubo en la capital de la nación, gracias a su proximidad al Arsenal Naval, que fue creado en 1799. Los recién llegados a Washington atracaban en aquellos muelles y hacían su primera comida en la calle 8. En 1801, Thomas Jefferson escogió la calle 8 para ubicar en ella las barracas del Cuerpo de Marina, lo que le dio a esa zona el nombre de Barracks Row. El Row floreció durante siglo y medio, pero los motines callejeros de 1968 en el DC hicieron que se marcharan de aquella zona los negocios, y Barracks Row languideció. Tenía el aspecto de un pueblo fantasma de las películas del oeste que ponían de tres en tres en el pasado en el cine del Row.

A fines de los años noventa, un esfuerzo de revitalización culminó con el Gran Premio Americano del 2005 a la mejor Calle Principal, otorgado por la Fundación Nacional para la Conservación Histórica. Las fachadas fueron restauradas a su esplendor original, las pequeñas tiendas familiares trajeron de vuelta a la zona una sensación única de comunidad y una amplia variedad de conceptos creativos de restaurantes restablecieron la vida nocturna.

Cuando regresó el desfile del 4 de Julio a la calle 8 hace algunos años, Barracks Row fue de nuevo la Calle Principal de Capitol Hill. La ruta de ese desfile comienza en nuestra propiedad de 8 y Virginia, pasa por The People's Church, tres calles más al norte, y termina en la calle 8 y la avenida Pennsylvania.

Si Dios me hubiera dicho: «Te voy a dar cualquier lugar que quieras para volver a lanzar tu ubicación de la Union Station», yo habría escogido The People's Church. Tenía ubicación, ubicación y ubicación. Pero me sentía mal cuando pensaba en ella, y casi deseché el pensamiento por una razón obvia: allí se reunía The People's Church. Al mismo tiempo, sentía el impulso de llamar al pastor, y había aprendido una valiosa lección una década antes, después que el Espíritu Santo me indicó que llamara a Robert Thomas: Uno nunca sabe qué respuesta podría recibir si hace la llamada. Aquella sola llamada telefónica nos había llevado a la compra del 205 de la calle F, que nos llevó a la compra del 201 de la misma calle, y esta a su vez nos llevó a Ebenezer's Coffeehouse. Yo no tenía ni idea de que aquella llamada telefónica nos llevaría a un milagro doble, pero sí sabía que la tenía que hacer.

El doble de tiempo

Busqué en Google The People's Church y encontré un número de teléfono para comunicarse con Michael Hall, su pastor. Antes de poderme presentar siquiera, él me dijo que se había enterado de la difícil situación en que habíamos quedado con el cierre de la Union Station. Se comportó como el hombre más cordial del mundo. De hecho, se ofreció a permitirnos usar su iglesia de manera temporal, hasta que pudiéramos hallar una solución permanente. Yo rechacé cortésmente su bondadoso ofrecimiento, porque no disponían para nosotros de un horario que aliviara nuestros problemas de espacio, pero me sentí agradecido por el ofrecimiento.

Pocas semanas más tarde, almorzamos en Matchbox, uno de mis restaurantes favoritos de Barracks Row, situado a unas cuantas puertas más allá de The People's Church. Supe de inmediato que había encontrado un nuevo amigo. Me sorprendió descubrir que tenía setenta y un años, porque no tiene aspecto de ser mayor de cincuenta y cinco. Es algo que debe estar en los genes. Su madre tiene noventa y un años, y aún sigue predicando.

Michael me contó que sus padres, Fred y Charlotte Hall, habían comprado el viejo Academy Theatre en 1962 para comenzar allí The People's Church. Me dijo que la composición demográfica de la iglesia había cambiado en la década pasada, y que la mayoría de los miembros viajaban ahora desde Maryland. Y me dijo que estuvieron a punto de vender la iglesia unos cuantos años antes por razones económicas, pero no se pudo cerrar el trato porque la comunidad de Capitol Hill no quería que se metiera allí un club nocturno, además de que la iglesia misma votó de manera unánime en contra de la venta.

Un mes más tarde, almorzamos juntos de nuevo. Yo sentía que Dios me estaba indicando que le preguntara si estarían dispuestos a considerar la venta de la iglesia. Sinceramente, no me importaba si me respondía de manera positiva o negativa; solo tenía la esperanza de que no se sintiera ofendido por la pregunta. Él no se sintió ofendido en absoluto, pero me respondió que no.

Mientras más iba conociendo al Pastor Michael Hall y a su esposa Terry, más me agradaban, y más los respetaba. Ellos me hablaron acerca de la maravillosa historia de la iglesia. Me hablaron de los gozos únicos por los que pasaban al ser pastores blancos en una congregación formada principalmente por afroamericanos. Y me hablaron de su visión para el futuro. A los setenta y un años, la mayoría de la gente se va tranquilizando. Pero ese no es el caso de Michael Hall. Él tiene el espíritu de Caleb, quien era tan fuerte a los ochenta y cinco años, como lo había sido a los cuarenta.

Seis meses más tarde, me sentí impulsado a preguntarle de nuevo a Michael si estarían dispuestos a considerar la posibilidad de vender la iglesia. De nuevo me dijo que no, pero también me dijo: «Mark, si alguna vez vendemos la iglesia, queremos que seas tú quien te quedes con ella». Entonces, nuevamente en febrero de 2011 me sentí impulsado a preguntárselo otra vez. Para serte sincero, no quería hacerlo. La presión por la necesidad de espacio en nuestra iglesia seguía aumentando con cada mes que pasaba, pero ya en aquel punto, yo valoraba mi relación con Michael y Terry mucho más que la propiedad. Si no era lo mejor para The People's Church, tampoco era lo mejor para la National Community Church. Si no era una victoria para ellos, entonces tampoco era una victoria para nosotros. Tenía que ser una doble victoria, y así se lo hice saber. Por tercera vez, la respuesta fue negativa, pero Michael también me dijo que oraría acerca de mi pregunta, y yo sabía que lo decía en serio.

Dos días más tarde, mientras me dirigía al Super Bowl número cuarenta y cinco, recibí un mensaje de texto de Michael, en el cual me decía que Dios le había cambiado lo que tenía en el corazón. Sentía que no era solamente el milagro por el que nosotros habíamos estado orando, sino además, el milagro por el que ellos también habían estado orando. Me quedé asombrado, no solo por el mensaje de texto, sino también por el hecho de que un pastor de setenta y un años de edad todavía escribiera mensajes de texto. Aquel fue el primer milagro. El segundo milagro fue convencer a una congregación que unos pocos años antes había votado unánimemente en contra de la idea de vender la propiedad. El tercer milagro sería hallar en Maryland una propiedad en un lugar donde vivieran la mayoría de sus miembros. Yo pensaba que aquellos milagros se podrían tomar años, si es que se producían, pero cuando Dios se mueve, se mueve. Después de año y medio de inactividad, se produjeron los milagros segundo y tercero en menos de una semana. Dios hizo un doble milagro en un tiempo doble.

El doble milagro

El 23 de marzo de 2011, me reuní con Michael para firmar el contrato de compra de The People's Church. Solo les había tomado un par de días hallar su pedazo de Tierra Prometida en la avenida Branch, la arteria principal que recorre el centro del Condado Prince George, en el estado de Maryland. En el mismo momento en que nos disponíamos a firmar el contrato, su corredor de bienes raíces llamó y les dijo que el dueño había rebajado trescientos setenta y cinco mil dólares del precio total de venta, que eran setecientos noventa y cinco dólares.

Solo Dios.

Michael habría podido recibir aquella llamada telefónica inmediatamente antes, o inmediatamente después de nuestra reunión, pero los tiempos de Dios son impecables. Yo sentí aquello como si fueran trescientas setenta y cinco mil confirmaciones. Y ese no es el único milagro. Dentro de las veinticuatro horas siguientes a la firma del contrato, recibimos una ofrenda de millón y medio de dólares para igualar la cantidad que nosotros debíamos conseguir, y que fue aplicada a nuestro precio de compra, que eran tres millones. Era como si Dios hubiera abierto el mar Rojo, y ambas iglesias lo hubieran atravesado por tierra seca. Nosotros íbamos rumbo a Barracks Row, mientras que ellos se dirigían a Maryland. Y nos cruzamos en medio del mar Rojo, alabando a Dios por nuestro doble milagro.

Nosotros pensábamos que nos harían falta por lo menos tres años para construir nuestros nuevos edificios en la propiedad que habíamos comprado milagrosamente en la calle 8 y la avenida Virginia. Entonces, Dios nos dio un lugar intermedio a tres calles de distancia: The People's Church. Y aquí está la gran ironía. Nuestro auditorio durante la primera fase iba a ser un teatro de estilo Art Deco. Casi era como si Dios nos hubiera dicho: «Yo ya tengo construido aquello en lo que ustedes han estado soñando». Así que Dios hizo en tres semanas lo que nosotros pensamos que nos tomaría tres años. En su providencia, Dios le dio a una iglesia con la visión de reunirse en cines en las estaciones del metro, un viejo cine situado a dos calles de la parada del metro en Eastern Market.

Yo oro para pedirle a Dios que me dé la mitad de la valentía de Michael Hall cuando llegue a los setenta y un años. Hacía falta mucho valor para dejar la comodidad de un lugar donde se habían estado reuniendo como iglesia durante cuarenta y nueve años. Hacía falta mucho valor para comenzar de nuevo y volver a establecer The

People's Church, esta vez en Maryland. Pero es un milagro, tanto para ellos como para nosotros. Aquella venta no solo canceló todas las deudas que ellos tenían, sino que también pudieron comprar su propiedad y levantar su edificio sin contraer deuda alguna. Pero lo que más los emociona a ellos es saber que les va a quedar dinero suficiente para comenzar a dar de nuevo a las misiones, lo cual había estado en su corazón desde el principio mismo.

Para resumir la historia, un milagro para ellos + un milagro para nosotros = un doble milagro.

Una nota al pie de página.

Yo no era el único que estaba haciendo un ayuno de Daniel a principios del año 2011. ¡Michael Hall también estaba haciendo uno! ¿Coincidencia? No lo creo. Tal como veo ahora las cosas, de la única manera que se produjo este doble milagro fue que ambos habíamos estado ayunando y orando. Fueron la oración y el ayuno los que me dieron a mí el valor necesario para preguntarle por tercera vez si estarían dispuestos a vender, y la oración y el ayuno fueron también los que le dieron a él el valor que necesitaba para responderme afirmativamente. Cuando Michael me dijo que iba a orar, estaba en una temporada de ayuno. Yo creo que su mente abierta era producto de su estómago vacío. Y cuando dos personas ayunan y oran como Daniel, esto hace posible que se produzcan milagros dobles.

Y otra nota más al pie de página. Esta se remonta a hace más de cincuenta años.

Permíteme seguir el trazo del círculo.

Una oración profética

En 1960, un evangelista llamado R. W. Shambach predicó un avivamiento en Washington, DC, para los fundadores de una iglesia llamados Fred y Charlotte Hall. Sin que ellos ni siquiera lo supieran, Shambach le impuso las manos al Academy Theatre y oró para que Dios se lo diera a ellos. Aquella oración fue respondida en 1962, cuando The People's Church compró aquel viejo cine y lo convirtió en un lugar de adoración. Allí, ellos sirvieron fielmente a Dios y a la comunidad durante cuarenta y nueve años.

Shambach también hizo una oración, que yo considero que fue profética, relacionada con aquel cine. Cuando le impuso las manos al edificio, lo ató para la gloria de Dios: «Que este lugar siempre sea usado para la gloria de Dios».

Aquella oración profética volvió a surgir un día mientras almorzábamos. Michael me dijo que él sabía que esa oración era la razón por la cual no se logró el contrato con el club nocturno. También sabía que nosotros éramos el cumplimiento de la oración. Y yo lo sabía también.

Es difícil describir lo que uno siente cuando sabe que una oración que fue hecha cincuenta años atrás está siendo respondida en el momento, y uno se halla en medio mismo del milagro. La oración de Shambach fue una oración que ató y selló aquel cine para la gloria de Dios y para siempre. Como una cápsula de tiempo, fue abierta y respondida cincuenta años más tarde.

Todas las oraciones son cápsulas de tiempo. Uno nunca sabe cuándo, dónde o cómo Dios las va a responder, pero las va a responder. No tienen fecha de expiración, ni tampoco hay excepciones. Dios responde la oración. Punto. No siempre lo vemos o lo comprendemos, pero él siempre responde.

Podemos vivir con santas expectativas porque Dios es quien está ordenando nuestros pasos. Cuando R. W. Shambach le impuso las manos a aquel cine en 1960, trazó un círculo de oración alrededor de él. Después, yo tracé un doble círculo en 1996 sin saberlo siquiera. Ni me di cuenta, hasta que estábamos a punto de cerrar el contrato, de que yo había trazado un círculo de oración alrededor de The People's Church cuando hice mi caminata de oración rodeando todo Capitol Hill. Caminé por toda la calle 8. Pasé justo por debajo de la marquesina del edificio. Sin saberlo siquiera, había hecho un doble círculo alrededor de aquel doble milagro, quince años antes.

Después de firmar el contrato, le envié un correo electrónico a un banquero amigo nuestro que ha financiado algunos de nuestros sueños. Recientemente le había hablado de mi caminata de oración alrededor de Capitol Hill, así que él sabía que se trataba de la cuarta propiedad de la Tierra Prometida junto a la cual yo había pasado —contando nuestra primera oficina en el 205 de la calle F del NE, nuestra cafetería en el 201 de la calle F del NE y la última propiedad que quedaba en Capitol Hill, en la calle 8 y la avenida Virginia—, que Dios nos la acababa de entregar. En son de broma, el banquero me preguntó: «¿Hay alguna otra propiedad junto a la cual pasaste, que yo necesite conocer?». Mi respuesta fue: «Bueno, sí, pasé junto al Capitolio. ¿Quién sabe?».

Algunas veces nunca podrás saber siempre.

Capítulo 17

Dios registra nuestras oraciones

Me encanta el final del libro de Daniel. El profeta está pensando a largo plazo, y lo hace en voz alta. En la visión final de su libro, hace la pregunta cuya respuesta todos querríamos saber: «Señor, ¿en qué va a parar todo esto?». Bueno, Dios siempre responde, pero la respuesta no siempre es directa. Por supuesto, esto no significa que no sea una respuesta sincera; solo significa que es demasiado complicada, con muchos giros y vueltas infinitos, para que nuestro cerebro izquierdo, con toda su lógica, la pueda comprender.

«Sigue adelante, Daniel, que estas cosas se mantendrán selladas y en secreto hasta que llegue la hora final».

Me doy cuenta de que esto se refiere de manera específica a las profesías que le dio el Espíritu Santo a Daniel, pero también creo que en este pasaje hay un principio universal. Nuestras oraciones son profesías, y Dios Todopoderoso las sella hasta el tiempo que se les haya designado. Él nunca llega temprano. Tampoco llega tarde. Cuando llegue el momento, el *kairos*, no el *cronos*, se le quitará el sello a la oración y se revelará su respuesta.

En algún punto, nuestras palabras habladas dejan de existir, porque están sujetas a la ley de la entropía. Nuestras palabras habladas, conocidas también como ondas sonoras, pasan por la fricción y pierden su energía. En cambio, nuestras oraciones quedan selladas para siempre. Nuestras oraciones nunca cesan de existir porque no están sujetas a las leyes naturales; ni siquiera a la ley de la entropía. Las leyes sobrenaturales de la oración desafían a las leyes naturales de tiempo y espacio.

Aunque es imposible rastrear el camino que recorre una sola oración, de alguna manera, nuestras oraciones se salen de nuestras cuatro dimensiones de espacio-tiempo a fin de llegar hasta el Dios que existe fuera de esas cuatro dimensiones de espacio-tiempo que él mismo creó cuando dijo: «¡Que exista la luz!». Nuestras oraciones no se disipan con el tiempo, sino que se acumulan a lo largo de la eternidad.

Según el Efecto Doppler, nuestro universo todavía se sigue expandiendo. Lo importante es lo siguiente: Las tres palabras que Dios habló al principio de los tiempos: «¡Que exista la luz!», siguen creando galaxias en el borde del universo. Si Dios puede hacer esto con solo tres palabras, ¿de qué te preocupas? No hay nada que él no pueda hacer. Al fin y al cabo, él lo creó todo de la nada.

Sus palabras nunca vuelven vacías. Tampoco llegan vacías a él tus oraciones, cuando oras la palabra y la voluntad de Dios. El mismo Dios que se movía sobre la faz de las aguas al principio de los tiempos, se sigue moviendo sobre tu vida, y nunca sabes cuándo su respuesta volverá a entrar a la atmósfera de tu vida. Pero sí puedes estar seguro de esto: El Señor está alerta para que se cumpla su palabra.

Tan seguro como que nuestras oraciones alcanzan la velocidad necesaria para escapar a la atmósfera y entrar a la órbita de Dios, la respuesta entrará de regreso a la atmósfera en algún lugar, de alguna forma, y en algún momento. Una oración para atar hecha el 1960 selló el 535 de la calle 8 para la gloria de Dios, y el sello fue roto el 23 de marzo de 2011. Ese fue el día en que nosotros firmamos un contrato legal para comprar The People's Church, pero el contrato espiritual que nos ataba ya había sido sellado mucho antes.

Las oraciones transmiten

Después que firmamos el contrato para comprar The People's Church, Michael y yo estábamos hablando acerca de las cosas que se transmiten legalmente y las cosas que no lo hacen. Entonces, en un momento de revelación, nos dimos cuenta de que cada oración que se había hecho en aquel lugar en todos los tiempos, nos sería transmitida a nosotros. Yo me sentí tan abrumado al comprender aquello, que los ojos se me llenaron de lágrimas. Si algo se puede decir con seguridad de The People's Church, es que es una iglesia que ora. De hecho, los padres de Michael estuvieron a punto de darle otro nombre: The House of Prayer [La casa de oración].

Nosotros vamos a cosechar lo que no hemos sembrado. ¿Por qué? Porque The People's Church plantó algarrobos en Barracks Row, y nosotros daremos el fruto de las semillas que nuestros padres espirituales sembraron hace mucho tiempo. Y no son solo las oraciones las que se transmiten; también se transmiten las visiones.

Pocos días después de la firma del contrato, Michael me envió un mensaje de texto acerca de una visión que él había tenido diez años antes de que nos conociéramos. En su visión, él veía gente joven levantando las manos en adoración y llenando a capacidad todo el cine hasta la puerta de entrada, y más allá hasta la acera. Michael me dijo: «Yo pensaba que era para nosotros, pero ahora me doy cuenta de que es para ustedes».

Esa visión se cumplió en nuestro primer servicio en el primer fin de semana. Solo se podía estar de pie. Literalmente llenamos todos los asientos, el vestíbulo estaba repleto y había gente fuera de la puerta del frente. Yo no estaba pensando en la visión cuando le pedí a todo el mundo que levantara las manos durante la adoración, pero Michael me dijo que era lo que el Señor le había mostrado a él diez años antes.

Una doble unción

¿Recuerdas cuando Elías le dio su manto a Eliseo? Aquello fue más que un simple traspaso de una propiedad física; fue la transmisión de una unción espiritual. No es una coincidencia el que Eliseo hiciera muchos de los mismos milagros que había hecho Elías. Aquella unción era muchísimo más valiosa que el manto.

Cuando estuve junto al ataúd de mi suegro el día después de su muerte, me inundaron una serie de pensamientos y sentimientos, pero mi recuerdo predominante era que yo le había pedido una doble porción de su unción, como la que Eliseo recibió de Elías. No creo que supiera siquiera qué era lo que estaba pidiendo, pero eso no ha impedido el que Dios respondiera aquella oración. Sus respuestas son omniscientes y omnipresentes. Pedí una doble porción, porque quería honrar con mi ministerio su legado, y creo que Dios lo ha honrado.

Eso mismo siento con respecto a Michael Hall y a The People's Church. Oro para pedir una doble porción de la unción que tienen ellos. Me encanta el edificio, y me gusta el lugar donde se encuentra. Encontraremos formas de influir en él de manera creativa para convertirlo en un lugar donde los caminos de la iglesia y de la comunidad se encuentren. Al igual que Ebenezer's Coffeehouse, este cine se convertirá en un pozo postmoderno en el cual se reunirá nuestra comunidad y se predicará el evangelio. Pero mucho más valiosas que la propiedad física que se nos ha transmitido son las oraciones que han llegado hasta nosotros. Somos los beneficiarios de cuarenta y nueve años de oraciones acumuladas allí por los santos de Dios. Y todas y cada una de ellas se transmiten. Dios no deja que se pierda ni una sola de ellas.

Dios registra nuestro llanto en su libro

Una de las imágenes más hermosas y poderosas de las Escrituras se encuentra en el Salmo 56:8. Es una maravillosa promesa que vale la pena rodear con un círculo. Es la última promesa alrededor de la cual yo voy a trazar un círculo, pero tal vez sea el lugar por donde puedas comenzar tú a trazar círculos.

«Toma en cuenta mis lamentos; registra mi llanto en tu libro».

Hay muchas clases distintas de lágrimas. Están las lágrimas que derrama la madre de un pequeño que está en la unidad de cuidados intensivos, y que es demasiado jovencito para pelear con la leucemia, pero que de todas maneras pelea con ella. Están las lágrimas que derrama el padre de la novia cuando conduce a su hija por el pasillo central de la iglesia en el día de su boda. Están las lágrimas que manchan los documentos de divorcio, y las lágrimas mezcladas con sudor que corren por el rostro de hombres hechos y derechos que acaban de ganar un campeonato nacional. Y también están las lágrimas que se derraman en la oración.

Todas y cada una de esas lágrimas son preciosas para Dios. Son recuerdos para la eternidad. Llegará un día en el cual él mismo enjugue todas las lágrimas en el cielo. Mientras llega ese momento, Dios moverá cielo y tierra para honrar cuanta lágrima ha sido derramada. Dios no deja que una sola lágrima se pierda. Las recuerda todas. Las honra todas. Las registra todas en su libro.

De una manera muy parecida a la forma en que Dios registra en su libro todas las lágrimas que nosotros hemos acumulado, Dios también recoge nuestras oraciones. Todas y cada una de ellas son preciosas para él. Todas y cada una de ellas han sido selladas por él. Y nunca sabrás cuándo le va a quitar el corcho de la tapa a una respuesta.

Algunas veces batallo con el temor.

Mi mayor temor es que un día mis hijos se vayan a apartar de la fe, pero he aprendido a reprender ese temor, porque el temor no es de Dios. Entonces me recuerdo a mí mismo que he trazado un círculo alrededor de Lucas 2:52, y he rodeado a mis hijos con esa bendición miles de veces. Esas oraciones están registradas todas en el libro de Dios, y el Espíritu Santo romperá en la vida de mis hijos el sello que las tapa mucho tiempo después que yo me haya ido.

Algunas veces batallo con la duda.

Tengo temor de manejar algún día de manera incorrecta las bendiciones de Dios. Entonces recuerdo que he trazado un círculo alrededor del Salmo 84:11: «El Señor brinda generosamente su bondad a los que se conducen sin tacha». Todo lo que me toca hacer a mí es mantenerme humilde y hambriento.

Algunas veces batallo con la fe.

Tengo miedo de que el último milagro pueda ser realmente el último. Entonces me recuerdo a mí mismo que he trazado un círculo alrededor de Deuteronomio 33:16: «El favor del que mora en la zarza ardiente» está sobre mí. No tengo idea de lo que me depara el futuro, pero sí sé quién es el que lo tiene en sus manos. Tu vida está en sus manos, y tus oraciones están registradas todas en su libro. Y como un mensaje metido en una botella, esas oraciones tuyas son llevadas por la corriente de su voluntad soberana. Cuándo y dónde llegarán a la orilla, nadie lo sabe. Pero el sello de esas oraciones que están registradas todas en su libro se abrirá en el momento de Dios, y a su manera. Él las responderá en algún lugar, en algún momento y de alguna manera. Todo lo que necesitas hacer es seguir trazando círculos.

Sueña en grande.

Ora sin desmayar.

Piensa a largo plazo.

Capítulo 18

Ahora, había uno

En su épica historia *Antigüedades de los judíos,* Flavio Josefo nos da a conocer las obras de Honi, el hacedor de círculos, conocido también como Onías, el fabricante de lluvia. Él documenta la sequía del siglo primero antes de Cristo, y señala a Honi como la única esperanza de Israel. Josefo hace una afirmación que aparece en todos los momentos decisivos de la historia: «Ahora, había uno...».

> Ahora, había uno, cuyo nombre era Onías, un hombre justo era, y amado por Dios, que en una cierta sequía, oró para pedirle a Dios que acabara con aquel intenso calor, y cuyas oraciones Dios había oído, y les había enviado la lluvia.

Honi estaba solo. Entonces se arrodilló en el círculo que había trazado. Y eso es todo lo que le hace falta a Dios para cambiar el curso de la historia. En palabras del teólogo Walter Wink: «La historia les pertenece a los intercesores».

Después que cayó la lluvia y se asentó el polvo, Simeón ben Shatah, el gobernante en jefe del Sanedrín, quien había amenazado a Honi con la excomunión, le escribió diciéndole:

> Si no fueras Honi, yo debería decretar la excomunión contra ti... Pero qué te puedo hacer yo a ti, porque actúas con petulancia ante el Omnipresente, y él hace por ti todo lo que tú quieres...
>
> Una generación que estaba envuelta en las tinieblas, has iluminado tú por medio de tu oración... Una generación que estaba hundida, has levantado tú con tu oración... Una generación que había quedado humillada por su pecado, tú salvaste con tu oración.

Un círculo de oración

Nunca subestimes el poder de un círculo de oración.

Cuando sueñes en grande, ores sin desmayar y pienses a largo plazo, no habrá nada que Dios no pueda hacer. Al fin y al cabo, él puede hacer las cosas quince mil quinientos millones de años–luz más allá de cuanto tú le puedas pedir, o te puedas imaginar. Cuando trazas un círculo y caes de rodillas, *algunas veces nunca podrás saber siempre*. Hacerlo es algo que cambia las predicciones con respecto a tu vida. Siempre estará nublado, y con la probabilidad de que lluevan codornices.

No podrás hacer caer una muralla de quince metros de altura, pero sí puedes marchar alrededor de Jericó. No les puedes cerrar las fauces a los leones, pero sí te puedes detener, caer de rodillas y orar. No puedes hacer que llueva, pero sí puedes trazar un círculo en la arena.

No permitas que aquello que no puedas hacer te impida hacer lo que sí puedes. Traza el círculo. No permitas que lo que no eres impida que llegues a ser lo que eres. Tú eres un hacedor de círculos.

Hay una Madre Dabney leyendo este libro. Lo sé. Hay una Harriet Beecher Stowe, un Bill Groves y un Michael Hall.

Ahora, había uno.

Todo lo que hace falta es una persona, una oración.

¿Por qué no tú mismo?

Es tan simple como trazar tu primer círculo de oración, como hice yo cuando oré dándole toda la vuelta a Capitol Hill. Tal vez se trate de una promesa, o de un problema. Puede que sea un amigo, o un enemigo. Se puede tratar de un sueño o de un milagro. Yo no sé de qué se trata, pero tú sí necesitas decirlo con toda claridad. Y después de hacerlo, seguir trazando círculos.

No intentes hacer esto tú solo. Israel tenía un ejército. Necesitas invitar a otros a tu círculo de oración. Juntos, van a formar un círculo de oración. Y cuando dos o tres se ponen de acuerdo en oración, haciendo un doble círculo alrededor de los sueños que les ha dado Dios, basta ese solo factor para transformarlo todo.

Un eco que recorre la eternidad

Al final de nuestras oraciones, decimos «Amén», que significa «así sea». Lo que significa es que ha terminado la oración. Pero el final de la oración siempre es solo su comienzo. Es el comienzo de un sueño. Es el comienzo de un milagro. Es el comienzo de una promesa.

La leyenda de Honi, el hacedor de círculos, comenzó con una oración para pedir lluvia. Ahora ha llegado el momento de revelar el *amén*.

En el año 63 a.C., Palestina estaba dividida en dos por una sangrienta guerra civil. Hircano II y Aristóbulo II —hijos de Alejandro Janeo, rey de Judea—, se enfrentaron en una batalla cerca de Jericó. Aristóbulo se vio forzado a huir al Templo de Jerusalén para presentar su último esfuerzo de resistencia. Hircano y su aliado, el jeque árabe Aretas, rodearon el Templo con cincuenta mil soldados. Nadie se quedó con Aristóbulo, a excepción de los sacerdotes y la guardia del Templo.

Fue entonces cuando el ejército de Hircano encontró a Honi, el viejo fabricante de lluvia, que había estado escondido. El supersticioso ejército tomó a Honi y se lo llevó a Hircano, quien le ordenó que lanzara una maldición sobre los que defendían el Templo. Honi no podía ni quería obedecer aquella orden, ni siquiera ante la punta de una espada. Como había hecho el profeta Balán, quien se negó a maldecir a Israel y oró con una bendición de acuerdo a su conciencia, Honi trazó su último círculo en la arena.

En una de las tristes ironías que tiene la historia, el hombre que salvó a una generación con su oración para pedir lluvia fue asesinado debido a una oración que iba contra los deseos de Hircano. Pero Honi se mantuvo fiel a sus convicciones, no solo en vida, sino también en el momento de su muerte. Muchos días antes, una multitud de almas hambrientas lo había rodeado mientras trazaba su círculo en la arena. Ahora estaba rodeado por unos soldados salvajes, cuyas vidas él mismo había salvado con su oración para pedir la lluvia. Ellos lo obligaron a hablar, de manera que Honi pronunció sus últimas palabras mientras estaba vivo sobre la tierra, pero fue una oración cuyo eco resonará por toda la eternidad.

> *¡Oh Dios, Rey del mundo entero! Puesto que estos que están ahora aquí conmigo son tu pueblo, y los que se hallan sitiados también son tus sacerdotes, te ruego que no oigas las oraciones de aquellos contra estos, ni conviertas en realidad lo que estos oran contra aquellos.*

Entonces, los que rodeaban a Honi, el hacedor de círculos, se volvieron contra él y lo apedrearon hasta morir. Tal vez parezca un final trágico, pero Honi murió de la forma en que había vivido. Oró hasta el día en que murió. De hecho, su último aliento fue una oración que lo hizo entrar en la eternidad. No creo que el hacedor de círculos hubiera querido que las cosas fueran de otra manera.

Vaya manera de vivir.

Vaya manera de morir.

Vaya manera de entrar en la eternidad.

Epílogo

El círculo de tiza

Nunca hizo estudios formales, y sin embargo dio conferencias en la Universidad de Harvard. Nació en una tienda de gitanos, y sin embargo fue invitado a la Casa Blanca por dos presidentes para que se reuniera con ellos. Nacido en el Bosque de Epping, en las afueras de Londres, en el año 1860, Rodney «el Gitano» Smith cruzó el océano Atlántico cuarenta y cinco veces, predicándoles el evangelio a millones de personas. ¿Su secreto? Su oración privada. Más poderosa que su predicación era su oración.

El secreto de Gitano le fue revelado a una delegación de buscadores de avivamiento, quienes le preguntaron cómo los podría usar Dios a ellos, de la misma manera en que lo estaba usando a él. Sin titubear, Gitano les dijo: «Váyanse a sus casas. Enciérrense en sus cuartos. Arrodíllense en medio del suelo y con una tiza, tracen un círculo alrededor de ustedes mismos. Allí, de rodillas, oren con fervor y quebrantamiento para pedirle a Dios que comience un avivamiento dentro de ese círculo de tiza».

Mi amigo Michael Hall me contó esta historia después que yo había escrito *El hacedor de círculos*. La cubierta del libro, en la cual va incluido un círculo hecho con tiza, ya había sido diseñada. Sinceramente, no me agradaba demasiado el diseño de la cubierta antes de haber oído la historia acerca del Gitano Smith. Después que escuché la historia, me pareció que la cubierta era tanto histórica, como profética. Si es cierto que una imagen vale más que mil palabras, entonces el círculo de tiza que aparece en la cubierta vale más que mil oraciones. Mi deseo es que te inspire y te recuerde que necesitas trazar un círculo de oración. Allí es donde comienzan todos los grandes movimientos de Dios. Que este comience contigo y dentro de ti.

Reconocimientos

A mi esposa Lora. Eres el amor de mi vida.

A mis hijos Parker, Summer y Josiah. Nada se compara con el privilegio de ser el padre de ustedes.

A mis abuelos Elmer y Alene Johnson. Sus oraciones los han sobrevivido.

A mis padres Don y Bonnie Batterson. Sus oraciones son una constante en mi vida.

A mi suegro Bog Schmidgall. Tú me enseñaste a arrodillarme.

A mi suegra Karen Schmidgall. Tus intercesiones son de un valor incalculable.

A mi familia espiritual, la National Community Church. No querría estar en ningún otro lugar, haciendo ninguna otra cosa, y con nadie más.

A Beth, Heidi, Deb, Madeline, Jennifer y todo el equipo de oración de la NCC. Gracias por rodearme a mí y rodear a este libro con un círculo de oración.

A Esther, mi agente. Creíste antes que yo en este libro.

A John y Dirk, mis editores. Ustedes son hábiles cirujanos con las palabras. Y en el aspecto de la electrónica, a Jake y el E-Team. Gracias por los toques finales.

A mi familia de publicación —Cindy Lambert, Don Gates, Verne Kenney y Scott Macdonald—, su apoyo personal y profesional a este libro ha ido más allá de lo que les exigía el deber.

Al personal de programación —John Raymond, TJ, Mike, Andy y Jay—, gracias por su «encantadora equidad» en este proyecto.

Notas

Capítulo 1: La leyenda del hacedor de círculos

Página 9: *Se llamaba Honi*: Para leer más acerca de Honi, busca «The Deeds of the Sages», en *The Book of Legends: Sefer Ha-Aggadah*, editores Hayim Nahman Bialik y Yehoshua Hana Ravnitzky, Schocken, Nueva York, 1992, pp. 202-203. Lee también Abraham Cohen, *Everyman's Talmud*, Schocken, Nueva York, 1995, p. 277 y Henry Malter, *The Treatise Ta'anit of the Babylonian Talmud*, Jewish Publication Society, Filadelfia, 1978, p. 270. Nota: Honi, el hacedor de círculos, también es llamado a veces Joni, el hacedor de círculos, Honi Ha-Me'aggel, y Onías, el fabricante de lluvia.

Capítulo 2: Los hacedores de círculos

Página 13: *Dios está de nuestra parte*: Romanos 8:31.

Página 16: *Yo les entregaré a ustedes todo lugar*: Josué 1:3.

Página 16: *Yo sentía una seguridad, como la de Honi*: Observa que Dios le hizo originalmente esta promesa a Moisés. Después la promesa fue transferida a Judá. De manera muy similar, todas las promesas de Dios nos han sido transferidas a nosotros a través de Jesucristo. Aunque las promesas se deben interpretar de una manera histórica y exegéticamente precisa, hay momentos en los cuales el Espíritu de Dios aviva nuestro espíritu y nos transfiere una promesa que originalmente le había hecho a alguna otra persona. Aunque necesitamos ser cuidadosos y no reclamar ciegamente las promesas, creo que nuestro mayor reto está en que no trazamos un círculo alrededor de tantas promesas como podríamos o deberíamos.

Capítulo 3: El milagro de Jericó

Página 20: *Finalmente comprendieron por qué*: Números 13:33.

Página 21: *Tú y tus soldados marcharán*: Josué 6:3-4.

Página 22: *«¿Qué quieren que haga por ustedes?»*: Mateo 20:31-32.

Página 26: *Luego escribimos nuestros deseos santos*: Según el Salmo 37:4, Dios pone en realidad nuevos deseos en nuestro corazón cuando buscamos genuinamente su gloria. Esos deseos son concebidos por lo general en el contexto de la oración y el ayuno. Hace falta una fuerte dosis de discernimiento para distinguir entre los deseos santos y los apetitos egoístas.

Página 30: *Si piensas en un problema*: Citado por M. Mitchell Waldrop, *Complexity: The Emerging Science at the Edge of Order and Chaos*, Simon & Schuster, Nueva York, 1992, p. 29.

Capítulo 4: Orar sin desmayar

Página 31: *Señor, si bendices a mi esposo*: La Madre Elizabeth J. Dabney, «Praying Through», www.charismamag.com/index.php/newsletters/spiritled-woman-emagazine/22087-forerunners-of-faith-through (consultado el 7 de junio de 2011).

Página 33: *Como la historia que contó Jesús*: Lucas 18:1-8.

Página 37: *Las puertas de Jericó estaban bien aseguradas*: Josué 6:1-2.

Primera parte: El primer círculo: Sueña en grande

Página 41: *¿Es posible que un hombre sueñe...?*: Henry Malter, *The Treatise Ta'anit of the Babylonian Talmud*, Jewish Publication Society, Filadelfia,1978, p. 270.

Página 42: *«Una de las cosas mejores que tiene envejecer»*: Citado por Sally Arteseros, *American Voices: Best Short Fiction by Contemporary Authors*, Hyperion, Nueva York, 1992, p. 123.

Capítulo 5: Nublado con posibilidad de lluvia de codornices

Página 46: *«Y también los israelitas volvieron a llorar»*: Números 11:4-6.

Página 47: «*Me encuentro en medio de un ejército de seiscientos mil hombres*»: Números 11:21-22.

Página 49: «*¿Qué es esto para tanta gente?*»: Juan 6:9.

Página 50: «*Moisés fue y le comunicó al pueblo*»: Números 11:24.

Página 53: «*El Señor desató un viento*»: Números 11:31-32.

Página 55: «*Pero las otras semillas cayeron en buen terreno*»: Mateo 13:8.

Página 56: *Y si estás dispuesto a restar*: Me siento satisfecho de ser miembro del Junky Car Club. Tengo un Honda Accord que ya ha rodado 368.000 kilómetros. Visita www.junky-carclub.com. Es un esfuerzo deliberado por gastar menos en el pago de un auto, de manera que se pueda dar más dinero para las causas del Reino.

Capítulo 6: Algunas veces nunca podrás saber siempre

Página 65: «*Un día, como a las tres de la tarde*»: Hechos 10:3.

Página 65: «*Oraba a Dios constantemente*»: Hechos 10:2.

Página 67: «*Desconcertados y perplejos*»: Hechos 2:12.

Página 67: «*¡De ninguna manera, Señor!*»: Hechos 10:14.

Página 67: Las Escrituras afirman que «*no atinaba a explicarse cuál podría ser el significado*»: Hechos 10:17.

Página 67: «*Jamás he comido nada impuro o inmundo*»: Hechos 10:14.

Página 69: «*Si el Señor no edifica la casa*»: Después de fracasar en la fundación de una iglesia en Chicago, tracé un círculo alrededor del Salmo 127:1.

Capítulo 7: La solución a diez mil problemas

Página 71: «*¿Acaso el poder del Señor es limitado?*»: Números 11:23.

Página 74: «*¿Acaso mi brazo ha perdido su poder?*»: Números 11:23, NTV; «*¿Acaso se ha acortado la mano de Jehová?*»: Números 11:23, RVR1960.

Página 74: «*Este es el dedo de Dios*»: Éxodo 8:19, LBLA.

Página 75: «*¡más altos que los cielos sobre la tierra!*»: Isaías 55:9.

Página 80: «*Depositen en él toda ansiedad*»: 1 Pedro 5:7.

Segunda Parte: El segundo círculo: Ora con fervor

Página 81: «*Jesús les contó a sus discípulos una parábola*»: Lucas 18:1-5.

Página 84: *El Espíritu Santo está orando intensamente por ti*: Romanos 8:26.

Capítulo 8: El cociente de persistencia

Página 85: *Los niños estadounidenses duraron un promedio de 9,47 minutos*: Malcolm Gladwell, *Outliers*, Little, Brown, Nueva York, 2008, p. 249.

Página 86: *Los músicos promedio habían dedicado*: Gladwell, *Outliers*, pp. 38-39.

Página 86: «*La imagen que surge de este tipo de estudios*»: Daniel Levitin, *This is Your Brain on Music: The Science of a Human Obsession*, Penguin, Nueva York, 2007, p. 193.

Página 87: *no se trataba de una simple llovizna*: 1 Reyes 18:45.

Página 88: «*Dichoso el que no tropieza por causa mía*»: Lucas 7:23.

Página 90: «*Señor [...] si hubieras estado aquí*»: Juan 11:21-22.

Página 93: «*Todas las promesas que ha hecho Dios*»: 2 Corintios 1:20.

Capítulo 9: El favor de aquel que mora en la zarza ardiente

Página 98: *Ha recibido por votación el título de la mejor cafetería*: Washington, DC, zona metropolitana, *AOL City Guide, 2008*.

Página 99: *Elías ganó este enfrentamiento de muerte súbita*: 1 Reyes 18:38.

Página 100: «*todo lo que ustedes aten en la tierra*»: Mateo 18:18.

Página 0: *Honi fue honrado por aquella oración suya*: Jacob Neusner, *The Rabbinic Traditions about the Pharisees Before 70: The Houses*, Brill, Leiden, 1971, p. 179.

Página 100: *el Señor está velando sobre su palabra para cumplirla*: Jeremías 1:12.
Página 0: *Él está velando y esperando de manera activa*: Mateo 8:8 es un excelente ejemplo de esta clase de fe. El centurión romano no le pide a Jesús que vaya a su casa para sanar a su hijo. Se limita a decirle: «Basta con que digas una sola palabra». Tenía una fe inquebrantable en que la palabra de Dios lo obligaba. Y dice el texto que Jesús «se asombró». Si logras asombrar al Hijo de Dios, es porque has hecho algo significativo.
Página 101: *«El Señor brinda generosamente su bondad»*: Salmo 84:11.
Página 101: *«La bondad y el amor me seguirán»*: Salmo 23:6.
Página 104: *«¡Hoy es el día de salvación!»*: 2 Corintios 6:2.
Página 104: *«El Señor bendiga su tierra»*: Deuteronomio 33:13-16.
Página 106: *«Deja ir a mi pueblo»*: Éxodo 5:1.

Capítulo 10: El ganado de los cerros

Página 109: *Poco después que el Seminario Teológico de Dallas abriera sus puertas*: Aunque los rasgos más amplios de esta historia son ciertos, hay diferentes versiones en cuanto a los detalles concretos. He tratado de presentar la historia a partir de mis investigaciones personales. La mayoría de las versiones atribuyen este aporte económico a un ganadero de Texas, pero algunas investigaciones indican que puede haber sido un banquero de Illinois. Cualquiera que sea el caso, Dios es el dueño del ganado de los cerros y del dinero que hay en las cajas fuertes de los bancos. Y el verdadero milagro tuvo que ver con la cantidad que les fue entregada y el momento tan preciso en que se les entregó.
Página 111: *Lo hizo con la viuda*: 2 Reyes 4:1-7.
Página 111: *Lo hizo cuando los israelitas se hallaban atrapados*: Éxodo 14:21-31.
Página 111: *Lo hizo cuando la barca estaba a punto de zozobrar*: Mateo 8:23-27.
Página 112: *Cuando Dios proveyó a los israelitas del milagroso maná*: Éxodo 16:4.
Página 112: *«Nadie debe guardar nada para el día siguiente»*: Éxodo 16:19.
Página 112: *«Danos hoy nuestro pan cotidiano»*: Mateo 6:11.
Página 116: *«Elías era un hombre con debilidades como las nuestras»*: Santiago 5:17-18.
Página 116: *Elías no se limitó a orar contra*: 1 Reyes 18:22-24; *no le dijo a la viuda de Sarepta*: 1 Reyes 17:13; *en un notable milagro repetido, Elías no oró para*: 2 Reyes 2:8.
Página 118: *«Cuando lleguen a la orilla del Jordán»*: Josué 3:8,13.
Página 119: *«Ven»*: Mateo 14:29.
Página 121: *«Cuando Jesús y sus discípulos llegaron a Capernaúm»*: Mateo 17:24-27.

Capítulo 11: Sin respuesta

Página 126: *«¿Se puede saber qué te he hecho?»*: Números 22:28.
Página 127: *«vengo dispuesto a no dejarte pasar»*: Números 22:32-33.
Página 128: *«Esto dice el Santo»*: Apocalipsis 3:7-8.
Página 129: *La llave de David es una alusión*: Isaías 22:20-24.
Página 132: *«No tengan miedo [...] Mantengan sus posiciones»*: Éxodo 14:13-14.

Tercera parte: El tercer círculo: Piensa a largo plazo

Página 137: *Después de un poco de investigación histórica, se descubrió*: Stewart Brand, *The Clock of the Long Now: Time and Responsibility*, Basic, Nueva York, 1999, p. 162.

Capítulo 12: Largo y aburrido

Página 141: *«Cuando Daniel se enteró»*: Daniel 6:10.
Página 141: *Daniel profetizó que pasarían*: Daniel 9:2.

Capítulo 13: El más grande de todos

Página 150: *«Ve a orar, Connie»*: Conrad Hilton, *Be My Guest*, Simon and Schuster, Nueva York, 1994, p. 17.

Página 150: *«En el círculo de una vida exitosa»*: Hilton, *Be My Guest*, Simon and Schuster, Nueva York, 1994, p. 17.

Página 154: *«yo les entregaré a ustedes todo lugar que toquen sus pies»*: Josué 1:3.

Página 155: *John Bargh, psicólogo de la Universidad de Nueva York*: Citado por Malcolm Gladwell, *Blink: The Power of Thinking without Thinking*, Little, Brown and Company, Nueva York, 2005, pp. 53-57.

Página 156: *«una creación admirable»*: Salmo 139:14.

Página 156: *dos investigadores holandeses realizaron un experimento similar sobre las bases*: Gladwell, *Blink*, p. 56.

Página 157: *«Oh SEÑOR, de mañana»*: Salmo 5:3, LBLA.

Página 157: *«Preferiría ser capaz de orar»*: Donald Sweeting y George Sweeting, *Lessons from the Life of Moody*, Moody, Chicago, 2001, pp. 128-129.

Página 159: *Le encantaba orar a tempranas horas de la mañana*: Marcos 1:35.

Página 159: *«Me mantendré alerta»*: Habacuc 2:1, citado en *The Book of Legends: Sefer Ha-Aggadah*, editores Hayim Nahman Bialik y Yehoshua Hana Ravnitzky, Schocken, Nueva York, 1992, p. 202.

Página 160: *«Deja que Dios sea tan original»*: Oswald Chambers, *My Utmost for His Highest*, Discovery House, Grand Rapids, 2006, 13 de junio.

Página 162: *«Tratamos de traerlo a la mente»*: Frank Laubach, *The Game with Minutes*, Revell, Westwood, NJ, 1961.

Página 162: *«El lunes pasado fue el día más completamente exitoso»*: el Hermano Lorenzo y Frank Laubach, *Practicing His Presence*, Christian Books, Goleta, California, 1973, 1° de junio, anotación del año 1930.

Capítulo 14: La velocidad de la oración

Página 168: *«No tengas miedo, Daniel»*: Daniel 10:12-14.

Página 170: *«Tan pronto como empezaste a orar»*: Daniel 9:23.

Página 173: *«Daniel se propuso no contaminarse»*: Daniel 1:8.

Página 174: *«el acusador de nuestros hermanos»*: Apocalipsis 12:10.

Página 176: *«¿No pudieron mantenerse despiertos conmigo ni una hora?»*: Mateo 26:40.

Página 176: *«El espíritu está dispuesto»*: Mateo 26:41.

Página 178: *«Yo soy la vid y ustedes son las ramas»*: Juan 15:5.

Capítulo 15: Lista de metas para la vida

Página 181: *En su innovador libro*: Jim Collins y Jerry Porras, *Built to Last*, HarperCollins, Nueva York, 1994, p. 93.

Página 182: *Las Escrituras dicen que «donde no hay visión, el pueblo se extravía»*: Proverbios 29:18.

Página 187: *«Escribe la visión, y haz que resalte claramente»*: Habacuc 2:2.

Página 189: *«El Señor no ha dejado de ayudarnos»*: 1 Samuel 7:12.

Página 191: *«Dedíquense a la oración»*: Colosenses 4:2.

Capítulo 16: Un milagro doble

Página 201: *«Mantengan sus posiciones, que hoy mismo serán testigos de la salvación»:* Éxodo 14:13.

Capítulo 17: Dios registra nuestras oraciones

Página 209: *«Señor, ¿en qué va a parar todo esto?»*: Daniel 12:8.

Página 209: *«Sigue adelante, Daniel»*: Daniel 12:9.

Página 209: *Kairos*, no *cronos*: Ambas palabras griegas se pueden traducir con el vocablo español «tiempo», pero tienen significados muy diferentes. La palabra *cronos*, de donde vienen derivados como *cronómetro*, se refiere al tiempo mecánico o lineal. La palabra *kairos* tiene más que ver con un momento preciso, fijado de antemano. Es la capacidad para reconocer cuándo ha llegado el momento correcto, por ejemplo. De hecho, también se puede traducir como «oportunidad». Además, *kairos* tiene una dimensión providencial. Así como *cronos* es el tiempo que marca el reloj, *kairos* es el tiempo, el momento, la oportunidad de Dios.

Página 210: *«¡Que exista la luz!»*: Génesis 1:3.

Página 210: *Sus palabras nunca vuelven vacías*: Isaías 55:11.

Página 210: *El Señor está alerta para que se cumpla su palabra*: Jeremías 1:12.

Página 212: *«Toma en cuenta mis lamentos; registra mi llanto en tu libro»*: Salmo 56:8.

Página 212: *Dios también recoge nuestras oraciones*: Apocalipsis 8:3.

Capítulo 18: Ahora, había uno

Página 215: *«Ahora, había uno»*: Flavio Josefo, *Antigüedades de los judíos*, Wordsworth, Londres, 2006, p. 581.

Página 215: *«La historia les pertenece a los intercesores»*: Este es uno de mis refranes favoritos de todos los tiempos, pero quiero presentarte el contexto más amplio de esta afirmación (procedente de la obra de Walter Wink, titulada: *The Powers That Be: Theology for a New Millenium*, Doubleday, Nueva York, 1999, pp. 185-186).

La oración intercesora es un desafío espiritual contra lo que se interpone en el camino de lo que Dios nos ha prometido. La intercesión visualiza un futuro alterno al que aparentemente parecemos destinados por el impulso que nos dan las fuerzas del momento. La oración infunde el aire de un tiempo futuro dentro de la sofocante atmósfera del presente.

La historia les pertenece a los intercesores que al creer, traen el futuro a la existencia. Eso no es solo una afirmación religiosa. También es cierto en el caso de los comunistas, o los capitalistas, o los anarquistas. El futuro le pertenece a todo aquel que pueda visualizar una posibilidad nueva y deseable, y en la cual su fe se fija, considerándola como inevitable.

Esta es la política de la esperanza. La esperanza visualiza su futuro y después actúa como si ese futuro fuera ahora ya irresistible, ayudando así a crear la realidad que anhela. El futuro no está cerrado. Hay campos de fuerza cuyas acciones son algo predecibles. Pero la forma en que interactúan entre sí no lo es. Incluso un número pequeño de personas, firmemente comprometidas con la nueva inevitabilidad en la cual han fijado su imaginación, puede afectar de manera decisiva la forma que tome el futuro.

Estos forjadores del futuro son los intercesores, los cuales llaman del futuro al nuevo presente que anhelan. En el Nuevo Testamento, el nombre y la textura y el aura de ese futuro es el orden de Dios libre de dominación humana; el reino de Dios.

No hay duda alguna de que nuestras intercesiones nos transforman a veces cuando nos abrimos a nuevas posibilidades que no habíamos podido adivinar. Sin duda, nuestras oraciones dirigidas a Dios se reflejan de vuelta sobre nosotros como un mandato divino para convertirse en la respuesta a nuestra oración. Pero si queremos tomar la comprensión bíblica en serio, veremos que la intercesión es más que eso. Tiene el poder de transformar al mundo y cambia lo que es posible para Dios. Crea una isla de libertad relativa dentro de un mundo atrapado por las necesidades impías. Aparece un nuevo campo de fuerza que hasta este momento solo había sido potencia. Toda la configuración cambia como resultado del cambio de una sola de sus partes. Se abre un espacio en la persona que ora, permitiendo que Dios actúe sin violentar la libertad humana. El cambio en una persona cambia así lo que Dios puede hacer como consecuencia en ese mundo.

Página 215: *Si no fueras Honi*: Jacob Neusner, *The Talmud: Law, Knowledge, Narrative*, University Press of America, Lanham, MD, 2005, p. 183.

Página 217: *¡Oh Dios, Rey del mundo entero!*: Lawrence H. Schiffman, *Texts and Traditions: A Source Reader for the Study of Second Temple and Rabbinic Judaism*, KTAV Publishing House, Hoboken, NJ, 1998, p. 261.